어드레스   테이크 백   하프 스윙   스윙 톱

다운 스윙
임팩트
폴로스루
피니시

가 / 림 / 레 / 포 / 츠 2

아마추어 골퍼를 위한

아마골프 가이드

싱글로 가는 사람들

정영호 지음

가림출판사

PROLOGUE

골프란 쉽고도 어려운 것입니다. 너무 많은 것을 이루려고 하면 어렵기 한이 없지만 내가 할 수 있는 범위 내에서 인정할 수 있으면 그 또한 쉬운 것입니다. 끝없는 도전을 위해 고행을 하는 이들도 수없이 많습니다. 이렇듯 누구나가 즐길 수 있는 또한 누구나가 도전할 수 있는 멋있는 운동이 바로 골프가 아닌가 생각합니다. 필자는 단지 골프를 애호하는 또한 즐겨하는 마니아일 뿐입니다.

현대인들에게 무릇 골프가 우리 생활에 큰 도움이 된다던가, 골프는 자신의 즐거움이라던가, 골프가 자라나는 청소년들의 장래 희망이라던가 등의 이 모든 것들이 골프를 사랑하는 이유일지도 모릅니다. 필자 또한 테니스에서 골프로 전환한 후 골프 그 자체를 좋아하는 사람 중에 하나가 되었습니다. 그러나 '배울 때 어떻게 해야 빨리 이해할 수 있는가', '어떻게 해야 하라는 데로 할 수 있는가', 또 '어떤 체계로 배울 수 있는가', '어떻게 골프 전체를 한 눈에 알아볼 수 있는가'에 대해 많은 생각을 해 왔습니다.

골프 애호가들은 골프의 대중화를 외치고 있고, 체계적으로 배우기 원하며, 골프의 활성화를 기대하고 있습니다. 필자는 그 동안의 경험을 토대로 알기 쉽게 그리고 초보자들을 위해 무언가 해야겠다는 관심사 속에 아마골프 웹사이트(http://www.amagolf.co.kr)를 만들었으며, 그 후 주위의 권유에 의해 본 도서를 집필하기로 하였습니다.

PROLOGUE

이 책은 골프를 처음 시작하는 아마추어 골퍼를 위해 보다 쉽고 빠르게 이해할 수 있도록 골프의 기초에서부터 기술, 골프채의 사용, 어프로치, 퍼팅, 트러블 샷 등의 기술적인 부분과 필드에서의 룰, 골프채의 상식, 그리고 필자 주변 친구들의 생생한 골프 경험 담인 친구들의 이야기, 아마칼럼 등 아마추어 골퍼 입장에서 필자가 경험한 것을 토대로 하여 짧은 지식이나마 성심 성의껏 열과 성의를 다하여 이 한 권의 책에 모았습니다.

이 책을 통해 골프를 알고자 하는 모든 분들에게 작은 도움이나마 유익한 책이 되었으면 하며, 끝으로 많은 도움을 주신 골프 친구들과 가림출판사 관계자 분들에게 감사의 말을 전합니다.

정 영 호

AMATEUR GOLF>>>

CONTENTS

AMATEUR GOLF>>>

CONTENTS

CONTENTS

CONTENTS

CONTENTS

Part 12. 필드에서의 상식

Part 13. 골프 룰의 상식

Part 14. 골프 퍼팅 상식

CONTENTS

Part 15. 골프채의 상식

Part 16. 친구들의 이야기

CONTENTS

CONTENTS

Part 18. '건강과 골프' 서경묵 교수의 에세이

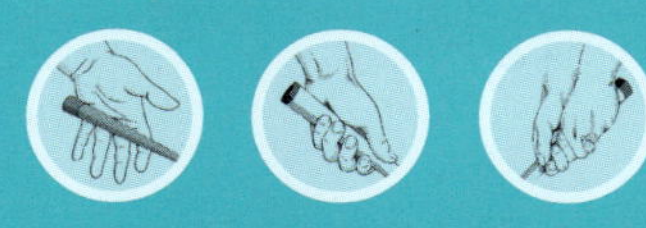

Part 1. 골프의 이해와 준비

1.골프란 무엇인가?

　가슴을 설레며 골프장에 처음 들어섰을 때 으리으리하게 지어진 건물로 들어가 어디로 어떻게 들어가야 하는지 당황하던 초보 시절. 지금은 친숙한 나의 집 같은 골프장이지만, 처음엔 정말 뭐가 뭔지 어리둥절하기만 했다.

　골프는 10.8cm의 구멍에 4.5cm 정도의 조그만 공을 모두 14개의 채를 사용해서 한 홀에 세 번에서 네 번 또는 다섯 번 정도 쳐서 넣는 것이다. 모두 다섯 번에 넣는 홀 4개, 네 번에 넣는 홀 10개, 세 번에 넣는 홀 4개 이렇게 모두 18개의 홀을 72번 쳐서 넣는 것이 기본이다. 이 기본을 각 홀마다 '파' 라고 한다. 파보다 한 번 더 치면 보기, 두 번 더 치면 더블보기, 세 번 더치면 트리플보기, 그 외에는 4타 5타 등 더 친 것으로 계산하면 된다. 홀을 전체 도는 거리는 대개 6~7km 정도이며, 18홀의 전체 평수는 약 30만 평 정도가 일반적으로 소요된다.

이제, 여러분이 18홀에서 쳐야 할 기본은 드라이브로 14개 홀, 미들 홀과 롱 홀에서 치게 되며 파 3홀 4개는 대개 드라이브를 치지 않아도 되는 거리이기 때문에 각기 다른 채로 치면 된다.

파 5홀은 세 번 쳐서 그린에 올리고 2퍼팅하면 파가 된다. 파 4홀은 두 번 쳐서 그린에 올리고 2퍼팅을 기준으로 하여 파가 된다. 파 3홀은 한 번 쳐서 그린에 올린 다음 두 번의 퍼팅을 해서 홀에 넣으면 된다. 이렇게 하여 롱홀 4개, 미들홀 10개, 파 3홀 4개 모두 18홀을 치면서 샷이 36개, 퍼팅 36개 합쳐서 72개가 기본 이븐(Even)이라고 한다. 또한 기준 타수 72타보다 적게 치는 것을 언더(Under)라고 한다.

즉, 파 5홀에서 네 번만에 넣으면 버디(Birdy), 세 번만에 넣으면 이글(eagle), 두 번만에 넣으면 알바트로스(Albatross), 한 번에 넣으면 홀 인 원(Hole in One)이라고 한다. 각 홀마다 몇 개씩 줄여서 쳤느냐에 의해 예를 들어 68타면 4언더(-4)라고 한다.

PGA나 LPGA 또는 한국 KPGA나 KLPGA 등의 시합에서 첫 날 -3(69타), 둘째 날 -2(70타), 셋째 날 -4(68타), 넷째 날 0(72타) 그러면 모두 279타(-9)로 9언더가 된다(총 타수는 72×4=288타).

이렇게 계산하면 골프를 잘 모르는 분도 알 수 있는 간단한 방법이다. 골프를 시작한지 얼마 안된 아마추어 골퍼지만 골프를 모르는 사람이 물어보면 이 정도 답변을 할 줄 아는 골퍼가 되기 바란다.

2. 골프를 어떻게 배울 것인가

아마추어들이 골프에 흥미를 가지고 처음 골프에 입문하려 할 때 먼저 어디서 어떻게, 어떤 지도자를 만나서 배울 것인가 하는 것이 망설여지는 점이다.

제일 먼저 주위 사람들의 권고나 아니면 스스로 인터넷이나 주위에 가까이 있는 실내 연습장이나 실외 연습장을 기웃거리게 된다. 하지만 필자의 생각은 누구든 골프에 입문하기 전에 먼저 골프에 대한 이론적인 공부를 해야 한다고 생각한다. 먼저 책이나 비디오 또는 TV, 인터넷 등을 통해 골프를 공부하면서 서서히 스윙의 개념을 익히고 빈 스윙부터 어깨 턴하는 부분, 어드레스 하는 부분 등을 조금씩 익힌 후 연습장을 두드리는 것이 앞으로의 골프 연습에 큰 도움이 된다.

현재 가장 접하기 쉬운 곳이 실내 연습장으로, 등록한 후 레슨 프로에게 레슨을 받게 되는데 내가 어느 정도 공부를 했기 때문에, 어디서부터 어디까지 어느 정도의 기간에 가르쳐 줄 수 있는지를 확인할 수 있을 것이다. 그런 후 프로의 레슨 스케줄에 따라 5~6개월간 열심히 스윙 폼을 잡는데 주력하면 된다. 마땅한 레슨 프로그램이 없으면 아마골프에서 정해놓은 레슨 프로그램대로 비슷한 과정을 연습하면 된다.

3. 골프를 어떻게 잘 칠 것인가

풍부한 이론 위에 열심히 연습을 많이 하는 것. 생각하는 골프 즉, 요령 있게 연습을 해야 한다. 골프채는 자기에게 맞는 것으로 선택하여야 하며, 되도록 지도자를 잘 만나야 하고 상호 대화가 잘 이루어져야 한다.

필드는 자주 나가야 하며 필드에서는 더욱 더 생각하는 골프가 요구된다. 골프는 너무 잘 치려고 하면 더 많은 스트레스를 받는 운동이므로, 가능하면 연구를 하면서 성취감과 함께 즐길 줄 아는 골퍼가 되어야 한다. 골프를 어떻게 즐길 것인가에 대해서는 계속해서 기술해 나가기로 한다.

★ 우리 나라 골프의 역사

우리 나라에 골프가 처음 소개된 것은 1900년 구한 말 왕실의 고문으로 내한 한 영국인들이 원산 바닷가의 세관 구내에 6홀 코스를 만들어 골프를 즐긴 것이 시초였으며 그후 1919년 미국인이 서울 효창공원에 9홀 코스를 설치하여 골프를 즐겼다.

실질적인 한국 골프의 시작은 1929년 영친왕이 거금 2만 원을 내놓아 서울 어린이대공원에 18홀 코스를 만든 것이 최초이며 서울컨트리클럽 전신이다.

1941년 우리 나라의 무명 골퍼 연덕춘 씨가 전일본 오픈대회에서 290타를 쳐 우승함으로 한국 골프를 과시하게 되었다.

6·25 이후 1954년 어린이대공원에 파72홀 코스가 개장되어 골프가 점점 발전되었다. 현재 어린이대공원에 있던 서울컨트리는 경기도 고양시 원당으로 이전하고 순수 어린이를 위한 공원으로 변모하였다.

4. 자기에게 맞는 채의 준비

골프채는 보통 주위의 추천이나 골프숍에서 프로들의 추천에 의해 구입을 많이 한다.

우선 자기 몸의 체형에 맞는 길이, 샤프트 강도 및 채의 무게와 스윙 웨이트에 의해 선택한다. 자기가 좋아하는 브랜드나 값의 정도에 의해 선택하면 된다. 물론 성능도 좋고 값도 싸면 더욱 바랄 것이 없다.

처음 구입시 아이언 같은 경우 성능이 좋은 중고 채를 구입하여도 아무 지장이 없다. 그러나 드라이브는 성능 좋은 새것으로 구입하는 것이 좋다. 퍼팅도 좀 괜찮은 것으로 구입하되 그러나 몇 개 쳐보고 자기의 감에 맞는 채를 선택한다. 어차피 오래 쓰다보면 바꾸게 되는 것이 일반적이다. 그때는 정말 잘 골라야 한다.

페어웨이 우드는 유명 브랜드가 아니라도 요즘 국내 메이커에서도 낮은 가격에 성능이 좋은 채들도 많이 생산되고 있다. 그리고 골프가방, 옷가방, 티, 장갑, 골프화, 골프양말 등 골프에 필요한 용품과 골프웨어, 모자 등을 구입하면 거의 완벽한 준비가 끝나는 것이다.

★ 골프 채(club)의 역사

정확한 기록은 없으나 초기의 클럽은 나무 지팡이를 사용하였다. 기술적으로 만들기 시작한 것은 영국에서 활을 만들던 장인들이 부업으로 만들었으며 1618년 제임스 1세 왕 때는 왕실 부속의 전속 클럽 제작 명인이 있었다는 기록이 있다.

당시는 많은 클럽 없이 1~2개 정도로 게임을 즐겼다. 그러다 발전되어 1934년 경에는 클럽을 많이 가지고 다니는 유행이 생겨 20개 정도의 클럽을 가지고 골프를 쳤으며 이후 기술 경기의 본질이 왜곡된다고 하여 1938년 공식 경기에 클럽 수를 14개로 제한하여 규칙으로 제정되었고 오늘에 이르고 있다.

평균 14개의 채를 기본으로 가지고 다닌다. 그러나 14개를 넘지 않는 범위
에서 채의 선호도에 따라 달라질 수 있다.

5. 아마골프 레슨 프로그램(180일 작전)

1) 자기 체형에 맞는 채의 준비(주위의 도움)

2) 스윙의 연구와 스윙궤도의 연습 15~20일(공원이나 연습장에서)
   (1) 비디오 분석
   (2) 축의 중심과 원운동의 이해로 스윙연습

3) 짧은 스윙의 연습 3일, 퍼팅 연습 3일

4) 타구(아이언) 〈 2회 반복 총 84일 〉
   (1) 쇼트 스윙 5일　　(2) 1/4 스윙 7일　　(3) 1/2 스윙 10일
   (4) 3/4 스윙 10일　　(5) 풀 스윙 10일

-------------------------------------- 90일 --------------------------------------

5) 우드 스윙(빈 스윙)
   (1) 드라이브(리듬과 템포 연습) 4일
   (2) 3, 4, 5, 7번 우든 클럽(리듬과 템포 스윙 연습) 4일

6) 우든 클럽(Wooden Club) 타구
   (1) 드라이빙 10일
   (2) 3, 4, 5, 7번 우든 샷 10일

7) 타구(드라이버, 아이언)

1일 연습	60일
쇼트 스윙(아이언) 20% 하프 스윙(아이언) 20% 풀 스윙(드라이브) 40% 풀 스윙(아이언) 20%	반복연습

8) 타구(드라이브, 아이언)

드라이빙 5일

아이언 샷 7, 5번 5일

약 6개월 코스

9) 코스 설명과 경기방법의 설명 및 골프장에서의 에티켓 설명 1일

10) 아주 간단한 룰의 설명 1일

--- 180일 ---

11) 코스

아마 글퍼들의 일반적인 프로그램이나 각자 개인의 재능에 따라 조금씩 변경될 수 있지만 이 과정을 모두 거친다면 더욱 깊은 골프의 참맛을 느낄 수 있으리라 생각된다. 이 과정을 마친 후 1년 이내에 싱글이 되어보자. 그리고 마음껏 즐기자.

Part 2. 골프의 기초

1.그립(Grip)

그립은 골프에서 첫 단추를 끼우는 아주 중요한 위치에 있다. 그립 자체가 앞으로 골
프의 발전에 큰 기여를 하게 된다. 그립은 그 사람의 얼굴과 같은 것이다. 그립이 견고
하고 모양이 좋아야 그 골퍼의 장래를 보장할 수 있다.

그립을 하는 방법의 종류는 손가락을 쥐는 방법에 의한 3가지와 방향성을 좌우하는
손등에 의한 3가지 방법 등이 있다.

1) 채를 손가락으로 잡는 방법 3가지

① 인터로킹(Interlocking Grip)

손이 작고 몸이 약한 여자나 아이들 또는 좀 약한 남자들에게 좋은 그립이다. 하지만 잭 니클라우스도 이 그립을 한 것은 특이한 예다.

② 오버래핑 그립(Overlaping Grip)

일반적으로 많은 사람들이 사용하는 그립이며 손이 세고 힘이 좋은 사람, 프로 지망 학생들이나 많은 프로, 아마추어 모두 사용하는 그립이다.

③ 베이스볼 그립(Baseball Grip)

이 그립도 손이 작은 동양인이나 여자, 혹은 아이들처럼 힘이 많지 않은 사람들에게 좋은 그립이다. 많이 사용하지는 않지만 우리 나라 여성에게는 권하고 싶은 그립이다. 바로 손힘이 약한 사람에게 좋은 그립이다.

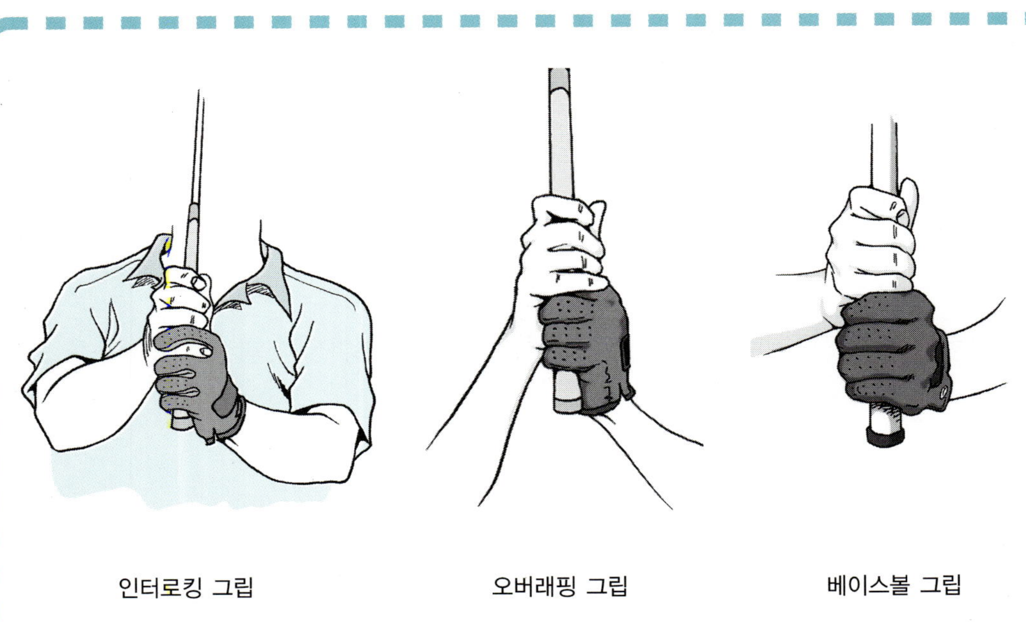

| 인터로킹 그립 | 오버래핑 그립 | 베이스볼 그립 |

2) 방향에 의한 그립의 방법

① 스퀘어 그립(Square Grip)

양손이 서로 마주보는 스트레이트 볼을 치기 위해 가장 많이 선호하는 방법이다.

② 스트롱 그립(Strong Grip)

일종에 훅 그립이라고도 할 수 있다. 왼손 손등에 손마디가 3개 정도 보일 수 있도록 왼손을 돌려 잡는 그립. 오른손은 스퀘어보다 조금 오른쪽으로 돌려지는 그립으로 훅볼이나 강한 임팩트를 위해 사용하는 그립으로 요즘 많이 사용하는 그립이다.

③ 위크 그립(Weak Grip)

일종의 슬라이스 그립이라고 할 수 있다. 왼손 손등 손마디가 2개 정도 보이면서 오른손을 왼쪽으로 많이 돌려 잡는 약한 그립으로 슬라이스 볼을 구사할 때 사용하지만 프로들이나 습관적으로 잡는 사람들 이외는 잘 사용하지 않는 그립이다.

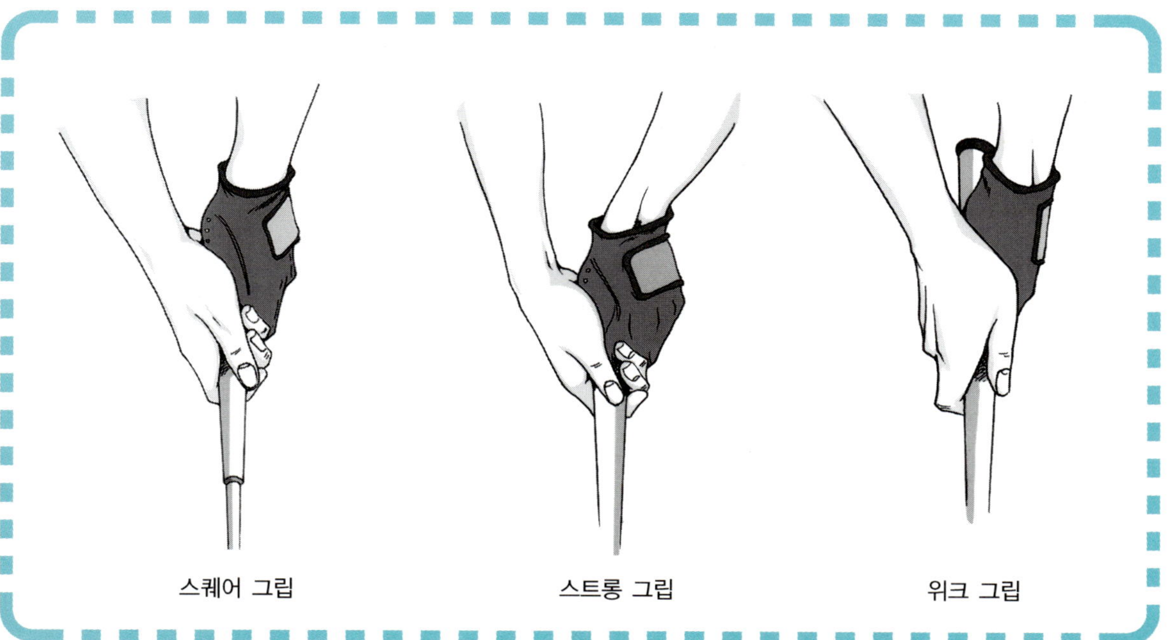

3) 그립을 쥐는 방법

왼손의 손가락 끝에서부터 3번째 손가락을 살며시 그리고 견고하게 말아 쥔다.

왼손의 엄지와 인지는 살며시 얹는다. 그림처럼 새끼손가락과 엄지와 인지를 살며시 잡는다. 나머지는 그림처럼 잡으면 된다. 이처럼 멋있는 그립을 위해 노력해야 한다.

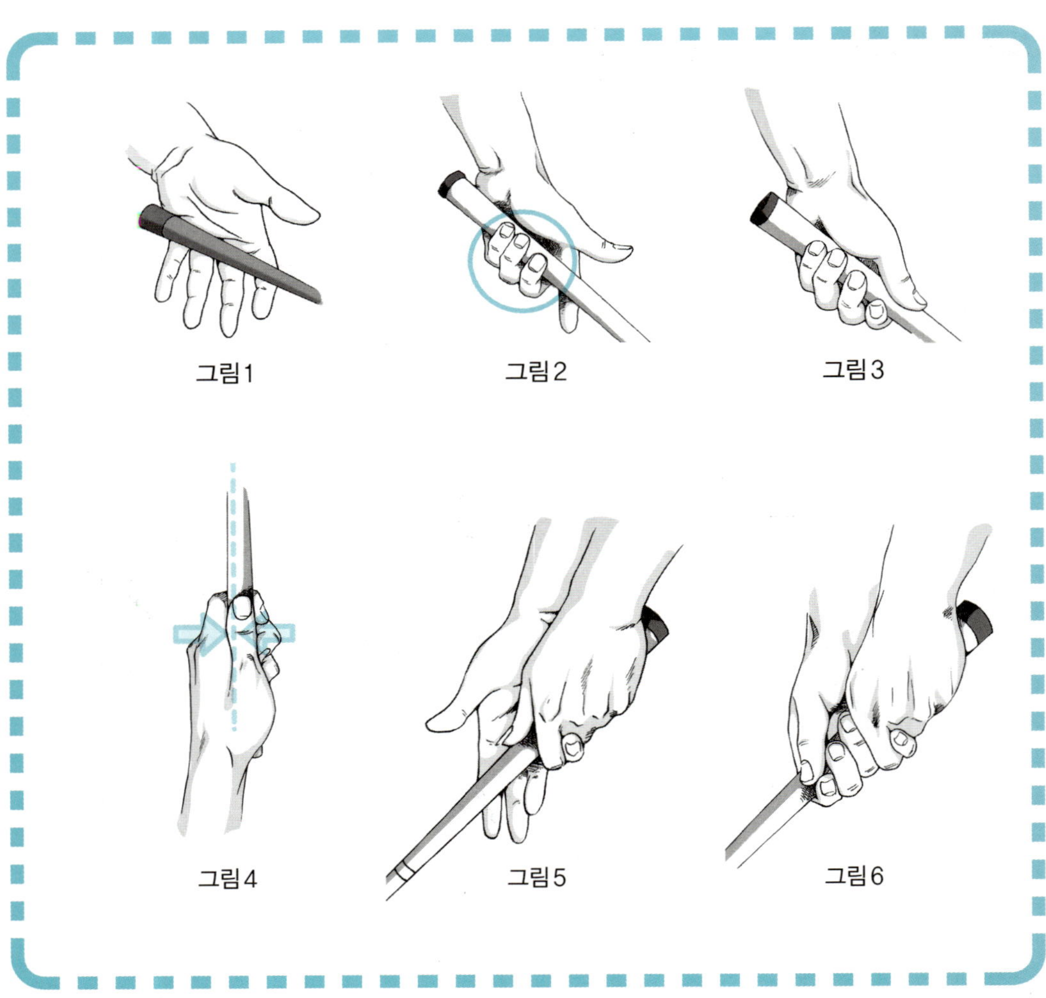

그림1 그림2 그림3

그림4 그림5 그림6

4) 그립에서 주의해야 할 점과 알아두어야 할 점

첫째, 그립이 두 손 안에서 빈틈없이 꽉 쥐어져야 한다. 여자를 엉거주춤하게 안아주는 것이 아니고 짜임새 있게 꽉 차게 안아 주는 것과 같이….

둘째, 스윙 중에 어느 지점에서도 그립이 손 안에서 놀아서는 안 된다. 특히 스윙 톱에서 왼손, 오른손 안에서 그립이 놀아서는 안 된다. 또한 피니시에서도 그립은 놀지 않고 잘 쥐어져 있어야 한다.

셋째, 힘을 빼기 위한 수단으로 오른손을 엉성하게 잡아서는 절대로 안 된다.

넷째, 그립은 항상 꽉 쥐고 힘을 빼는 습관을 길러야 올바른 그립이 정립된다는 것을 확실이 알아야 한다.

다섯째, 어떤 그립을 잡던 양손이 짜임새 있게 잡아져 있어야 한다. 이 점은 프로들의 그립을 자세히 보고 흉내를 내던가, 골프숍에 가면 플라스틱으로 된 그립 연습기가 있는데 그것을 기준으로 잡아 보면 좋은 모양을 만들 수 있다.

여섯째, 엄지와 인지 사이가 V자 모양으로 예쁘게 이루어지는데 신경을 써야 한다.

2. 스탠스(Stance)

1) 볼의 위치와 스탠스

스탠스는 원운동을 하기 위해 중심이 제대로 버틸 수 있는지의 판단이 되는 중요한 포인트이다. 즉, 좌우 백 스윙이나 폴로 스루에서 축의 중심을 잘 버틸 수 있는 견고한 스탠스가 필요하다. 대개의 경우 어깨 넓이에서 채의 길이에 따라 조금씩 달라진다.

하지만 필자의 생각은 아마추어 골퍼들은 이 스탠스를 너무 복잡하게 생각하지 않기를 권하고 싶다. 발의 넓이와 볼의 위치가 항상 너무 복잡해서 여러 가지로 혼동하는 경우가 많아 필자 나름대로 정리해 본다.

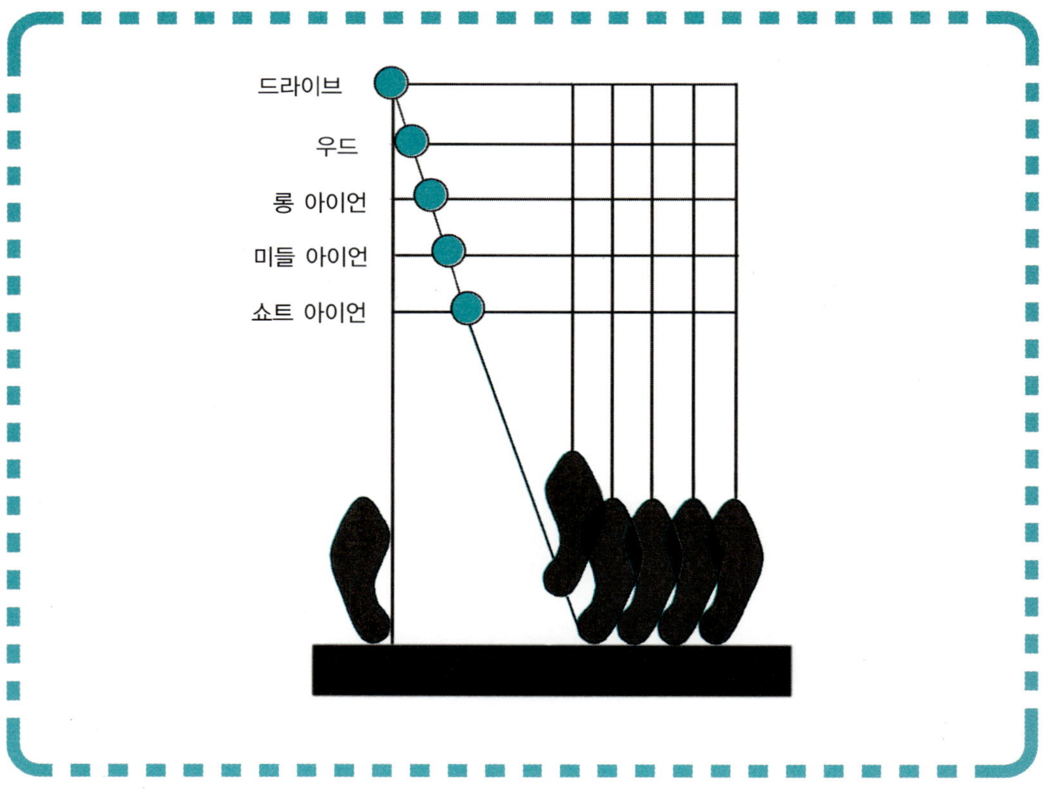

① 드라이브는 어깨 넓이 또는 좀 더 넓게 서도 좋다. 볼은 왼발 뒤꿈치에 두고 발은 약
  간 클로즈드 스탠스가 좋다.

② 우드는 드라이브보다 볼을 약간 오른쪽으로 옮기고 치되 너무 볼의 위치에 집착할
  필요는 없다. 때에 따라 볼의 위치, 발의 스탠스 위치가 늘 조금씩 변하게 되어 있다.
  단지 잔디 위에 서 있는 자세가 확실한 지가 더욱 중요하다.

③ 아이언은 항상 양 발의 중앙에 볼을 둔다. 양 발의 위치는 어깨 넓이보다 약간 좁게
  한다. 스탠스는 스퀘어이나 때에 따라 오픈이나 클로즈드 자세를 취할 수 있다.

④ 어프로치는 양 발의 중앙에서 약간 오른쪽에 둔다. 그러나 스탠스는 오픈 스탠스다.
  양 발의 넓이는 편의에 따라 좁게 선다.

  위 그림은 드라이브나 우드, 롱 아이언은 볼을 왼발쪽에 놓지만 미들 아이언이나 쇼트
아이언은 양 발의 가운데에 둔다. 이때 쇼트 아이언일 경우에는 약간 오픈 스탠스로 두
는 것이 좋다고 생각하여 참고용으로 그려놓은 그림이다.

2) 스탠스의 종류

두 발의 위치와 넓이를 어떻게 취하느냐가 바로 스탠스이다.

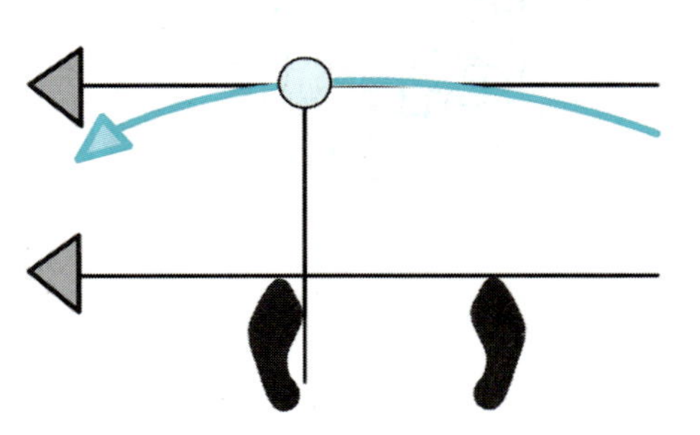

채의 궤도가 인사이드 인을 위한 스퀘어 스탠스

① 스퀘어 스탠스

양 발이 놓여 있는 볼과 평행을 이루는 위치이며 스윙의 궤도는 인사이드 인의 궤도로 되어 스트레이트 볼을 구사하게 된다.

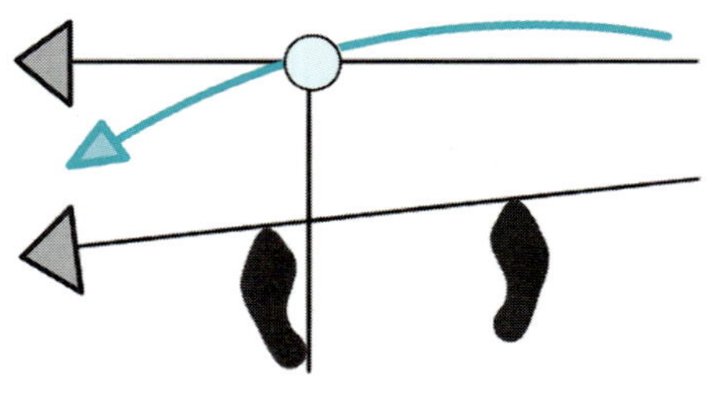

채의 궤도가 아웃사이드 인을 위한 오픈 스탠스

② 오픈 스탠스

볼에 대해 오른발보다 왼발이 뒤로 물러 나와 있는 발의 위치이며 스윙 궤도는 아웃사이드 인의 슬라이스 궤도가 된다.

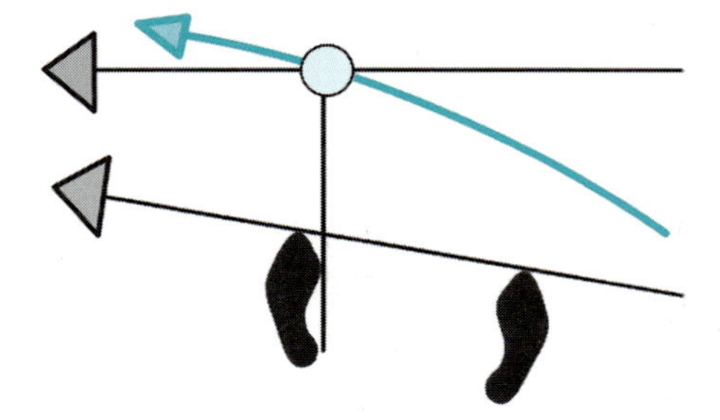

채의 궤도가 인사이드 아웃을 위한 클로즈드 스탠스

③ 클로즈드 스탠스

볼에 대해 왼발보다 오른발이 뒤로 물러나 있는 상태이며 스윙 궤도는 인사이드 아웃이 되어 훅을 구사할 때 쓸 수 있다.

3) 체형에 따른 스탠스

드라이브부터 왼발 뒤꿈치의 직선상 앞에 놓이면 된다. 우드 3, 4, 5번 등의 순서로 오른발이 조금씩 왼쪽으로 옮겨지면 된다. 롱 아이언은 우드 5번과 비슷한 곳에 두며, 미들 아이언(5, 6, 7번)은 거의 양 발 가운데에 볼을 둔다고 보면 된다.

쇼트 아이언은 중간보다 약간은 오른쪽이나 거의 중간 정도도 괜찮다고 생각한다. 어드레스와 스탠스에서의 가장 주의할 점은 몸의 중심을 발의 앞쪽에 두어 편안한 상태를 유지하면서 양 발의 간격이 자기 체형에 맞느냐가 더 중요하다.

예를 들어 키가 큰 사람이 좁은 스탠스를 유지하면 스윙시 축이 흔들릴 가능성이 많으며, 키가 작거나 뚱뚱한 사람이 너무 많이 발을 벌리면 체중 이동에 또한 문제가 되므로 체형이나 체력에 따른 스탠스의 조정을 잘 하여야 한다.

간혹, 어젯밤 무리해서 피곤한 상태에서 자세가 좀 더 안정적이려면 스탠스가 다소간은 넓게 서서 잘 버틸 수 있도록 하는 것이 하나의 방법일 수도 있다.

가장 자연스러운 것은 일자로 서서 힙을 뒤로 오리궁둥이처럼 하고 무릎과 허리를 약간만 구부리면 양 팔이 자연스럽게 늘어뜨려진 상태가 된다. 그 상태에서 그립을 하고 스탠스는 양 발을 어깨의 폭만큼 벌려 몸의 중심이 양 발바닥 앞뒤에 고루 버티는 느낌으로 어드레스하면 된다.

3. 어드레스(Address)

   어드레스에서 가장 중요한 점은 편안하고 안정된 자세를 만드는 것이다. 우선 자기 어깨 넓이만큼 발을 벌리고 자연스럽게 서서 힙만 뒤로 오리 궁둥이처럼 약간 빼면 등줄기와 머리는 곧게 펴진 상태다.

   여기서 무릎을 아주 약간만 구부리면 양손은 그대로 아래로 쳐져 있는 상태에서 변형되지 않게 왼손으로 골프채를 손에 쥔다. 왼손은 왼쪽 허벅지에서 주먹 한두 개의 간격으로 떨어져 있으며 여기에 오른손을 살짝 얹어주면 왼쪽 어깨보다 오른쪽 어깨가 손 하나 내려잡은 만큼 약간 왼쪽 보다 내려간다. 이 상태에서 온 몸을 10도만 오른쪽으로 돌리면 왼쪽 어깨가 약간 닫혀지게 된다. 이 상태가 가장 좋은 어드레스 자세이다.

힙을 뒤로 오리궁둥이처럼
하고 무릎을 살짝 굽혀준다.

1) 어드레스에서 주의할 점

① 등줄기와 머리가 구부정하지 않은가?

② 체중 중심이 양발 발바닥에 앞뒤 좌우로 흔들어도 튼튼하게 버틸 수 있는 감이 오는가?

③ 그립에서 어깨의 힘이 들어가 너무 올라가 있지 않은가?

④ 볼을 칠 방향을 잘 잡았는가?

⑤ 편안하고 안정된 자세를 잡은 느낌인가?

⑥ 손과 몸의 거리가 잘 유지 되었는가?

　-드라이버인 경우(주먹 2개 드나들 정도)

　-아이언인 경우(주먹 1개 반 정도 드나들 간격)

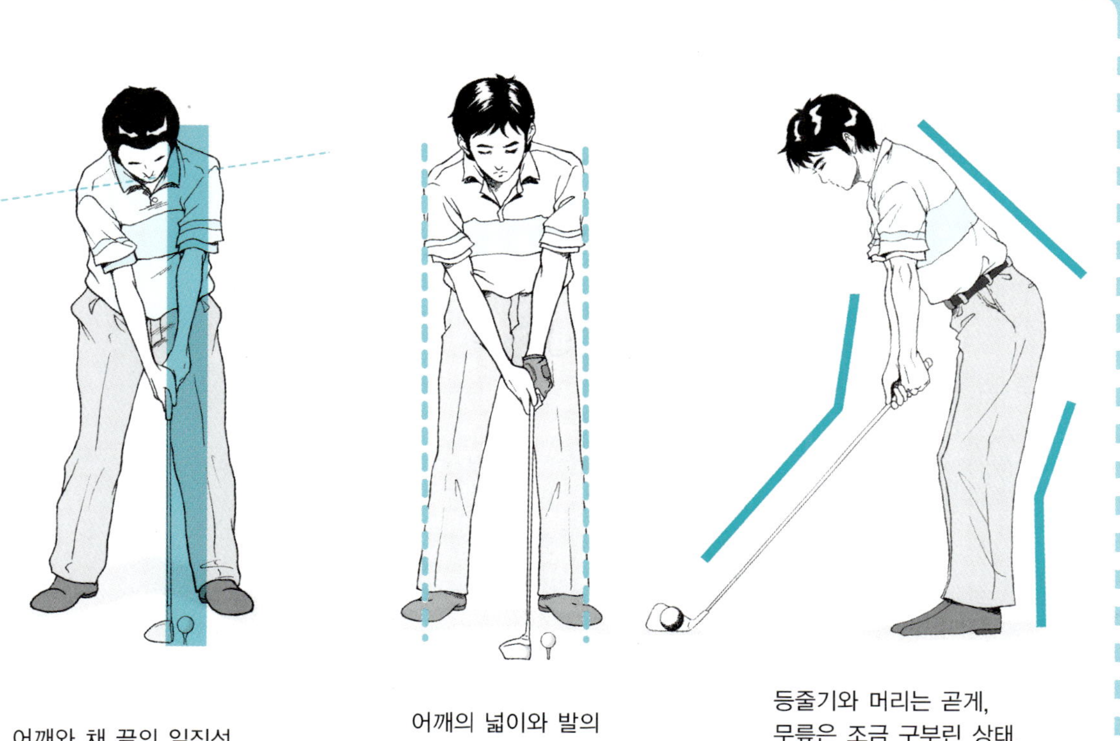

어깨와 채 끝의 일직선

어깨의 넓이와 발의
스탠스 간격

등줄기와 머리는 곧게,
무릎은 조금 구부린 상태.
팔은 자연스럽게 내려진 위치

4.백 스윙 스타트(Back Swing Start)

스탠스와 어드레스가 끝나면 스윙이 시작된다. 스윙의 스타트가 바로 백 스윙으로 시작이 반이라고 스타트가 자연스럽게 이루어져야 백 스윙 톱까지 가는 길이 무난하다. 천천히 힘 안 들이고, 자연스럽게 테이크 백이 되어야 하는데 아마추어들이 힘들어 하는 곳이 바로 여기다. 그래서 필요한 연습이 몇 가지 있다.

① 좌우로 짧게 시계추 모양으로 흔들어주는 연습을 한다.
② 약간의 손목 힘을 풀고 왜글(Waggle)을 해본다.
③ 채를 땅으로 누르고 스타트하는 경우 또는 왼쪽으로 약간 눌러주는 스타트 방법도 있다.

백 스윙의 원활한 테이크 백을 위해 많은 노력을 해야 한다. 이제 왼쪽 어깨, 팔 그리고 채의 끝까지 하나의 스틱처럼 함께 백 스윙이 시작되면서 볼과 목표물의 연장선상으로 곧바르게 바닥으로 붙여서 30cm 이상 죽 밀어주면서 허리 높이까지 통과하면서 한번에 톱까지 이루어져야 한다.

백 스윙이 느리면 중간에 리듬이 끊겨 손과 어깨에 힘이 들어가기 때문에 다운 스윙이 제대로 이루어지지 않는다. 이때 오른쪽 하체의 버팀이 조금이라도 물러나서는 안 되며 왼쪽 힙도 따라 들어가서는 안 된다.

> ★ 왜글(Waggle)
> 백 스윙을 하기 전에 볼에 대해 클럽 헤드를 작게 휘두르는 예비 동작으로 볼에 대해 정신을 집중시키고, 근육을 풀기 위하여 행하는 동작.

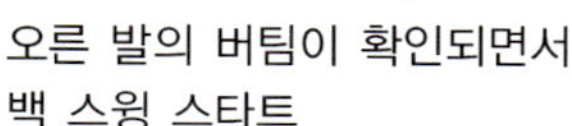

오른 발의 버팀이 확인되면서
백 스윙 스타트

팔목을 고정한 채로 어깨와 채끝이 하나
되어 백 스윙이 이루어진다.

★ 골프 볼의 역사

처음 사용되었던 볼은 깃털로 만든 볼(feather ball)로 동물가죽 주머니에 깃털을 넣어 봉합한 볼이 사용되었으나 날씨에 따라 변화가 심하였다. 물에 젖으면 비거리가 떨어지고 바람을 잘 타면 비거리가 멀리가는 현상이 있었다.

그러다 1844년경 나무 수액을 응고시켜 만든 거트 퍼쳐(gutta percha) 볼이 나오면서 대량 생산이 되었고, 이후 발전하여 공의 내부에 고무줄을 감고 2겹으로 만든 투피스, 3피스 볼과 속에 티타늄 가루를 넣은 티탄 볼까지 나왔다.

그리고 공 표면의 곰보 딤플(dimple)은 우연히 발견한 현상으로 상처난 공이 멀리 날아가는 기묘한 현상에 주목하였고, 이러한 사실이 증명이 되어 딤플 약 300-500개의 공이 나오게 되었다.

5. 하프 스윙(Half Swing)

하프 스윙을 따로 설명할 필요는 없지만 여기서 주의할 점이 몇 가지 있다.

먼저, 왼팔이 쭉 뻗은 상태에서 오른쪽 허리 높이까지 온 것은 채의 꼭지가 목표 방향을 그대로 향하고 있어야 하며 채의 페이스는 앞을 향하고 있는 상태가 되어야 한다. 그리고 여기서부터 손목의 콕은 자연스럽게 이루어져간다. 그러나 반드시 손목의 콕은 왼쪽엄지 손가락 방향이어야만 한다. 또 한 가지 왼쪽 어깨가 턱밑으로 들어오면서 채 헤드 끝이 더 갈 수 없을 정도로 뻗어 주어야 한다.

백 스윙의 하프와 폴로 스루의 하프는 언제나 대칭이라는 것을 잊지 말아야 한다. 그래서 머리를 중심에 놓고 좌우 하프 스윙 연습을 하는 것은 연습 중에 가장 많이 해야 할 필수과목이다.

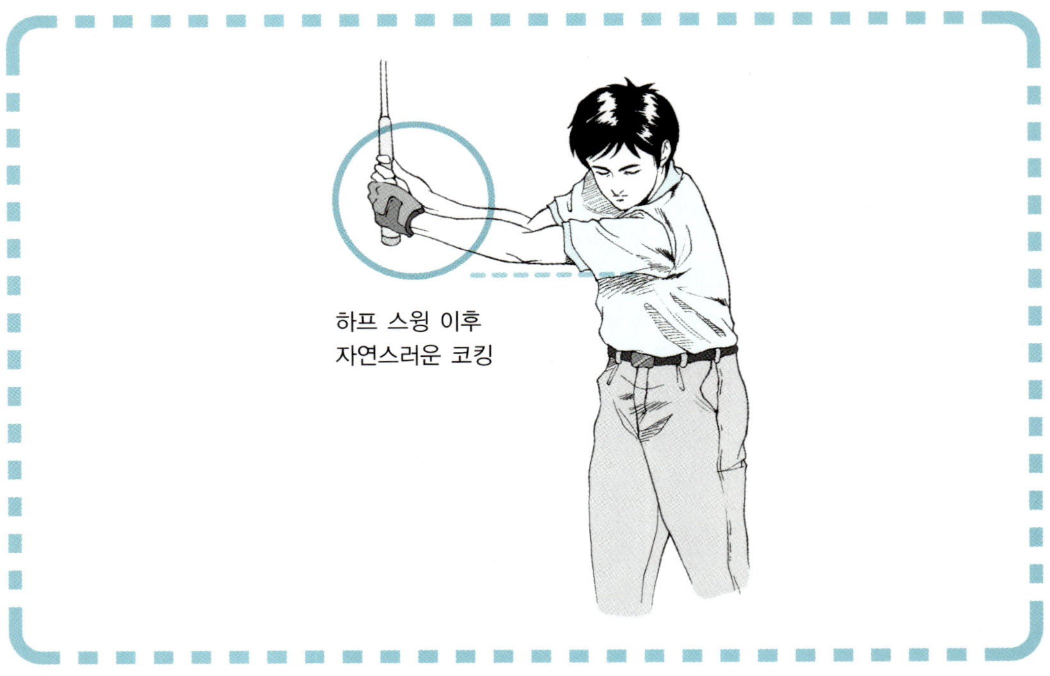

하프 스윙 이후
자연스러운 코킹

6. 스윙 톱(Swing Top)

스윙 톱은 하프 스윙에서 어깨를 조금만 더 밀어 넣어주면 바로 스윙 톱이 된다. 스윙이 리듬을 가지고 백 스윙이 되려면 자기도 모르게 바로 올라가야 리듬과 템포가 맞게 된다.

여기서 스윙 톱을 다시 설명하면 양어깨의 회전에 의해 하프 스윙 연습을 할 때 스윙이 좌우로 왔다 갔다 하다 반동에 의해 백으로 쭉 올라갔을 때 멈춰지는 지점 그곳이 스윙 톱이다.

즉, 스윙 톱은 반동에 의해 정해진 톱이 가장 이상적인 스윙 톱이다. 그러나 또 다른 방법으로 설명하면 그것은 톱에서 더 이상 넘어 갈 수 없는 상태를 말한다. 이유는 왼손 목의 코킹이 왼손 엄지의 버팀에서는 더 이상 넘어 갈 수가 없기 때문에 스윙이 넘어가지 않는 것이다.

여기서 백 스윙이 더 이상 넘어 간다면 그것은 왼팔이 구부러지거나, 손목이 안쪽으로 휘어지거나, 힙이 따라 들어가 왼쪽 허리가 늘어나면서 몸이 스웨이되는 등 잘못된 몸 동작에 기인하고 있기 때문이다.

> ★ 스웨이(sway)
> 스윙을 할 때 몸의 중심선을 좌우 혹은 상하로 이동시키는 동작.

이제 그립에서, 스탠스, 어드레스, 백 스윙, 하프 스윙, 스윙 톱까지 스윙의 반은 이루어진 셈이다. 여기서 간단히 정리해 보고 넘어가 보자.

① 백 스윙에서 손목을 쓰지 말고 어깨와 일체감으로 밀어 준다.
② 헤드의 바닥 면을 30cm~40cm 정도는 지면에 붙어 다닐 정도로 낮게 밀어 준다.

③ 하프 스윙까지는 채의 헤드가 몸의 우측선상에 앞뒤로 빠져 나가지 않도록 한다.

④ 백 스윙시 스윙 리듬이 끊겨 손에 힘이 들어가지 않는가?

일관성 있는 원피스 스윙을 해야 한다.

⑤ 스윙 톱으로 가는 동안 왼쪽 힙이 너무 따라 들어와 오른쪽 허리가 펴지지 않도록 주의해야 한다.

⑥ 체중이 오른쪽 발에 실렸는가?

이때 오른쪽 무릎의 각도는 어드레스 때와 같이 유지되어 있는가?

⑦ 코킹은 자연스럽게 이루어졌는가? 즉 왼손 엄지가 채를 잘 버티고 있는가?

⑧ 이제, 채를 다운시킬 준비가 되어있는가?

스윙의 톱에서 다운으로의 전환점은 빠르지도 느리지도 않은 전환점에서 이루어져야 한다는 것. 즉 빠른 사람은 쉬었다 내려오는 기분으로, 느린 사람은 스윙 톱에서 바로 전환점이 동시에 이루어져야 한다는 점이다.

⑨ 여자나 주니어들은 어깨의 턴이 유연하지만 몸이 굳어 있는 남성분들은 어깨 턴을 위해 많은 연습이 필요하다. 단 여자나 주니어들은 손목 힘이 없어서 다운 스윙 중간 지점에서 손목이 미리 풀리는 것을 주의하여야 한다.

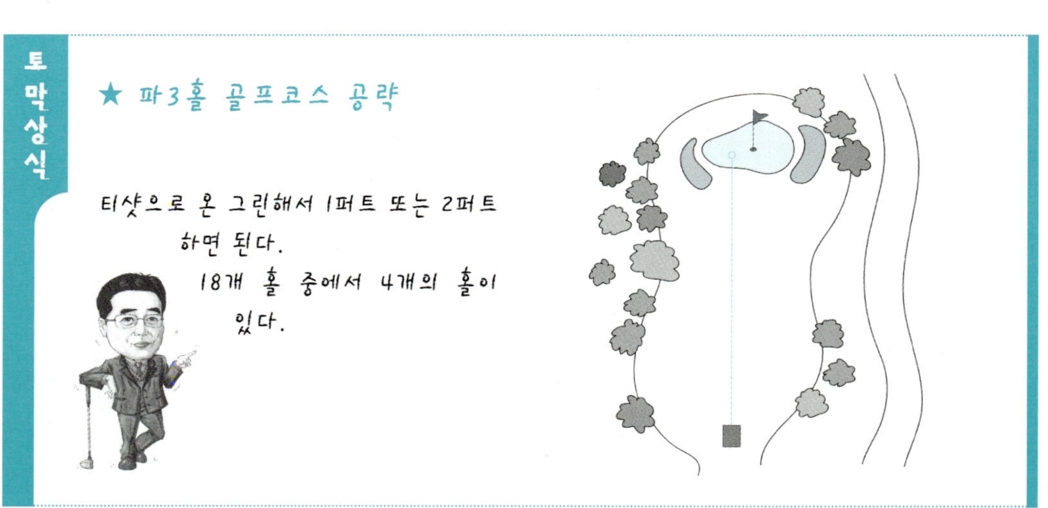

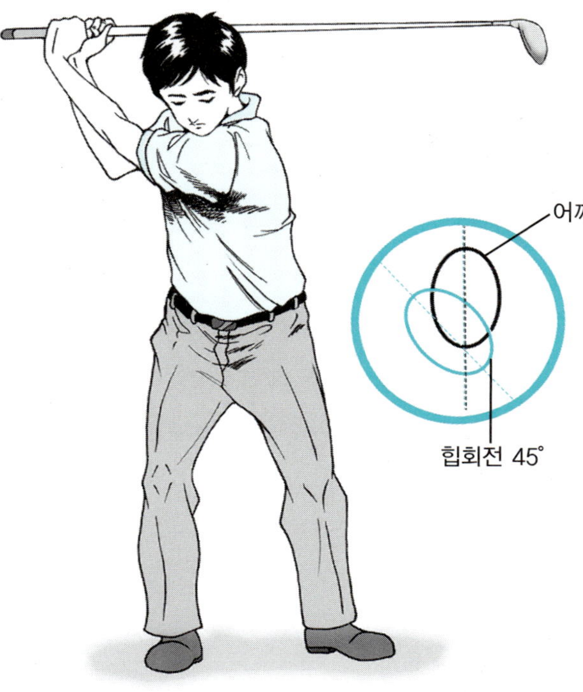

톱 스윙에서 어깨가 90°로 회전되어야 하며, 힙은
많이 돌아가지 않는 것이 바람직하다. 그림에서는
45° 정도 돌아가는 것을 기준으로 삼았다.

스윙 톱에서 오른팔꿈치는 지면을
향해 몸과 팔 각의 약 80~90° 정
도가 바람직하다.

7. 다운 스윙(Down Swing)

높이 올라가 있는 채를 내려치는 것은 그리 어려운 일이 아니다.

단지, 코킹을 풀지 않고 어깨 턴에 의해 내려지는 채는 언제 어디서 코킹이 펴졌는지, 채의 궤도가 어떻게 내려 왔는지, 나의 몸이 체중을 왼쪽으로 이동하면서 왼쪽을 잘 버티고 채가 볼을 향해 던져지고, 오른쪽에 있던 체중은 왼쪽으로 옮겨가는 이 하나의 과정이 순식간에 이루어지기 때문에 정신을 차리지 않으면 모든 행동은 순식간에 지나가게 된다.

그러므로 다운 스윙은 바로 아마추어 골퍼들의 적이라고 봐도 된다. 모든 실수는 여기서 이루어지는 것이다. 우리는 바로 여기서 많은 것을 함정으로 빠지지 않도록 주의하여 배워야 한다.

① 스윙 톱에서 다운으로 전환되는 타이밍을 맞춘다.

② 힘 안들이고 쉽게 내린다. 즉, 어깨턴으로 코킹 그대로 톱 스윙의 모양을 그대로 끌고 내려온다.

③ 허리 높이까지 내려온 후는 오른손 팔꿈치를 풀어준다. 손목은 최대한 늦게 푼다.

④ 하체의 체중이 왼쪽으로 이동했다 하여 머리까지 따라가면 안 된다.

⑤ 백 스윙에서 어깨와 팔이 삼각형으로 이루어진 대로 스윙되는 것과 마찬가지로 톱에서 다운도 오른팔, 왼팔이 손목 코킹과 같이 변형됨 없이 내려와야 한다. 그렇게 하려면 어깨의 턴에 의해서 다운이 되어야 한다. 또한 오른쪽 발은 오른쪽 팔이 인사이드로 들어올 수 있도록 옆으로 비켜주면서 체중이 자연스럽게 왼쪽으로 이동되면서 허리높이에서 오른팔을 뻗어주는 느낌으로 하여 양팔의 삼각형 자세 즉, 어드레스 원형의 자세로 이루어지며 임팩트로 가져가는 것이다.

⑥ 여기서 가장 힘든 것이 백 스윙에서 올라간 팔을 따라 몸이 따라가고, 다운 스윙에서 내려오는 팔을 따라 몸이 밀려나가는 것을 잡아주는 과정이다. 즉, 백 스윙에서 하체

다운 스윙의 모양 톱 스윙에서의 코킹을 그대로 유지하여 임팩트 전에 풀어주는 다운 스윙의 모습.

(1)   (2)   (3)   (4)

다운 스윙의 연속 동작

의 밀림 없이 체중이 이동되면서 스윙 톱이 형성되는 것과 마찬가지로, 다운 스윙에서 역시 하체의 밀림 없이 체중 이동과 동시에 임팩트가 형성되는 과정이 가장 중요한데 골프의 전부가 여기에 있다고 보아도 된다. 다운 스윙의 궤도는 인아웃으로 이루어져야 하며 손목은 코킹된 상태로 그냥 내려와야 한다. 또한 머리 및 모든 몸의 어느 곳이든 상하나 좌우로 스웨이가 되어서도 안 된다.

⑦ 간단한 얘기로 헤드업 하지 말고, 머리와 어깨가 앞쪽으로 엎어져서 채보다 먼저 나가지 말라는 것, 즉 머리와 몸통이 뒤에 남아 있는 상태에서 임팩트가 이루어져야 하는 것이다. 이러한 다운 스윙의 습관을 계속적인 연습으로 마스터하여야 한다.

거울을 보고 백 스윙 톱에서 다운 스윙을 인위적으로 만들어 보면서 다운 스윙 동작을 하루에 50번씩 한 달 정도를 해본다. 과연 코킹의 풀림 없이 자연스럽게 왼쪽 하체의 버팀 속에 다운 스윙이 자연스럽게 이루어지는가? 이 연습은 될 때까지 꾸준히 하도록 한다.

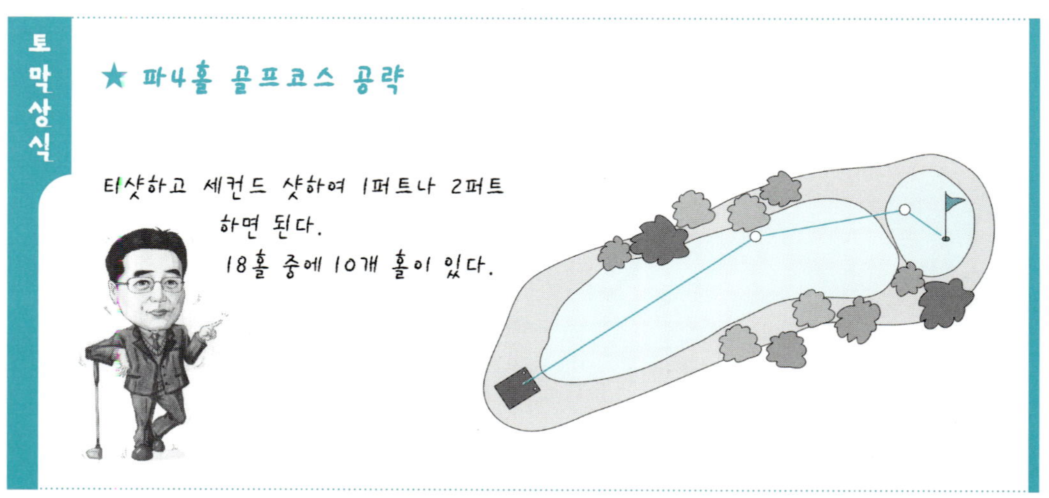

8. 임팩트(Impact)

올바른 다운 스윙이 올바른 임팩트를 이루게 된다.

이 말은 채의 헤드가 궤도로 들어와서 볼에 직각이 되도록 맞추어야 올바른 임팩트가 된다는 뜻이다. 즉, 채가 인사이드의 궤도라야 하며 임팩트 점에서 볼과 직각을 이루면서 볼은 파워 있게 스트레이트로 날아갈 수 있다.

★ 임팩트시의 주의할 점.

① 볼을 때리려고 하지 말고 치고 지나가는 느낌을 갖는다. 즉, 치고 난 후 볼을 따라 헤드가 쫓아가는 느낌이다.

② 어깨와 두 팔의 삼각형을 만들면서 임팩트시 두 팔은 쭉 뻗어주는 느낌을 갖는다.

③ 임팩트시 볼을 잡아 놓고 치는 기분을 갖는다.

④ 머리는 항상 볼 뒤에 남아 있는다.

⑤ 왼쪽의 버팀이 없이는 임팩트도 없다.

⑥ 몸과 팔의 거리가 벌어지면 임팩트가 약하다.

⑦ 하체를 버티며 채 떨어지는 빈 스윙 연습을 많이 한다.

① 드라이브 Upper Blow

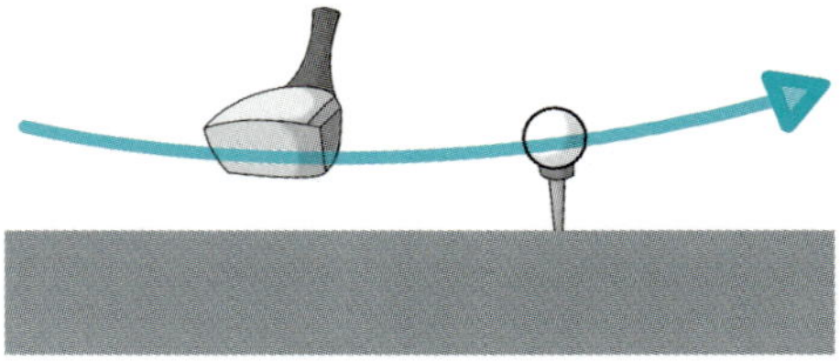

② 우드　　Side Blow

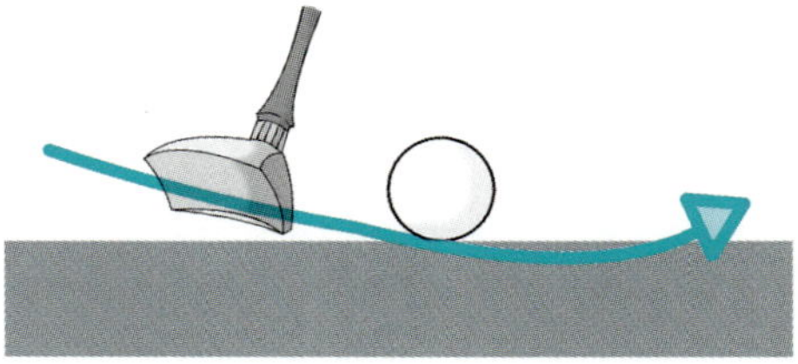

③ 아이언　Down Blow

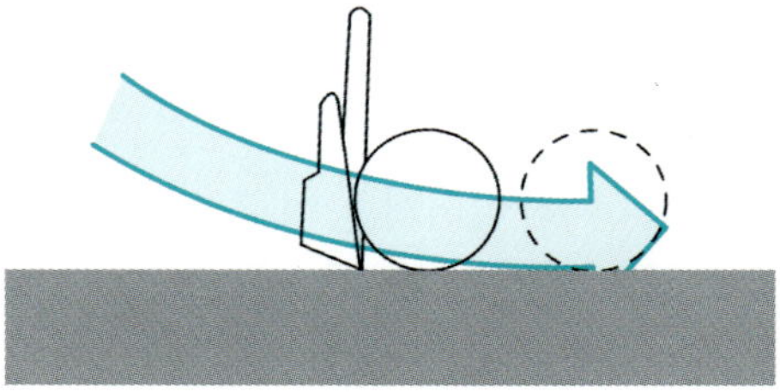

④ 퍼팅　　Side Blow

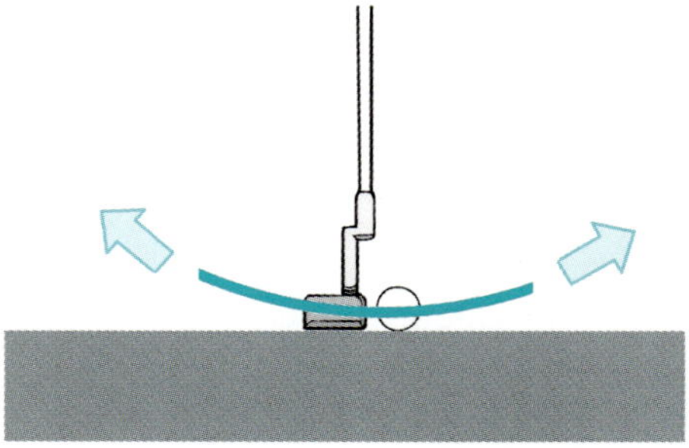

채의 각도가 임팩트를 약하게 한다. 항상 스퀘어 임팩트가 되도록 노력한다.

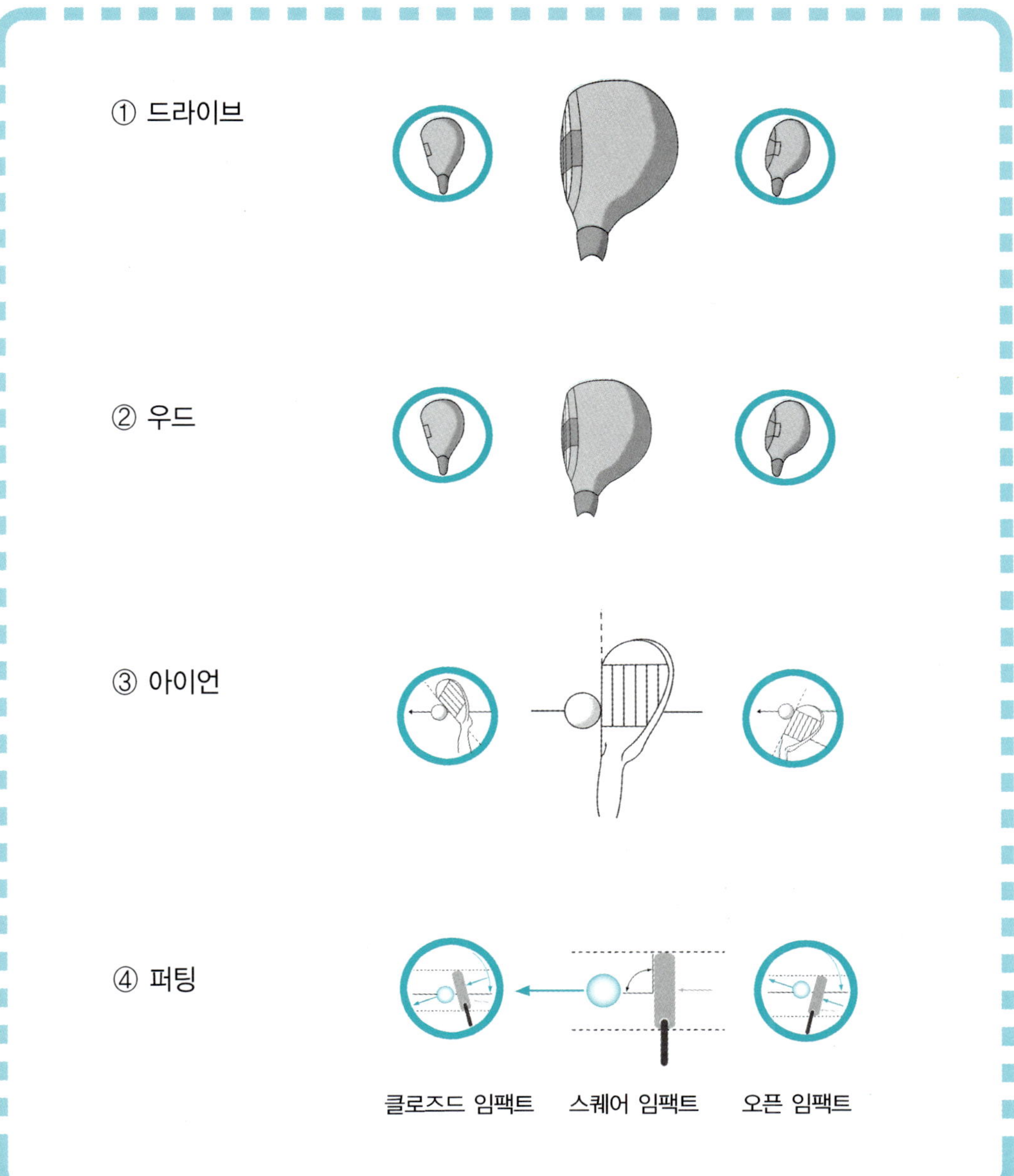

9.폴로 스루와 피니시(Follow Through & Finish)

폴로 스루는 임팩트가 잘 만들어지면 자연적으로 좋은 폴로 스루가 이루어진다. 임팩트 자세에서 볼이 채의 헤드와 직각으로 만나고, 볼이 채의 헤드에 같이 묻어간다는 느낌이 이루어져야 한다.

이때 오른쪽 어깨는 턱 밑으로 다운되어 이동하여야 하며 이는 백 스윙시 왼쪽 어깨가 턱밑으로 들어가고 왼팔이 쭉 뻗어지는 것과 대칭인 관계이다.

이렇게 체중이 이동하면서 오른팔이 채와 함께 공의 방향을 따라서 긴 폴로 스루가 이루어지게 된다. 이후 몸의 턴과 어깨 턴에 의해 탄력을 받아 피니시가 이루어진다.

그런데 필드에서는 연습장에서와는 달리 피니시가 끝까지 잘 안 되는 것을 느끼며 그렇게 쳐 왔을 것이다.

왜 그럴까? 바로 볼을 때리려고만 하기 때문이다. 볼을 때리면 폴로 스루는 때린 상태에서 끝이 나니까 폴로 스루가 이루어질리 없으며, 피니시 또한 이루어지지 않는다. 필드에서야 하늘을 지붕 삼아 서있으니 집중력이 떨어질 것은 뻔한 노릇이고, 대지 위에 서 있으니 내가 서있는 자리가 어디인지 정신이 없는 것은 초보 아마추어 골퍼가 느끼는 공통된 점이다.

게다가 백 스윙에서 채를 들고 휘두르다 보면 언제 어떻게 올라가서 언제 어떻게 내려왔는지 모르고 18홀이 끝날 때가 많다. 폴로 스루와 피니시는 폴로 스루가 잘 이루어진 후 체중 이동이 잘되면 피니시는 안정감 있게 자연히 이루어지는 것이다.

몸이 너무 빨리 돌아가든가 몸이 딸려 나가든가 뒤에 체중이 남아 있다든가 하는 점만 주의하면 피니시는 잘 될 것이다.

여기서 기하학적으로 설명을 하면 폴로 스루는 백 스윙의 하프에 대칭이며 백 스윙의 톱은 피니시의 대칭이라고 생각하면 된다.

주의하여야 할 몇 가지 점이 있다면

① 왼쪽의 축을 잘 버티어야 하며

② 머리는 공 뒤에 남아 있어야 하며

③ 오른쪽 어깨는 턱 밑으로 턴 되어야 한다.

④ 폴로 스루는 임팩트에서 강력한 힘으로 체중 이동과 팔이 볼을 따라 쭉 뻗어져야 한다.

⑤ 피니시 후에는 안정된 자세가 이루어져야 한다.

왼발의 발바닥이 지면에 붙어서 모든
체중을 받아 주어야 한다.

발바닥이 일자로 보이게 왼팔과 몸의
각도는 90° 즉 백 스윙의 대칭

피니시

1. 콕(Cock)

백 스윙에서의 콕은 허리 위에서부터 자연스럽게 이루어지며, 톱에서의 콕은 엄지의 방향으로 이루어지는데 그것이 바로 스윙 톱이다.

콕이 엄지 방향이 아닌 손등 쪽이나 손바닥 쪽으로 하면 채의 페이스가 변화를 이루게 되어 다운 스윙에서 페이스 방향이 맞지 않아 스트레이트 볼을 구사할 수 없다.

콕이 된 상태에서 임팩트 직전까지 콕이 풀리지 않으면 임팩트에서 파워가 생기게 되며, 폴로 스루가 공을 따라가면서 스트레이트 볼을 치기 쉬워진다. 아마추어는 콕에 너무 기술적인 면을 가미할 것이 아니라 자연스럽게 이루어지는 것이 더 바람직하다.

손목의 콕은 임팩트의 힘을 위한 사전 동작이다. 즉 임팩트 힘의 원동력이다.

왼손등과 팔이 곧은
올바른 콕

왼손목이 너무 지면으로
꺾여있는 틀린 콕

왼손목이 앞쪽으로 너무
꺾여있는 틀린 콕

언제나 주의할 점은, 콕은 임팩트와 동시에 풀어 주어야 하며 왼손목의 접힘이 없어야
한다.

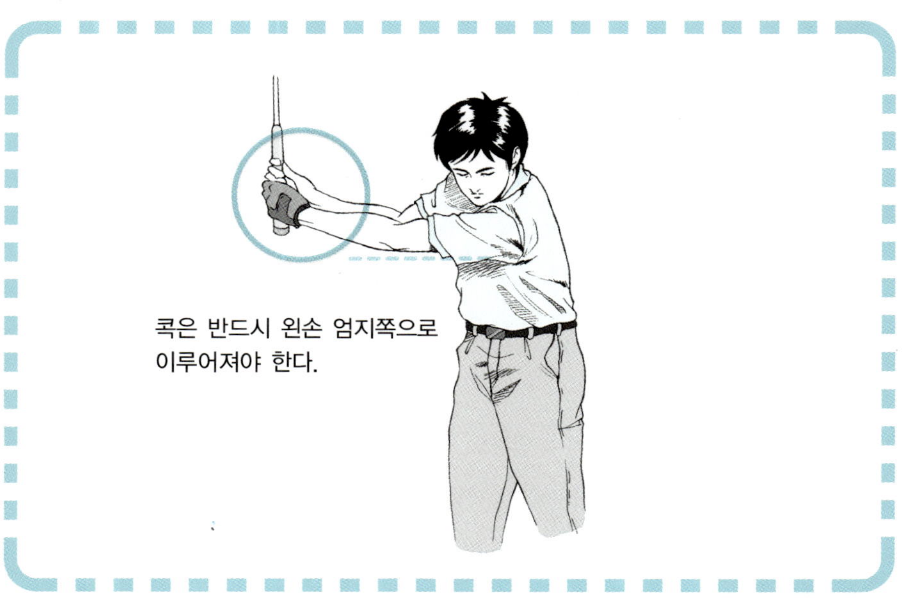

콕은 반드시 왼손 엄지쪽으로
이루어져야 한다.

2. 어깨의 턴(Shoulder Turn)

　백 스윙 스타트에 따라 어깨는 서서히 돌아서 스스로 거울을 보면 어깨등이 보일 정도로, 즉 90° 이상의 턴이 되어야 한다. 힙의 턴은 어깨 턴의 반 정도인 45° 턴이 되면 올바른 자세로 본다. 이때에 왼쪽의 힙이 오른쪽으로 밀려 따라 나가는 것을 최대한 억제해야 한다. 또한 오른쪽의 무릎이 펴지지 않는 상태에서 오른쪽 다리가 최대한 버텨주면서 어깨를 턴시켜야 어깨가 잘 들어가게 된다.

　꼬여진 어깨가 턱을 가리지 않고 턱 밑으로 어깨가 들어가야 하는 것이다. 이 백 스윙 때 신체의 모든 부분은 지면과 수평으로 돌아야 한다. 다만 어깨는 척추의 수직 평면으로 돌게 된다.

　즉 무릎, 힙, 허리 등등 모든 부분의 턴이 수평으로 돌아야 한다는 점을 명심해야 한다. 어깨의 턴이 제대로 이루어져야 다운 스윙이 쉬워지며 임팩트 또한 강하게 이루어지는 원동력이 된다.

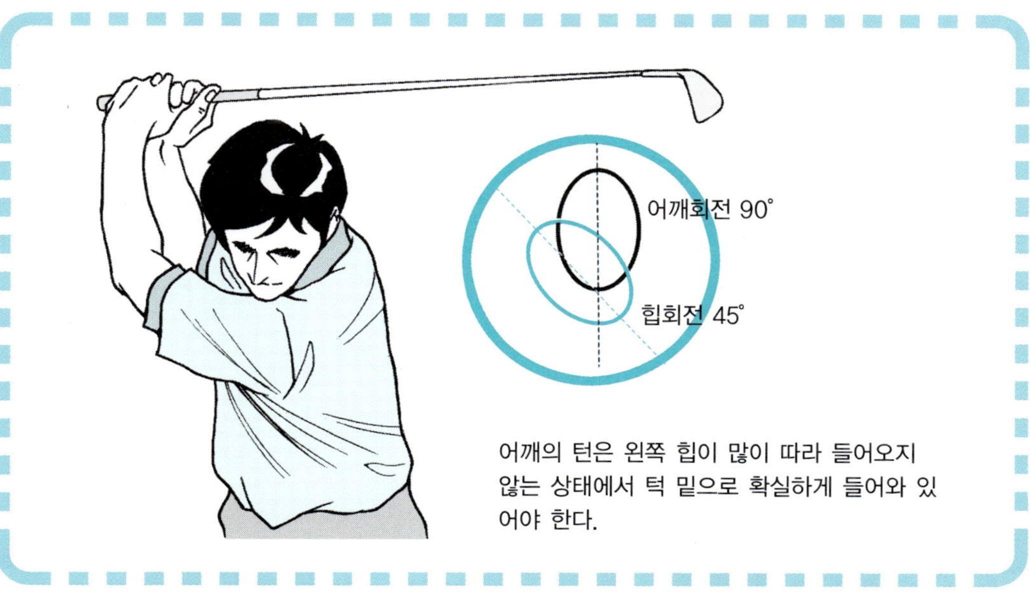

어깨의 턴은 왼쪽 힙이 많이 따라 들어오지 않는 상태에서 턱 밑으로 확실하게 들어와 있어야 한다.

3. 체중 이동

　축은 중심 축과 우의 축, 좌의 축 3가지 축으로 나뉜다. 스윙이 이루어지면 우선 백 스윙시 우측의 무릎으로부터 왼쪽의 체중을 받아내야 하며 왼쪽에는 무게 중심이 오른쪽으로 80%이상 이동되어야 한다. 톱에서는 완전히 오른쪽에 실린 체중을 가운데 축을 중심으로 왼쪽으로 이동할 준비를 하게 되는 것이다.

　임팩트 순간은 체중이 60대 40으로 어드레스의 순간과 같이 왼쪽에 많이 있게 되며 폴로 스루에서는 오른쪽의 체중을 모두 왼쪽으로 이동하며 오른쪽 허벅지는 왼쪽 허벅지에 최대한 달라붙는 것이 확실한 체중 이동이라 볼 수 있다. 어떻든 좌우의 체중 이동은 축이 버티는 한 최대한으로 이동시켜줌이 마땅하다. 또한 이 체중 이동은 좌우의 일정한 축 속에서 이루어짐을 중시한다. 그러므로 특히 주위할 점은 체중 이동시 몸의 스웨이를 막아야 하는 것이다. 체중을 이동시키는 동안에 몸이 아래위로 또는 좌우로 흐느적거림을 막아야 하는 것이 중요한 점이다.

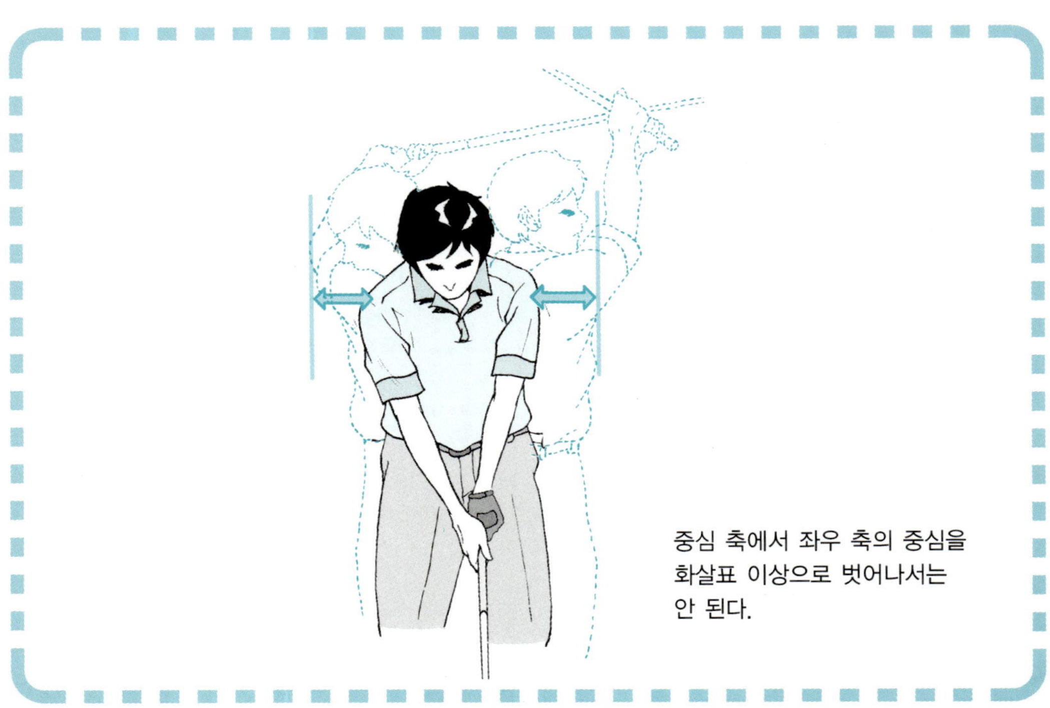

중심 축에서 좌우 축의 중심을
화살표 이상으로 벗어나서는
안 된다.

4. 하체의 버팀

우선 하체를 잘 버티려면 견고한 세트 업 자세가 확실해야 하체의 버팀이 잘 이루어진다. 하체의 버팀은 백 스윙시 우의 축, 임팩트시 중심 축, 폴로 스루시 좌의 축이 무릎 버팀과 함께 중심 축이 흔들리지 말아야 하며, 더욱 버팀이 강하면서 스윙의 스피드가 빠르면 빠를수록 거리는 많이 나게 된다.

이때 주의할 점은 백 스윙시 왼쪽 힙의 버팀이 가장 중요하다. 왼쪽 힙이 따라들어 오면 허리가 펴짐은 물론이고 허리의 꼬임이 없어지고 밀려나가는 즉, 스웨이가 이루어지므로 백 스윙시 왼쪽 힙의 밀림은 절대 막아야 한다. 하체가 버티기 위한 두 번째 조건은 버팀쪽의 무릎이 펴지지 말아야 한다는 것이 철칙이다.

허리 밑으론 절대 움직이지 않는 기분으로 백 스윙의 어깨 턴이 90° 이루어질 수 있으면 더 이상 바랄게 없다. 또한 머리의 축이 스윙 쪽으로 딸려 다니지 않으면 하체의 버팀에 도움이 되기도 한다.

어프로치에서도 하체의 흐느적거림 없이 튼튼하게 버텨야 한다.

퍼팅 역시 하체의 움직임 없는 견고한 버팀이 중요하다.

상체가 딸려 나가지 않는 상태에서 왼쪽의 벽을 만들어 힘껏 내려쳐도 무너지지 않는 하체가 중요하다.

5. 좌우의 움직임

좌우의 움직임은 축이 무너지는 스웨이 현상을 말한다. 좌와 우의 이동이 언제나 평행으로(지면과) 이동되어야 하며, 백 스윙시 힙이 따라 들어가는 것을 확실히 막아야 한다.

또한 백 스윙시 허리의 펴짐이나 무릎의 펴짐 등이 좌우 움직임의 변화이다. 이런 점만 주의하면 약간의 좌우 움직임은 그리 큰 문제는 안 된다. 어떻든 축들로부터의 경계선을 넘어서는 안 된다. 축을 지키면서 약간의 좌우 이동은 괜찮다.

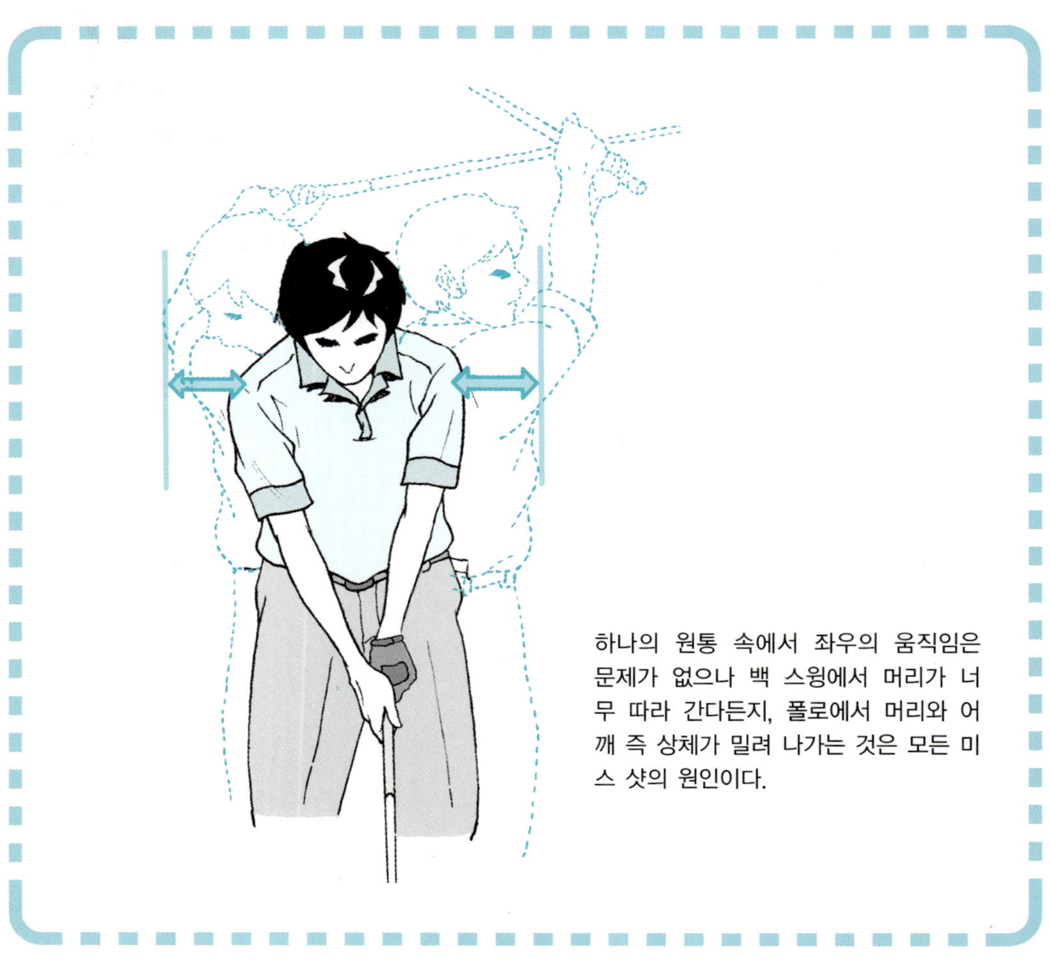

하나의 원통 속에서 좌우의 움직임은 문제가 없으나 백 스윙에서 머리가 너무 따라 간다든지, 폴로에서 머리와 어깨 즉 상체가 밀려 나가는 것은 모든 미스 샷의 원인이다.

6. 상하의 움직임

골프에서 최고의 나쁜 습관은 상하의 움직임이다. 특히 백 스윙에서 허리, 무릎 등이 펴지면 어깨의 턴은 되지 않으며 팔만 올리는 스윙을 하게 된다. 또한 어깨 턴이 안 되면 다운 스윙이 팔로만 내려치게 되므로 임팩트에서 미스를 범하게 된다. 또한 머리 들림도 나쁜 습관 중의 하나이다. 골프에서 상하의 움직임이 없으면 모든 것은 끝난 것이나 다름없다.

특히 백에서 일어나면 다운에서 주저 앉는 스윙이 되므로 볼을 깎아 치는 나쁜 습관의 주원인이다. 모든 아마추어들은 여기서 함정에 빠지게 된다. 오른쪽이든 왼쪽이든 무릎의 각도 유지, 힙의 빠짐, 머리의 일어남 등 3가지 점만 특히 주의해도 샷은 좋게 이루어질 수 있다.

따라서 아마추어들은 이 상하의 움직임에 대해 스스로 많은 연구를 해야 한다.

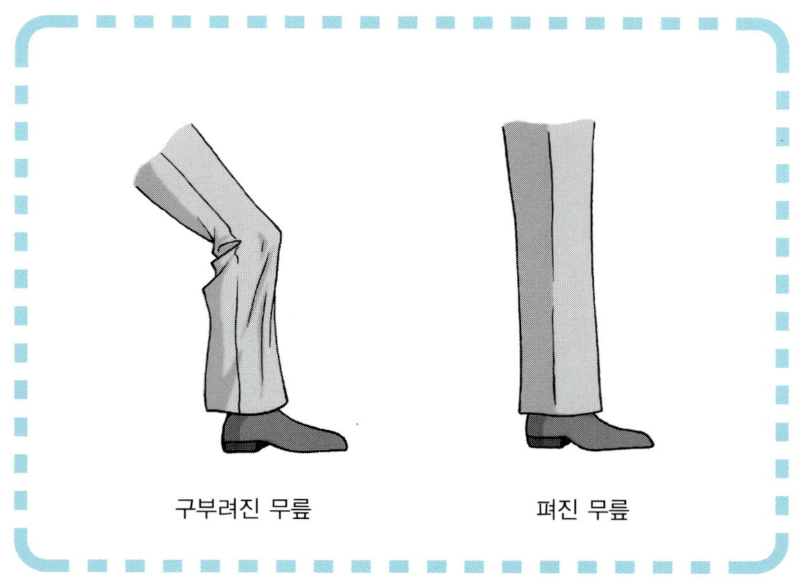

무릎이 너무 구부러져도 또는 너무 펴져도 안 되는 적당히 약간만 구부리면 된다.

스윙 중에 무릎이 아래 위로 펴지거나 구부려져서 어드레스의 무릎 각이 변해서는 안 된다.

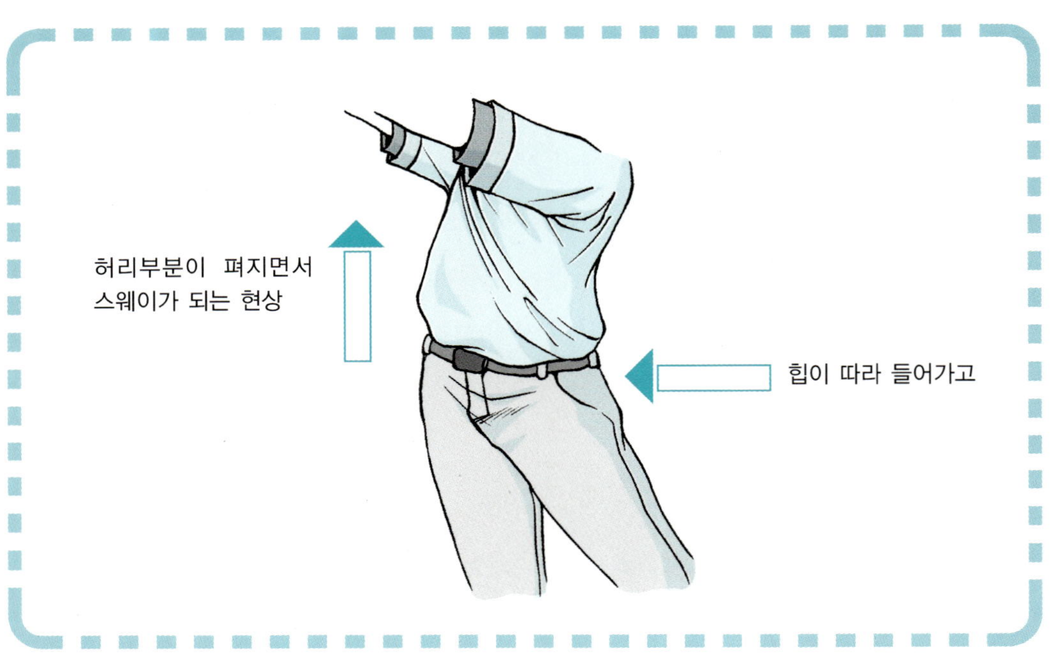

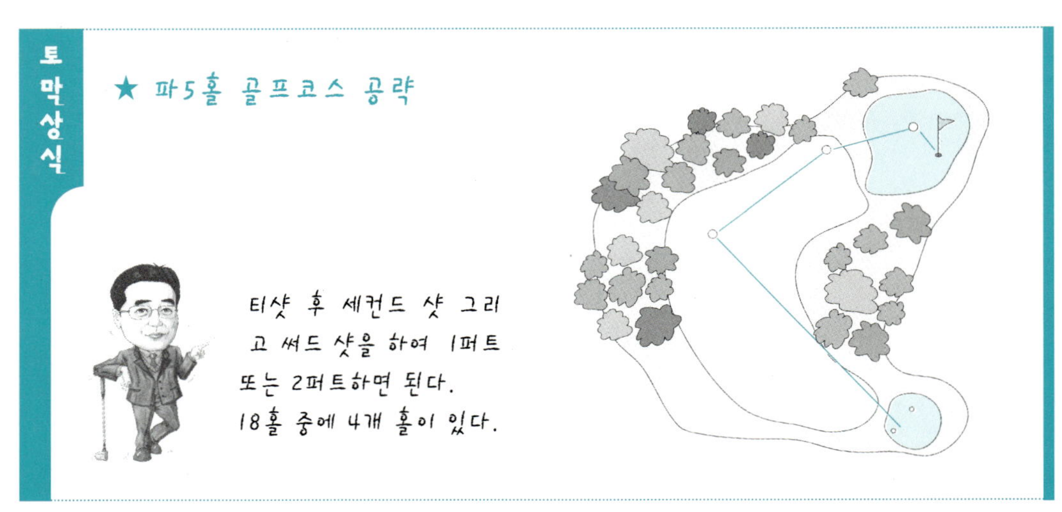

7. 양손의 삼각형

　양쪽 어깨를 직선으로 하여 양손의 끝점으로 이어져 이루는 삼각형의 유지는 백 스윙 스타트에서 허리 직전까지, 폴로 스루에서 허리 직전까지 변하지 않는 것이 바로 어깨의 턴으로 이루어지는 스윙이다.

　어깨와 손이 따로 놀지 않음은 바로 방향과 임팩트에 직결되는 것이며 스윙의 균형을 바로 잡아주는 역할을 하게 된다. 어떻든 임팩트존에서는 어깨와 손이 같이 움직인다는 것을 명심하면 된다.

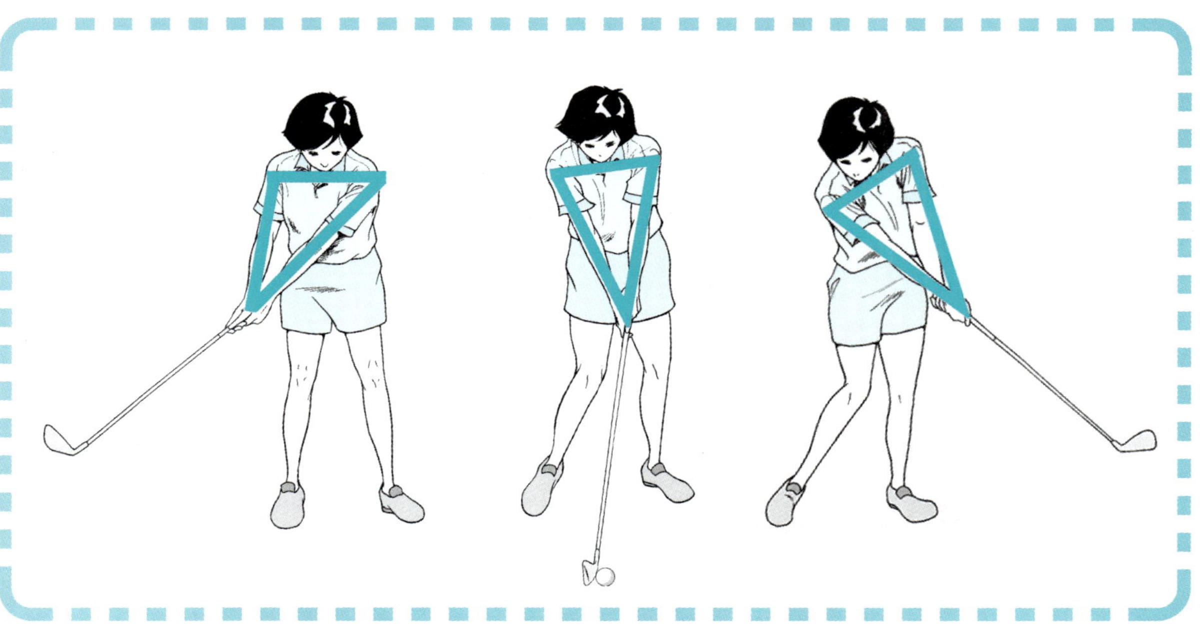

8. 손과 몸의 평행이동

　어드레스에서의 양손 그립이 백 스윙시 이동하면서 두 주먹이 허벅지와의 거리가 주먹 2개 정도, 백 스윙시 옆으로 이동 때도 오른쪽 허벅지를 지나면서 주먹 2개 정도의 거리를 유지하면서 이동한다. 즉, 내 몸과 손의 이동은 같은 거리를 유지하는 평행이동을 하라는 얘기다.

　즉, 팔과 내 몸의 거리가 너무 떨어져 다니면 결국 팔만 휘두르므로 파워도 안나오며 방향성도 없게 된다. 이 말은 수건을 양 겨드랑이에 끼우고 하프 스윙 연습을 많이 하라는 뜻과 같다. 즉, 백 스윙 때 팔과 몸이 너무 떨어진 상태에서 백 스윙은 안되며 폴로 스루도 몸과 팔이 따로 따로 놀아서는 안 된다는 뜻이다.

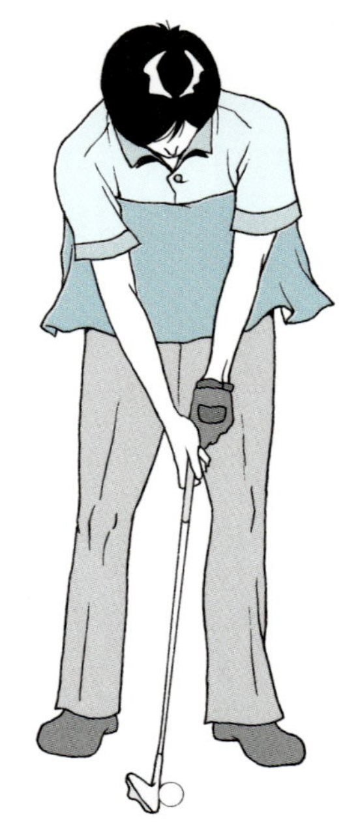

양 겨드랑이에 수건을 끼우고 스윙을 해보면 가슴과 팔이 벌어지지 않으면 수건이 안 떨어진다.

9. 다운 스윙, 손이 저절로 떨어지는 상태

다운 스윙을 어떻게 해야 하는가? 정신 없이 올라간 백 스윙에서 어떻게 정신 차리고 다운을 유도하느냐? 이것은 중요한 문제이며 말 또한 많은 부분이다.

필자의 생각은 백 스윙의 톱에서 어깨와 이어져있는 양팔의 상태 그대로를 왼쪽 어깨로만 약간 당겨주는 듯한 기분으로 톱 스윙의 원형 그대로를 내려주는 방법이 가장 좋은 방법이 아닌가 생각한다.

처음 백 스윙의 스타트에서 삼각형을 유지하듯 다운 스윙에서는 톱의 상태 그대로를 유지시키며 어깨의 턴으로 시작되면 자기도 모르는 사이 채가 따라 내려오기 쉽지 않을까 생각한다.

이제까지 이론에서는 하체의 리드 즉 발이 먼저, 다음이 힙, 다음이 어깨 이런 식의 다운 스윙 스타트를 논하였으나 최근에는 위에서 내려치려는 생각에 의해 하체는 저절로 리드가 이루어지므로 그냥 내려치기만 하면 된다는 이론도 있다.

그러나 아마추어 골퍼가 그렇게 하다 보면 팔만 스윙이 될 것이며 특히 콕이 미리 풀려 내려오면 낭패를 보게 된다. 콕은 임팩트 직전까지 풀리지 않아야 빠른 임팩트를 하게 됨은 일반적으로 다 아는 사실이다. 원심력에서 알 수 있듯이 실끈에 추를 달아 손끝에서 휘두르면 끝의 추는 따라 다니게 되듯이 여기서도 어깨 축을 중심으로 헤드 무게를 주로 생각하면 이해하기 쉽다.

물론 하체의 리드로 친다는 생각을 갖는 것도 중요하지만 아마추어들은 많은 몸쓰기를 하지 않는 것이 바람직하다. 체중 이동이 되면 자연적으로 몸은 써지게 된다.

톱 스윙 그대로를 어깨로부터 다운이 되면 손목의
코킹 풀림 없이 다운 스윙이 이루어질 수 있다.

10. 임팩트에서 쉬어가는 기분

　다운이 되어 임팩트에서 몸과 머리가 같이 가면 확실한 임팩트의 느낌이 없다. 따라서 머리와 몸이 볼보다 뒤에 있는 상태에서 채가 볼을 지나가면 임팩트가 제대로 된 느낌을 갖게 된다.

　이 순간의 감각이 볼을 맞추는 순간만큼은 일단 맞추고 지나가는 즉, 쉬어 가는 기분을 느끼며 볼을 잡아 놓고 치는 듯한 기분을 찾아 자기의 감을 찾아보자는 얘기다. 무엇보다도 아마추어는 아마추어만의 느낌이 더욱 중요한 것이다.

임팩트 순간을 놓치지 말고 그 순간을 잡아야 한다.

11. 플로 스루는 채가 공을 따라가는 기분

폴로 스루는 공이 채의 머리 면에 붙어 나가는 기분 또는 목표물을 향해 가는 기분으로 감을 가져 보자.

공이 채와 직각으로 만나면서 임팩트 후 폴로 스루가 잘 이루어지면 역시 공이 채에 묻어나는 기분을 알 수 있게 된다.

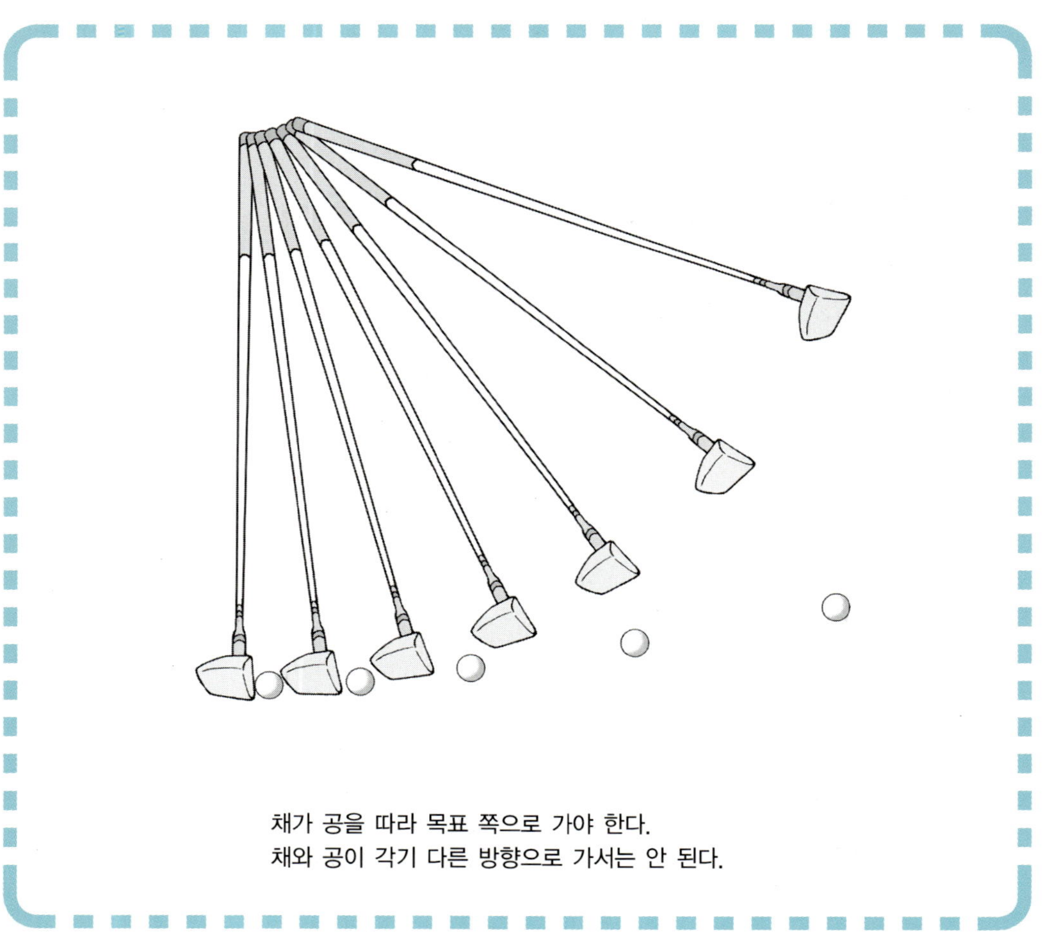

채가 공을 따라 목표 쪽으로 가야 한다.
채와 공이 각기 다른 방향으로 가서는 안 된다.

12. 스윙 중에 일어나는 감

이 느낌은 아마추어들이 프로보다 더 많은 감을 가지고 즐길 수 있다. 틀린 스윙에서 잘된 스윙으로의 어떤 계기에서 감이라는 것은 실로 맛있다고 볼 수 있다.

'아~ 바로 이것이구나' 하는 그 맛을 아마도 프로들은 아마추어들보다 덜 느끼게 될 것이라 생각된다. 모든 것이 다 잘될 때는 특별히 느끼는 감이 적은 것이다. 바로 인생사처럼 굴곡이 있어야 하지 않을까? 즉, 희비의 쌍곡선 격차가 클수록 우리는 괴로움과 즐거움의 기분을 만끽할 수 있는 것이다. 예를 들어 증권에서 오늘 상한가의 기분 좋은 느낌 또는 내일의 하한가에서 오는 절망감의 모든 것이 우리 인생의 그래프인 것 같다.

여기에서 느낌이란 싱글 골퍼나 3개월밖에 안 되는 비기너가 갖는 느낌은 같을 것이다. 필자는 늘 이렇게 생각했다. 골프는 남녀의 성 개념과 같다. 대통령도 젊은 청년들도 직업의 귀천고하를 막론하고 인간의 남녀관계의 개념은 다 같다는 것이다. 누구나 다 똑같은 맛을 느끼면서 살아가는 것이다.

골프도 남녀노소 막론하고 짧게 배웠든 오래 되었든 우리는 다같이 공통의 느낌을 가지고 있는 것이 바로 골프라고 생각한다. 그러니 누구나 골프를 좋아할 수밖에 없다고 생각된다. 남녀가 공존하면서 살아가는 이치와 같은 것이다.

전체의 개념적인 느낌을 말했지만 필자가 지금 하고자 하는 골프의 감은 바로 스윙 중에 일어나는 느낌에 대해 얘기해보고자 하는 것이다.

아마추어들이 골프를 배우는 과정에서 누구든지 다 자기 나름대로의 감을 가지게 된다. 모든 스윙의 감을 가장 잘 느낄 수 있는 것은 바로 빈 스윙 연습이다.

퍼팅의 빈 스윙 연습에서 우리는 손목의 흔들림 없이 양어깨로만 시계추 모양의 스윙이 이루어질 수 있으며 또한 다리의 버팀 또한 느낄 수 있게 된다. 빈 스윙의 감을 가지고 스트로크에 임하면서 역시 최대한으로 빈 스윙에서 느꼈던 감을 그대로 유지하도록 노력하자.

퍼팅시 느끼는 느낌, 그리고 느껴야 할 느낌 몇 가지를 정리해 보자.

① 왼발로 땅을 버티니까 채가 지나가면서 스트로크가 잘 된다는 느낌.
② 양발바닥 전체로 땅을 딛고 있는 즉, 말뚝 박고 있는 안정감의 스탠스일 때 퍼팅이
　 잘 된다.
③ 퍼터를 공 따라 홀 쪽으로 더 보내는 느낌으로 치니까 잘 되더라.
④ 퍼터를 밀어 올리며 앞으로 밀어 보내니까 잘 되더라.
⑤ 어깨로만 흔드는 느낌으로 쳤더니 괜찮더라.
⑥ 약간 오픈 스탠스를 하니까 잘 되더라.

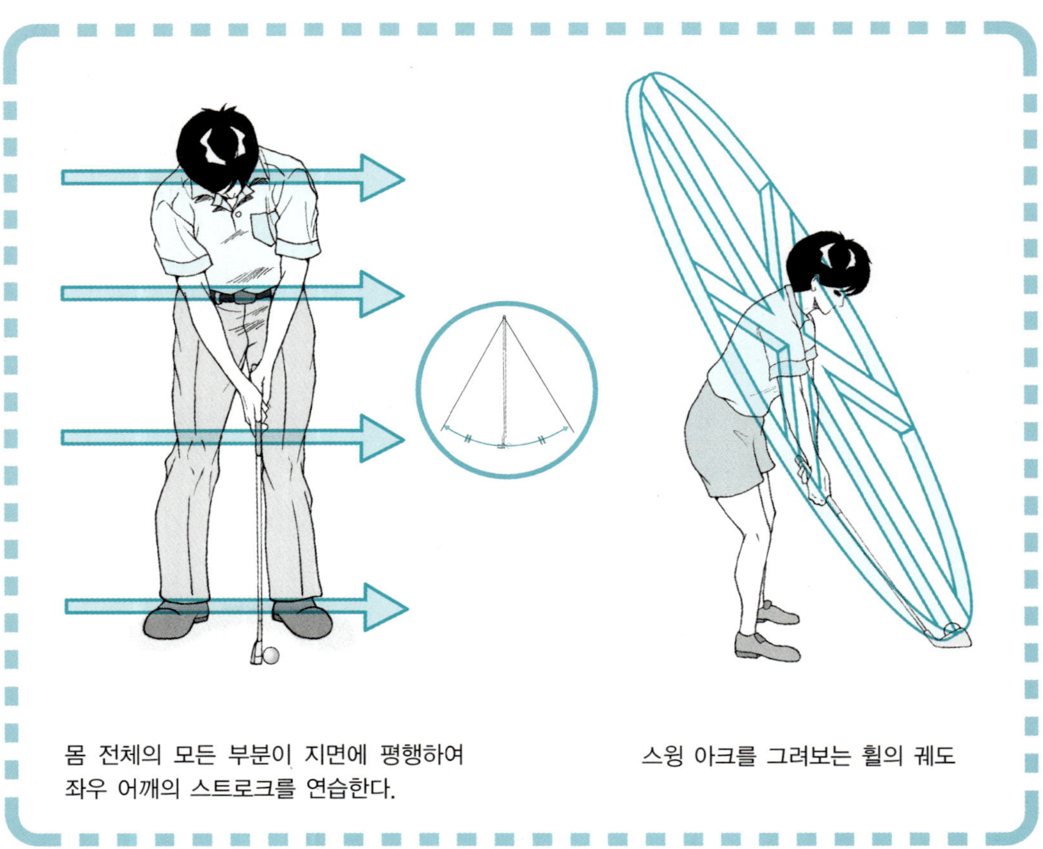

몸 전체의 모든 부분이 지면에 평행하여
좌우 어깨의 스트로크를 연습한다.

스윙 아크를 그려보는 휠의 궤도

13. 인사이드 인

모든 아마추어들은 처음 스윙을 배울 때 인사이드 아웃 궤도의 스윙을 배운다. 그 이유는 스윙의 궤도를 짧게 하기 때문인데 물론 풀 스윙을 할 때에는 인사이드 인의 궤도가 자연스럽게 된다.

이유는 치고 뻗고 돌아야 하는데 대개는 치고 뻗지도 않고 도는데 문제가 있기 때문이다. 그것의 원인은 인의 궤도로 채가 들어가지 않고 아웃의 궤도로 채가 들어가기 때문이다.

그러므로 인으로 들어가는 것은 대단히 중요하다. 여기서 인으로 채가 들어가려면 오른쪽 무릎이 앞쪽으로 나가면 안 되고, 오른쪽 무릎이 옆으로 즉 왼쪽으로 비켜 주어야 다운 스윙이 인으로 들어가게 된다. 인으로 들어 밀면 왼쪽의 버팀도 옆으로 이동되면서 버티게 될 수가 있다.

버팀 후에는 치고 뻗고 돌아야 한다. 결국 인사이드 인의 좋은 궤도를 이루게 되면 체중도 제대로 이동된 것이다.

이 돌고 도는 과정에서 우리는 하체를 어떻게 움직여야 양 축이 바르게 버텨줄 수 있는지 그것이 문제이다. 아마추어 골퍼 모두는 채를 인사이드로 집어 넣도록 노력해야 한다.

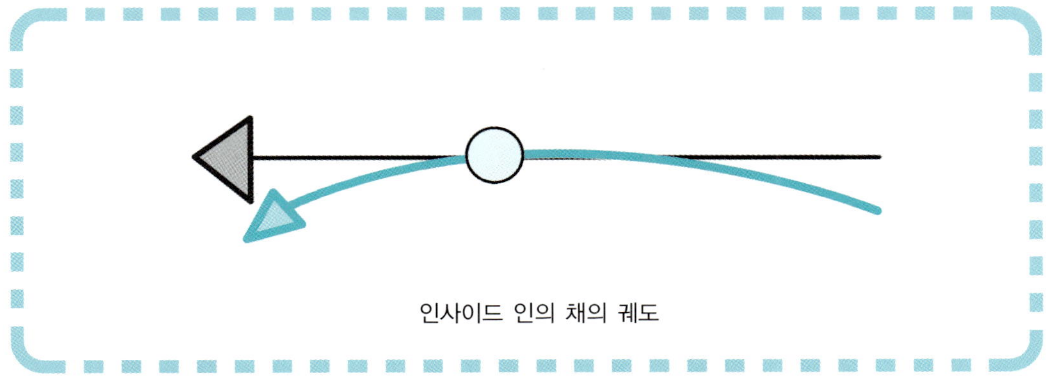

인사이드 인의 채의 궤도

14. 하체 버팀의 중요성

하체는 골프의 정확도에 척도가 되는 것이다. 늘 설명하지만 하체의 양 축은 항상 따로 놀지 말고 연관성 있게 놀아야 하는 것이다.

백 스윙시 왼쪽 힙이 앞으로 밀리지 말 것. 겉에서는 하체의 움직임 없이 내부적으로 체중이 이동될 것. 다운 스윙시 역시 오른쪽 힙이 임팩트 전에 앞으로 나오면 문제가 발생하므로 옆으로 체중 이동 후 바로 턴이 되어야 한다는 것이다.

여기서도 임팩트까지는 체중이 겉으로는 움직임이 보이지 않을 정도로 내부적으로는 왼쪽으로 체중 이동이 이루어져야 한다는 것이다.

아마추어는 하체의 움직임이 보이지 않는 가운데 백 스윙과 다운 스윙이 이루어지면 좋은 스트레이트 공을 칠 수 있다는 것이다.

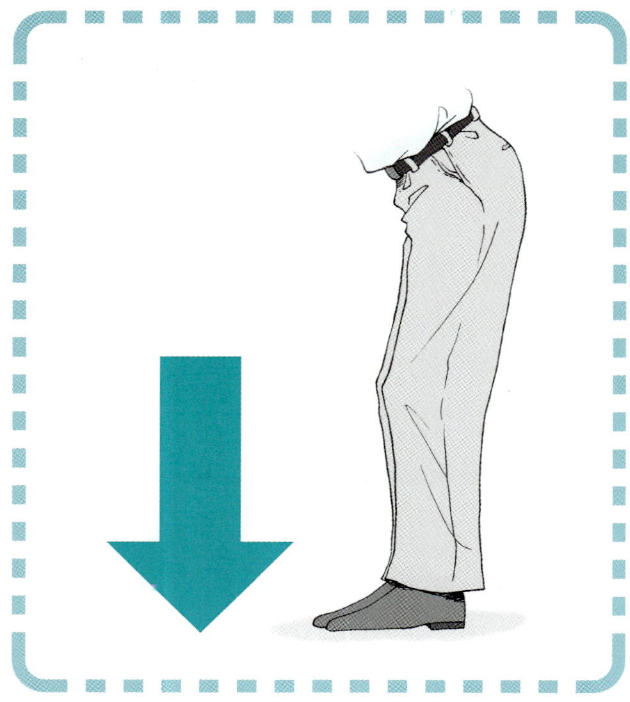

모두 하체의 중요성을 다시 한 번 인식하고 양 축을 버틸 수 있는 한 힘껏 버티어야 한다.

그러나 너무 세게 때리려고 하면 더 못 버틴다는 것도 인식하여야 한다.

15. 리듬과 템포

리듬은 골퍼에게 가장 중요한 부분이다. 특히 비기너일 때 배운지 얼마 안 되는 분들에게는 특히 알아두어야 할 부분이다. 배울 때부터 나만의 리듬을 찾아가기 마련인데 어깨의 근육이 형성되면서 리듬도 같이 형성된다고 보면 된다.

그러므로 연습에 연습을 거듭하는 것이 좋은 리듬을 갖게 할 수 있다. 간단하게 요약하면 축을 중심으로 좌우의 스윙이 물 흐르듯 중간에 끊김 없이 연결되어 가는 흐름, 이것이 바로 리듬이라고 설명할 수 있다.

연습에서는 축을 중심으로 좌우로 채를 흔들어보다 톱까지 올리면 자연스럽게 중간에 끊김 없이 원피스 스윙을 이루게 된다. 이를 두고 좋은 리듬을 가지고 있다고 할 수 있다. 그네가 왔다 갔다 하는 리듬 원리와 같다고 할 수 있다. 스윙에는 퍼터에서 쇼트 어프로치, 하프 스윙, 풀 스윙 등 모든 스윙에는 리듬을 올바르게 타야만 좋은 스윙이 나올 수 있다.

퍼터에서의 리듬은 언제나 일정한 템포의 스윙이 중요한 관건이다. 언제나 중간에서 끊겼다 다시 가는 기분이 없어야 하고 갑자기 속도가 변하는 불상사는 리듬을 파괴하는 요인이다.

즉, 언제나 퍼터든, 쇼트 어프로치든 왔다 가는 스윙의 속도와 중간 끊김이 없는 일정한 리드미컬한 템포의 유지가 관건이다. 여기서 주의할 점은 아무리 짧은 스윙이라도 백의 끝점에서는 약간 쉬면서 칠 준비 자세가 되 있는 상태에서 임팩트를 하는 것이 모든 스윙에서 유의할 점이다.

필자는 필자 자신의 스윙 리듬과 스윙 템포를 항상 유지하며, 어린이는 어린이의 템포가 있을 것이며, 여자는 여자의 리듬과 템포, 남자 시니어는 시니어의 템포, 힘있는 젊은 남자의 템포... 이 모든 것이 각각 다른 것이다.

리듬은 어린이나 여자인 경우 몸의 유연성 때문에 좋은 리듬을 가질 수 있으며 또한 호리호리한 남자의 경우도 같은 상황이다. 그러나 뼈가 굵은 남자의 경우는 유연한 리듬이 나오기는 힘들다. 그러므로 더 많은 몸의 유연성을 길러야 하며 팔이 조금 굽혀지거나 몸이 좌우로 조금은 이동되는 것이 오히려 리듬에 도움이 된다고 본다.

　결론적으로 스윙의 리듬은 축을 중심으로 좌우의 흐름이 일정하게 이루어 져야하며 자기만의 리듬과 템포를 만들어 습관화하는 것이 가장 중요하다. 쉽게 채를 가지고 놀 수 있는 마인드를 가지고 좌우로 채를 휘두르되 지면에서와, 지면과 어깨높이와의 중간에서, 또 어깨 높이에서 좌우로 휘두르는 연습을 매일 열 개 정도씩 하자.

　그러면 몸의 유연성과 함께 리듬을 느끼게 될 것이며 템포 또한 일정해 질 것이다.

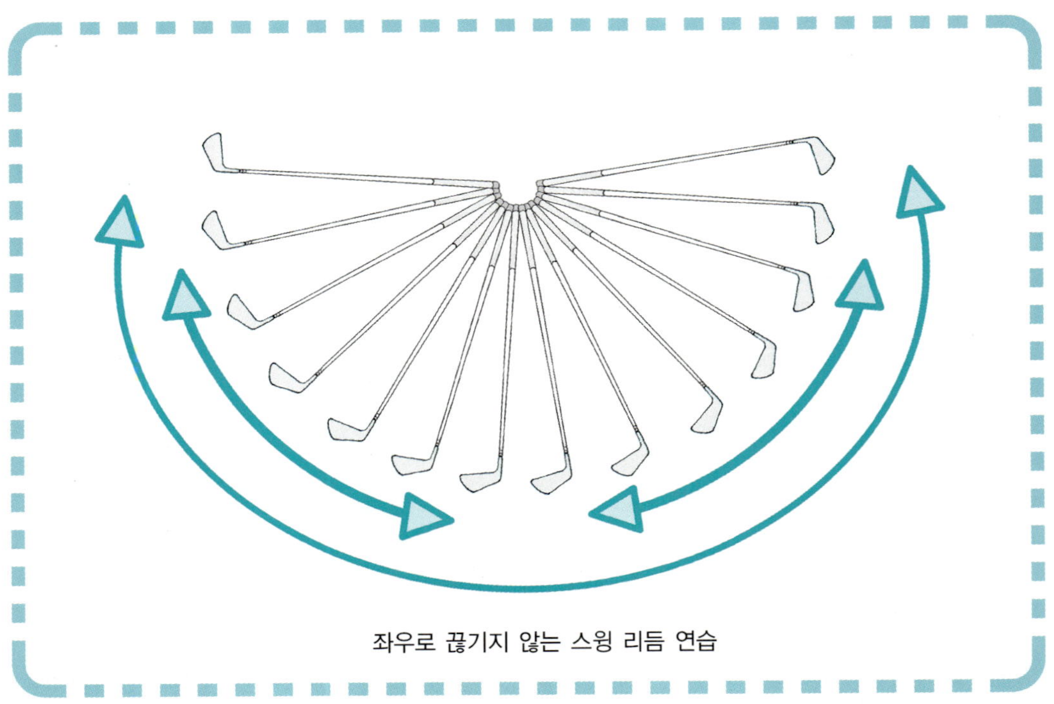

좌우로 끊기지 않는 스윙 리듬 연습

1. 드라이버(Driver)

아마추어 골퍼들은 장타를 하기 위해서는 드라이버 샷이 얼마나 중요한 지를 체험하게 될 것이다. 드라이버는 무엇보다도 각자의 체형에 맞는 샷의 강도에 신경을 써야 한다.

주로 강한 남자 프로의 경우 X나 XX 또는 S, 강한 아마추어 남자인 경우 S 또는 S1, S2, 일반적인 남자 아마추어는 R, R1, R2 등을 구입하는 것이 보편적이며 약한 남자의 경우 거의 모두가 R 즉 레귤러 샤프트를 쓰고 있다. 그리고 여자들은 A나 L 즉 제일 약한 샤프트를 쓴다. 좀 힘이 센 여자의 경우는 R을 써도 무방하다고 본다.

결론적으로 힘과 스윙의 스피드에 따라 각각 다르게 자기에게 맞는 샤프트 강도의 채를 구입해야 한다. 브랜드별로 이미 출시되어 판매되는 다양한 제품들도 많지만, 길이나 헤드의 크기, 헤드의 소재 등 계속적으로 새로운 상품들이 나오기 때문에 처음 구입할 때 많은 망설임이 따르게 된다. 그러나 주위의 도움을 받아 올바른 채를 구입해야 한다.

채는 자신이 직접 쳐보고 몇 가지 중에 자신이 느끼는 감이 좋은 채가 있다. 일반적으로 모든 이어 게 주로 알려진 Callaway, Honma, Taylormade, S-yard 등 이들 중에 고르는 사람들이 일반적으로 많다.

그러나 요즈음은 국산 브랜드도 좋은 채들이 많이 나오고 있어 각자의 취향에 맞추기가 쉽다. 반드시 자기의 스윙 스피드에 맞추는 것이 중요하며, 얼마나 정확한 스윙의 궤도를 가지고 있는 지에 따라 S.샤프트나 헤드의 각도가 9도나 10도 등 낮은 각도의 헤드 채를 쓰는 것에 상당히 신중을 기해야 한다. 장타자가 더 장타를 내기 위해 로프트가 낮은 헤드의 채를 사용하는 것은 바람직하지가 않다.

장타인 사람은 조금 덜 나아가더라도 정확한 샷을 구사하는 것이 더 큰 목표이기 때문이다. 스윙 스피드가 느린 사람에게 S.샤프트는 어울리지 않으며, 각도가 낮은 채로 방향성을 나쁘게 하여 14개의 드라이브 샷 중에 한두 개가 O.B나 해저드에 빠진다면 그야말로 끝장인 셈이다. 결국은 그날의 골프를 수렁으로 빠트리는 경우가 될 것이다. 결국 9도로 치는 것과 10.5도로 치는 것과의 차이는 스푼과 드라이버로 치는 것과 같은 차이의 어려움일 수 있다.

그러면 한 가지 의문점이 생긴다. 9도와 10.5도의 채는 런(Run)의 정도가 차이가 나서 거리를 손해 보지 않느냐는 점이다.

물론 9도는 10.5도 보다 더 굴러가고 탄도가 낮은 것도 사실이지만 우리는 10야드 더 굴러간다는 것이 크게 문제가 되지 않는다는 것을 보기 플레이 이상인 분은 모두 아는 사실이다. 헤드의 각도가 낮은 것과 높은 것을 페어웨이 상태에 따라 달리 사용할 수 있는데 탄도가 낮고 런이 많은 낮은 각도의 헤드는 페어웨이 상태가 딱딱하거나 바람이 많을 경우에 사용하며, 탄도가 높고 비거리가 많이 나오는 각도가 높은 헤드는 페어웨이 상태가 습하거나 고도가 높을 경우 또는 방향성이 필요로 할 때 사용할 수 있다.

　드라이브 샷에서는 거의 모든 아마추어들이 비기너, 중급자 또는 싱글 골퍼에게도 모두 슬라이스 때문에 많은 고생을 하고 있다고 생각된다. 슬라이스가 발생하는 이유 중에 하나로 채의 각도가 높은 데서 오는 것을 들 수 있다. 물론 드라이브 채가 아이언이나 3, 4, 5번 우드보다는 길어서 임팩트 존에 오기도 전에 몸이 빠지는 경우 긴 채 때문에 안으로 끌고 들어가기 힘들어 아웃으로 들어감으로서 생기는 슬라이스, 처음에 테이크백할 때 바닥으로 바싹 붙어서 보내지 못하여 어깨가 다 들어가지 않기 때문에 팔로만 쳐서 생기는 슬라이스 등이 있다. 그러나 이런 모든 점들은 이미 스윙에서 배웠기 때문에 특별히 설명할 필요는 없겠으나 드라이브로서 따로 특기할 점만 서술한다.

　드라이브는 반드시 어퍼 블로(Upper Blow)로 쳐야 하는 것은 다 아는 사실이다. 최저점 바로 직후 올라가는 점에서 타격이 이루어져야 한다. 그때 볼을 잡아놓고 치는 기분을 가져야 한다는 점을 다시 기억해야 한다.

　귀가 닳도록 들은 얘기는 '빗자루로 쓸 듯이 쳐라'.

　너무 때리려고 볼에 달려들지 말고 채를 밀어 보내는 듯한 기분으로 폴로 스루를 하여야 한다. 또 훅이라는 문제에 곤란을 당하게 되는데 이것은 몸이 일어서면서 엎어 들어가는 경우가 거의 다라고 생각한다.

　손목을 미리 감아주는 문제도 있겠지만 거의 모두는 몸이 엎어지면서 왼쪽을 못 버티고 돌아가는 문제가 제일 크다고 생각한다. 결국 드라이브 샷을 잘 하기 위해서는 자기에게 맞는 채를 마음대로 가지고 놀 수 있도록 만만하게 다룰 수 있어야 한다.

　드라이브를 잘 칠 수 있는 방법이 있다면 좋은 어드레스, 알맞은 스탠스, 자연스러운 백 스윙 스타트, 리드미컬한 힘, 안 들어 가는 원피스의 백 스윙, 저절로 되는 듯한 부드러운 다운 스윙, 인사이드로 들어온 채를 모든 파워가 임팩트에서 발산하도록 그리고 자연스럽게 이루어지는 피니시, 폴로 스루 등이 함께 어우러질 때 훌륭한 드라이브 샷을 만들 것이다.

　드라이브 감은 볼을 한두 박스 연속으로 쳐내는 가운데 리듬이나 느낌을 감지할 수 있다. 또한 드라이브를 가지고 짧은 스윙으로 힘 빼고 치는 하프 스윙 같은 것을 많이 연습해 보자. 느끼는 점이 더욱 많을 것이다.

★ 드라이브의 주의점

① 반드시 올려쳐라, 내려치지 말고.

② 때려놓고 멈추지 말고, 공 따라 지나가라.

③ 서둘러 때리지 말고, 여유 있게 던져라.

④ 목표를 정하고, 그 지점으로 쳐라.

드라이브 샷

2.우드(Wood)

한마디로 동양인은 서구인과는 달리 뼈대 자체가 틀리기 때문에 힘의 크기가 다르다. 필자가 아는 외국인을 볼 때 키는 그리 크지 않으나 골격 자체가 커서 힘이 여간 세지 않다.

그래서 우리와 같은 동양인은 반드시 우드를 잘 쳐야만 골프를 잘 칠 수 있다고 생각하는 사람 중에 하나다. 왜소한 체격의 소유자나 여자 등은 특히 우드가 골프에 많은 비중을 차지한다고 본다. 특히 아마추어 여자의 경우는 세컨드 샷이 아이언의 거리에 들어오지 않는 홀이 태반이다.

남자인 경우 나이가 드신 분이나 약한 남자 등 거의 모두 우드를 잘 다루어야만 스코어를 잘 낼 수 있다. 때에 따라서는 드라이버로도 세컨드 샷을 해야 할 필요가 있을 때도 있다. 대개의 경우 겁을 먹고 우드 사용하기를 꺼려한다. 그러나 여러분은 과감해야 한다. 한두 번의 실수 때문에 사용하기를 꺼려해서는 안 된다. 계속적인 시도가 필요하다. 그것만이 잘 칠 수 있는 비결이다. 우드 클럽의 선택은 여러 가지가 있겠으나 거의 드라이버에 준하면 되리라고 본다.

3, 4, 5, 7, 9번 이들 채들 중 보통 3, 4, 5번을 주로 쓰는데 7, 9번은 안 쓰는 골퍼도 많다. 어떻든 7, 9번도 쓰는 것이 좋다고 본다. 특히 여자들은 더욱 그러하다. 우드는 아이언보다 치기도 쉽다. 단지 아이언보다 어렵다고 생각하는데 문제가 있을 뿐이다.

우드는 사이드에서 사이드로 친다고 생각한다. 그러나 우드도 볼부터 맞추고 나면 약간의 디보트도 생긴다. 물론 약간은 예각으로 찍어 치는 기분으로 쳐서 그린에 세울 수도 있다. 어떻든 모든 스윙의 원리는 다른 샷과 같은 것이며 볼의 위치만 좀 다를 뿐이다. 우드 샷에서 가장 중요한 점은 '일단 볼을 먼저 맞추기를 노력한다' 와 채를 바닥에서 빨리 들지 말고 바닥으로 같이 길게 폴로 스루를 하여야 한다는 점이다.

특히 러프에서는 우드가 아이언보다 훨씬 편하고 또한 나무와 나무 사이로 빼내는 샷,

나무 밑으로 깔아 쳐야 하는 샷 등이 모든 트러블 샷에서는 우드가 제격이라는 것을 알아야 한다. 벙커에서도 턱이 낮으면 먼 거리의 세컨드 샷은 우드로 쳐도 좋다는 것이다. 파3 홀에서 우드를 써야하는 아마추어들도 많다.

따라서 우드 연습도 게을리 해서는 안 된다. 우드 연습에는 펀치 샷 연습, 쓰러 치는 연습, 찍어 치는 연습(볼을 약간 중앙으로 옮겨놓고 치는 연습) 등을 하면 좋다. 우드의 중요함은 필드에서 더욱 많이 느끼게 된다.

우드 샷

3. 아이언(Iron)

아이언에 대해서는 중요한 점만 짚고 넘어가기로 한다. 1, 2, 3, 4번이 롱 아이언이고 5, 6, 7번이 미들 아이언이며 8, 9번이 쇼트 아이언 그리고 피칭 웨지와 샌드 웨지로 구분한다. 아이언은 장타를 노리는 클럽이 아니라 정확한 지점을 노리는 클럽이다. 스윙 그 자체는 다른 스윙과 같다. 그러나 주의할 점은 아이언을 찍어 친다는 말에 우리는 볼을 치면서 몸의 변화를 이루어 스윙을 망치게 된다.

아이언은 다운 스윙 중에 최저점 바로 전에 맞는 것이고 드라이브는 저점에서 올라가는 타이밍에서 맞으며 우드는 최저점 그 자체에서 임팩트가 이루어진다고 보면 된다.

그런데 롱 아이언은 거의 우든 클럽과 같은 위치에서 쓸어 치는 기분으로 친다고 보면 되고, 미들 아이언은 거의 양 스탠스의 중앙에서 볼이 맞는다고 보면 된다. 쇼트 아이언도 역시 중앙에 두거나 다소간 중앙에서 볼 한 개 정도 우측으로 놓아도 좋다고 본다.

클럽 샤프트의 경우 힘이 좋은 젊은이는 스틸 샤프트 아니면 그라파이트(Graphite), 보런 샤프트(Boron Shaft)의 S강도를 써도 좋으며 일반 아마추어는 레귤러의 강도를 쓰는 것이 보통이다.

물론 여자는 여자의 강도에 맞추어서 레이드 샤프트를 쓰면 된다. 채의 메이커는 수없이 많으므로 주위의 추천을 받아 자기에게 맞는 채를 골라야 한다.

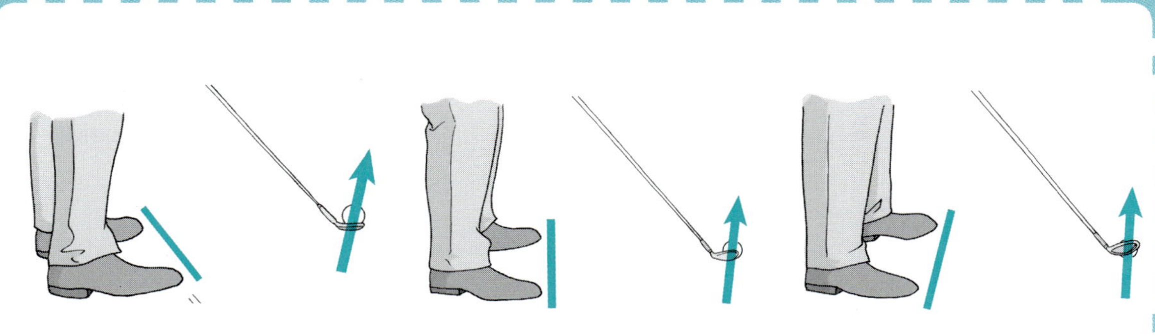

쇼트 아이언의 오픈 스탠스　　　　미들 아이언의 스퀘어 스탠스　　　　롱 아이언의 드로 스탠스

1) 아이언의 종류별 샷

(1) 롱 아이언은 채가 길고 헤드의 각이 많이 서있으므로 채가 임팩트 순간 직각으로 임팩트 되기가 여간 어려운 게 아니다. 결국 사이드 블로우로 쳐내야 제대로 칠 수가 있다. 역시 긴 클럽은 다운 스윙에서 몸보다 늦게 임팩트 되는 경우가 많아 슬라이스가 많게 되므로 주의가 필요하다. 내려 치려는 마음보다는 쓸어 치고 지나가는 즉 임팩트 점에서 쉬지 않고 지나가는 기분으로 쳐야 볼과 직각으로 만날 수 있으며, 무리 없이 스윙이 이루어지면서 폴로 스루가 되어야 한다.

(2) 미들 아이언은 다른 아이언보다 거리와 방향이 정확한 샷을 구사하기 좋은 채이며, 또 가장 많이 연습을 한 채이기에 더욱 실수가 없어야 하겠다. 롱 아이언이든 미들 아이언이든 어깨는 충분히 턴을 해주어야 하며 백 스윙은 되도록 오버하지 않은 것이 좋다. 다운 스윙에서는 하체 리드가 중요하다. 역시 다운 블로에서 볼이 맞으면서 저절로 쉬어가는 기분이 들게 되며 과감하게 임팩트 한다.

(3) 쇼트 아이언에서 특히 주의할 점은 어깨의 턴을 충분히, 다운 스윙시 하체 리드, 피니시에서는 채가 공을 따라가는 폴로 스루이어야만 한다. 이 폴로 스루는 확실하게 해두어야 한다. 짧은 채일수록 헤드업에 조심해야 하며 원활한 체중 이동을 위해서는 스탠스는 좁게 서야 한다.

(4) 피칭에서는 위의 쇼트 아이언과 같은 스윙이지만 특히 팔로만 치는 샷은 안 되며 훅을 조심한다. 짧은 채일수록 피니시가 크면 목표방향의 샷이 틀려질 가능성이 크다.

(5) 샌드 샷은 스윙 자체가 풀 스윙 하듯이 폴로 스루를 확실히 해야 한다. 채의 임팩트 지점은 공의 후방 5cm정도 이내의 지점에서 모래를 삽으로 퍼내듯 스윙 한다.

(6) 롱 아이언에서부터 치핑에 이르기까지 모든 아이언의 스윙은 어깨의 충분한 턴이 이루어져야만 된다는 점을 잊지 말아야 한다. 다운 스윙도 어깨의 일체된 동작으로 이루어져야 하며, 폴로 스루는 오른쪽 어깨가 따라 들어가야 한다는 점을 강조하고 싶다.

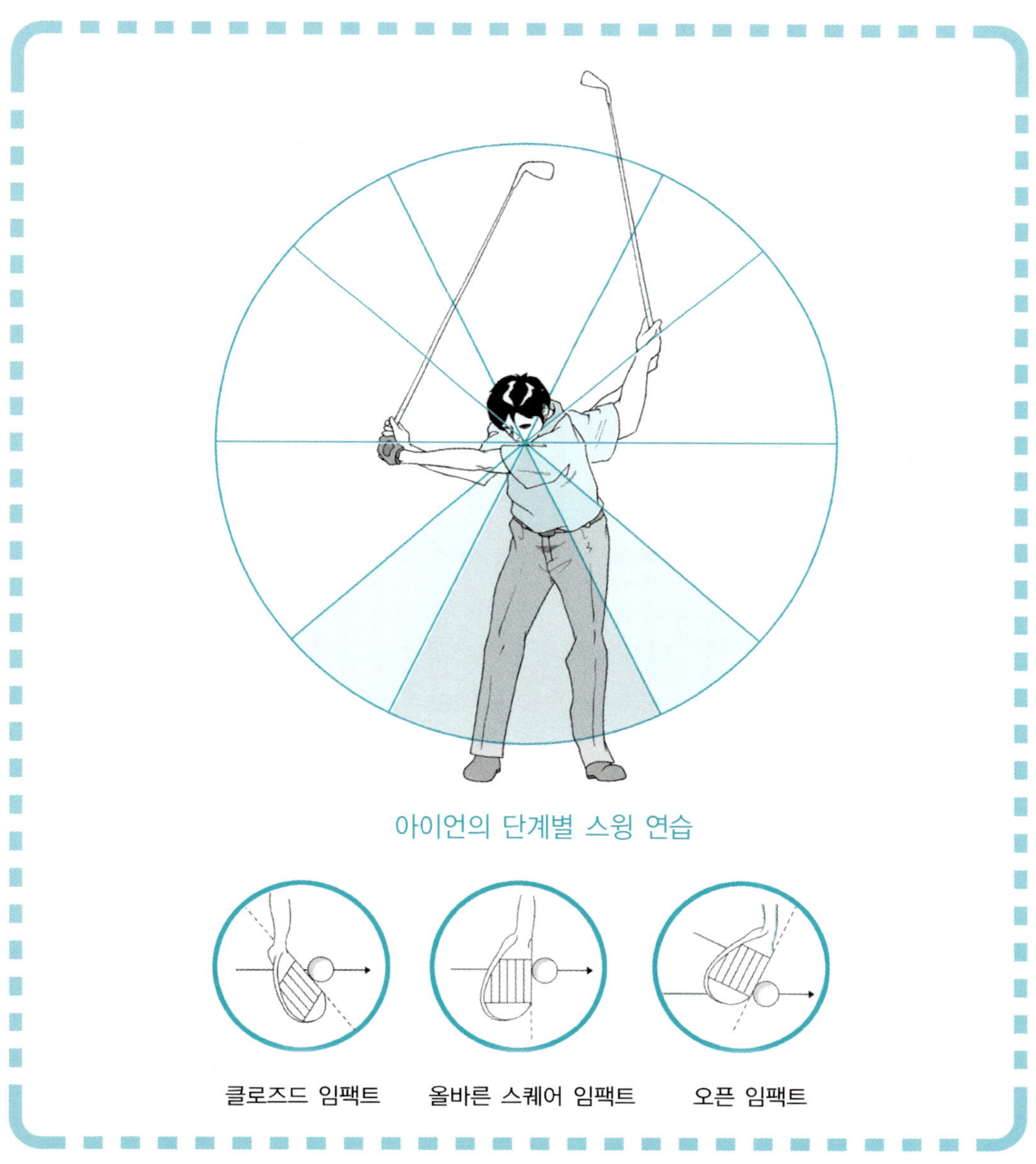

아이언의 단계별 스윙 연습

클로즈드 임팩트   올바른 스퀘어 임팩트   오픈 임팩트

4. 퍼터(Putter)

　골프는 샷이 36타이고 퍼팅이 36타인 것처럼 퍼팅은 골프 스코어의 반이다. 1홀 당 2 퍼팅을 기준으로 18홀 36타로 계산한 것이다. 그러므로 이 중요한 퍼팅에서 퍼터의 선택 또한 대단히 중요하다.

　퍼터는 비교적 가벼운 것보다는 무거운 것이 아마추어에게 바람직하다. 일반적으로 320g에서 340g정도 헤드 무게의 퍼터를 선호한다. 지금까지는 유명 메이커들의 퍼터가 주로 많이 사용되고 있으며 모양별로는 L자형, T자형, Goose Neck형, 반달형 등 여러 종류가 있다. 일단 직접 쳐보고 감이 좋은 채를 주위의 권유에 의해 구입한다. 또한 자기 키에 맞는 길이의 채를 스윙하기 좋은 것으로 일반인들이 많이 선호하는 채 중에서 구입하면 된다.

① 퍼팅의 어드레스 각은 지면과 약 70° 정도의 기울기가 스트로크의 방향성에 가장 알맞다고 한다. 그러나 각자 조금씩 다르다. 퍼터의 라이 각은 70° 정도이며 페이스 각은 3~6°이다.

② 퍼팅의 어드레스 때 헤드 위치는 자기 발에서 퍼터헤드 1개 반~2개의 거리가 알맞다.

③ 퍼터의 백 스윙 크기는 거리에 비례한다. 그리고 퍼팅시 볼의 위치는 어드레스에서 왼쪽 자기 눈의 직선으로 볼이 떨어지는 곳에 두는 것이 좋다.

④ 퍼터의 백스핀은 거리를 줄게 하지만 톱스핀은 잘 구르게 한다.

⑤ 퍼팅시 로프트의 각도가 없어지면 공이 구르면서 튀어서 방향성이나 거리에 손해를 보게 되므로 퍼터 로프트 각이 달라지지 않도록 스트로크를 해야 한다.

⑥ 퍼팅이야말로 리듬, 템포, 임팩트, 어깨 만으로의 스윙과, 손목 놀림이 전혀 없어야 한다.

⑦ 무엇보다도 정신 집중과, 압박감으로부터 부드러운 마인드를 겸비해야 훌륭한 퍼팅 샷을 할 수 있다.

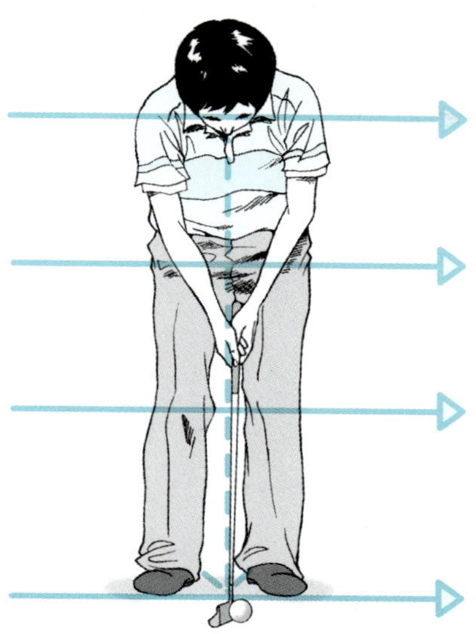

잘된 퍼팅 어드레스

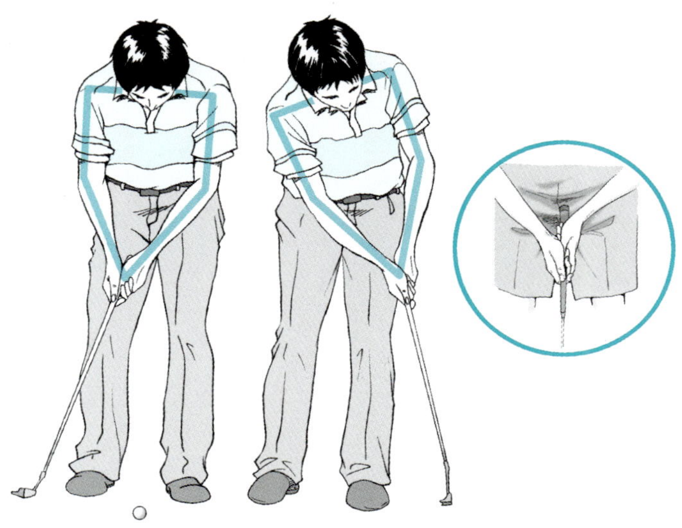

양팔의 모양이 5각형으로 자연스럽게 잘 이루어져 있으며 백 스윙과 폴로
스루의 대칭적인 것을 알 수 있다. 항상 어깨로의 스윙이 요구된다.

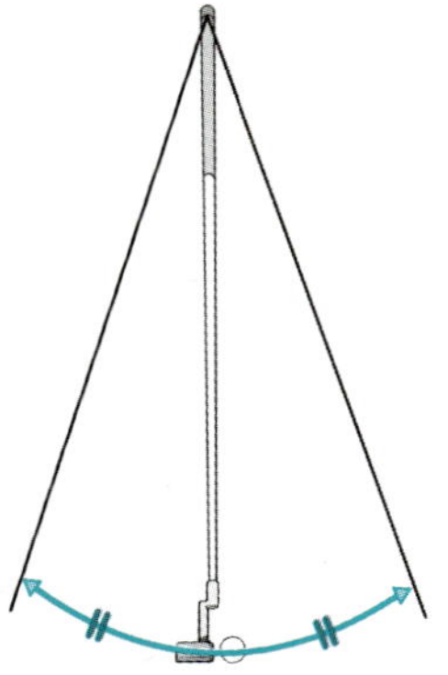

잘된 퍼팅의 백 스윙과 폴로
스루의 같은 거리

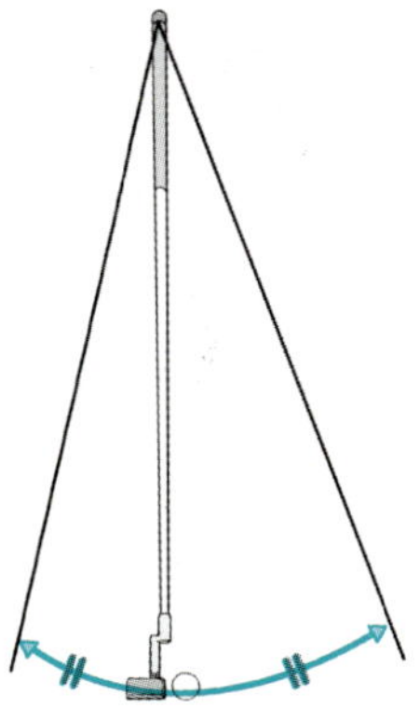

퍼팅의 짧은 백 스윙과
긴 폴로 스루의 잘못됨
(양쪽 길이가 같아야함)

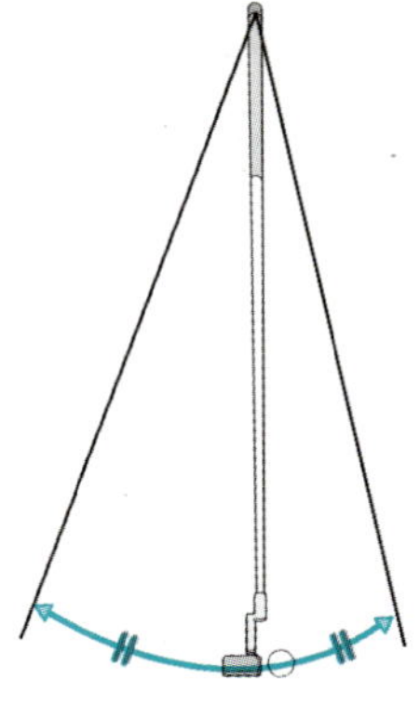

퍼팅의 긴 백 스윙 거리와 짧
은 폴로 스루의 잘못된 스윙
(양쪽 길이가 같아야 함)

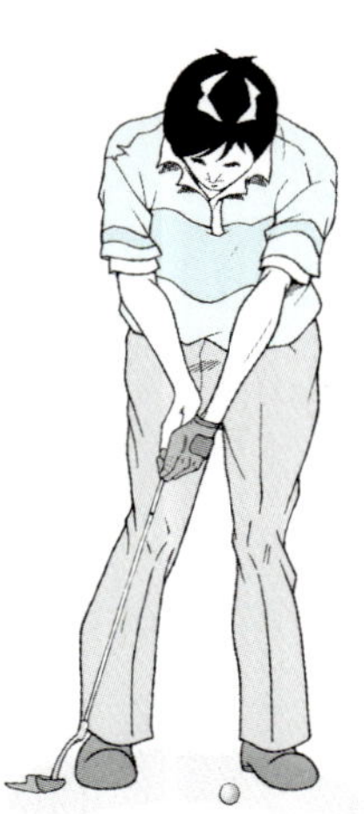
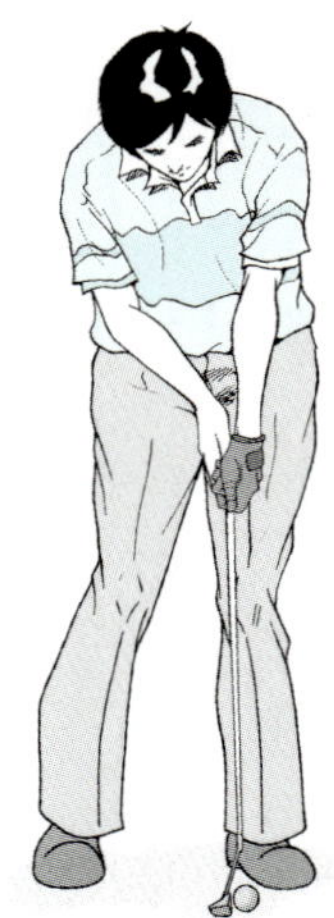
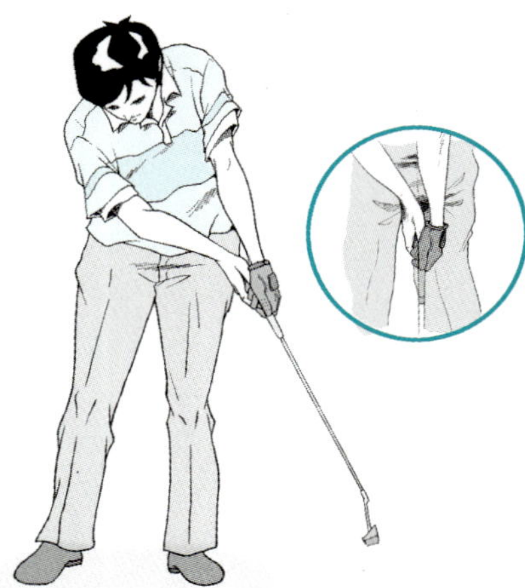

최근 유행하는 왼 손목이 꺾이지 않는 역 그립 스트로크

Part 5. 어프로치

1. 피칭 어프로치(Pitching Approach)

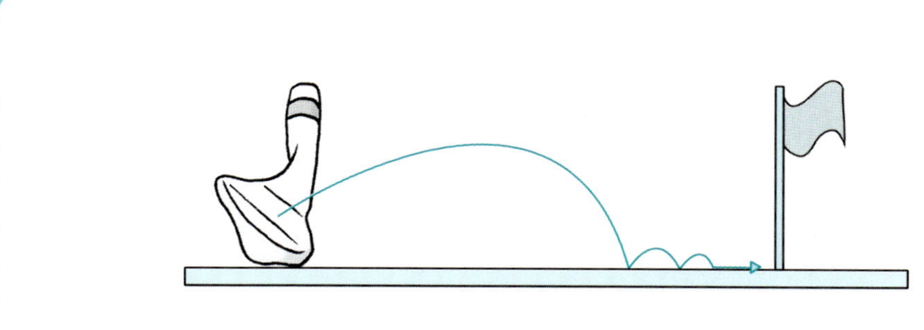

홀 컵 가까이 띄워서 붙이는 샷

피칭은 한마디로 띄워서 핀에 붙이는 샷이다. 어프로치에서 피칭은 무엇보다도 정확도를 요구한다. 대개의 아마추어들은 피칭의 어려움에 다음의 몇 가지를 들 수 있다.

1) 첫째의 경우

짧은 채이기 때문에 빨라지면서 엎어 들어가 생각 없이 폴로 스루가 되는 경우 훅이 되며, 피니시가 덜 되더라도 핀 방향으로 뻗어주고 피니시하는 것이 스트레이트 볼을 치는 방법이다.

2) 둘째의 경우

언제나 홀 컵의 깃발을 향해 샷을 해야 거리가 맞게 된다. 언제나 깃발 위로 볼을 보낸다는 기분으로 샷을 해야 한다.

3) 셋째의 경우

백 스윙의 크기를 조절해 치는 샷 연습을 안 했을 경우, 백 스윙은 저절로 크게 되는데 핀은 짧은 거리에 있으니 볼을 맞출 때 힘을 줄이려고 하다보면 뒤땅이나 토핑을 하게 된다. 즉 상체의 어깨회전 샷을 해야 하는데 팔로만 샷을 하게 되기 때문이다.

이 세가지 경우를 명심해야 한다. 덧붙여 이야기하면 그립을 단단히 잡으라는 것과 임팩트에서 손목이 접히지 말라는 것, 그리고 채가 밑으로 깔려서 폴로 스루가 되어야 한다는 것이다. 피칭은 주로 피칭 웨지나 9번 아이언 등을 사용하며 샌드 웨지를 사용할 수도 있는데 일반 아마추어들은 샌드 웨지의 사용을 겁을 먹고 꺼려한다.

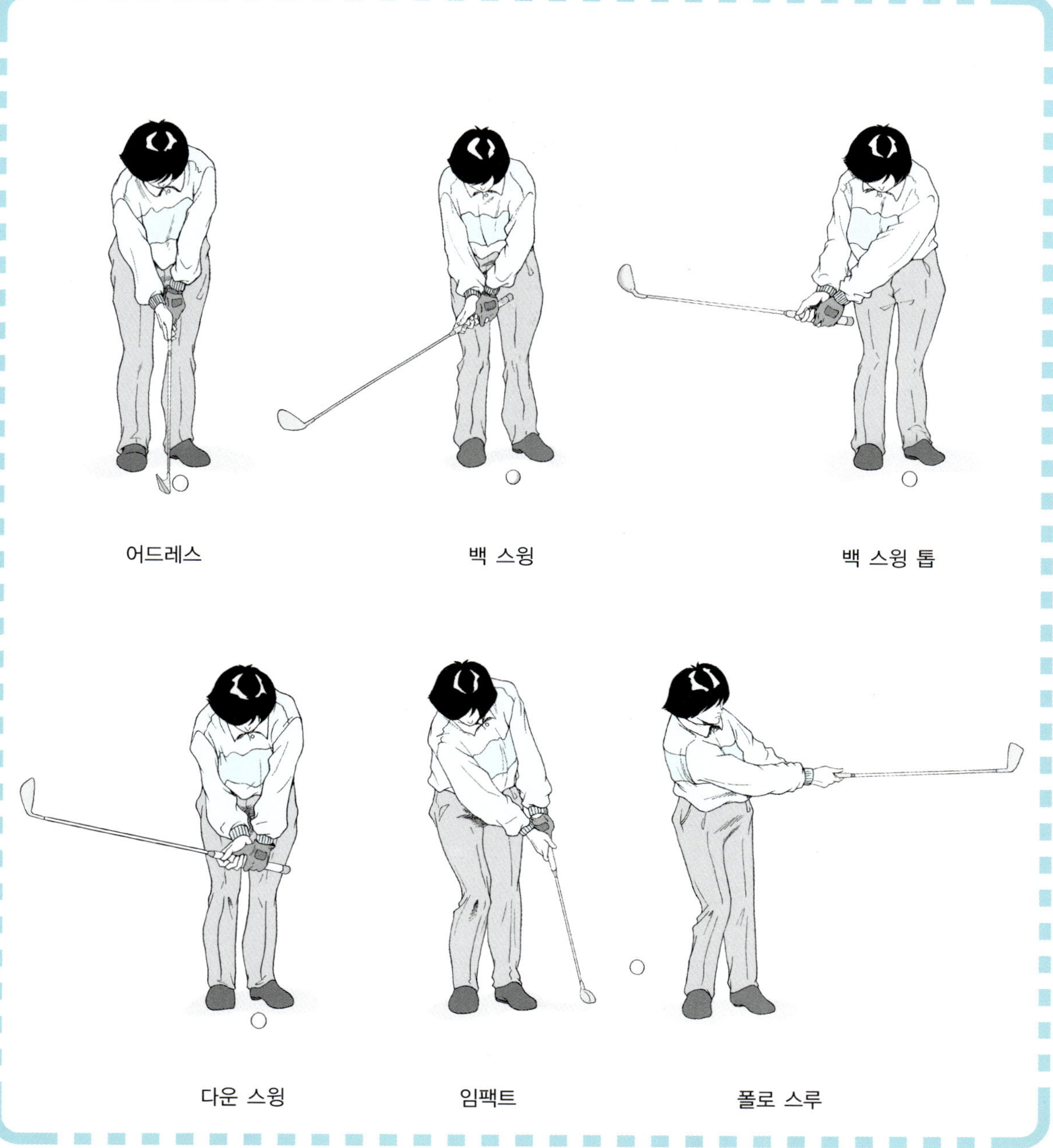

어드레스
백 스윙
백 스윙 톱
다운 스윙
임팩트
폴로 스루

2. 피치 앤드 런(Pitch and Run)

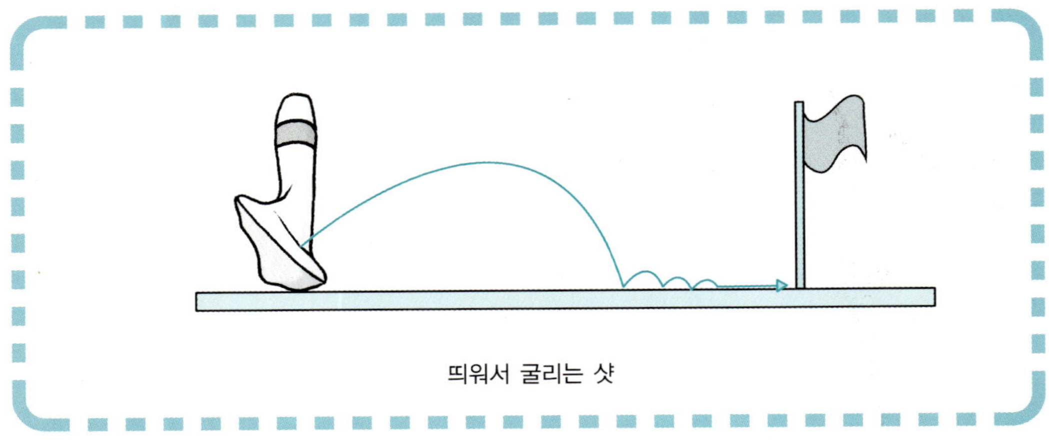

　이 샷은 아마추어에게는 특별한 무기이다. 피치 앤드 런은 피칭 웨지와 샌드 웨지로 하는 경우인데 핀 근처에 떨어트린 후 조금 굴러서 붙게 하는 샷이다.

　물론 계절에 따라, 그린 구르기에 따라, 또는 그린의 높낮이 즉 경사도에 따라 각각 다르며, 채의 각도 구사에 따라 또한 다르다. 한마디로 기술도 기술이지만 느낌이 더 중요하다.

　그리고 우선 어느 각도의 임팩트로 어느 정도 크기의 샷을 해야 할지는 많은 연습으로 숙달해야 한다. 계절에 따른 구르기와 그린 경사도에 따른 구르기는 많은 경험과 머리를 써야한다. 결국 구르기에 따라 어느 정도 던져서 구른 후 붙이기를 잘해야 하는데 이는 폴로 스루의 정도에 따라 거리를 맞추어야 한다.

　채는 평소보다 내려서 짧게 잡고, 그립은 튼튼하게 확실히 잡고, 임팩트는 과감하게 하며 채는 항상 홀 컵을 향해 던져져야 한다 하체는 전혀 움직임이 없는 상체로의 즉 어깨만으로의 스윙이 이루어지며 손목은 접힘이 전혀 없어야 한다.

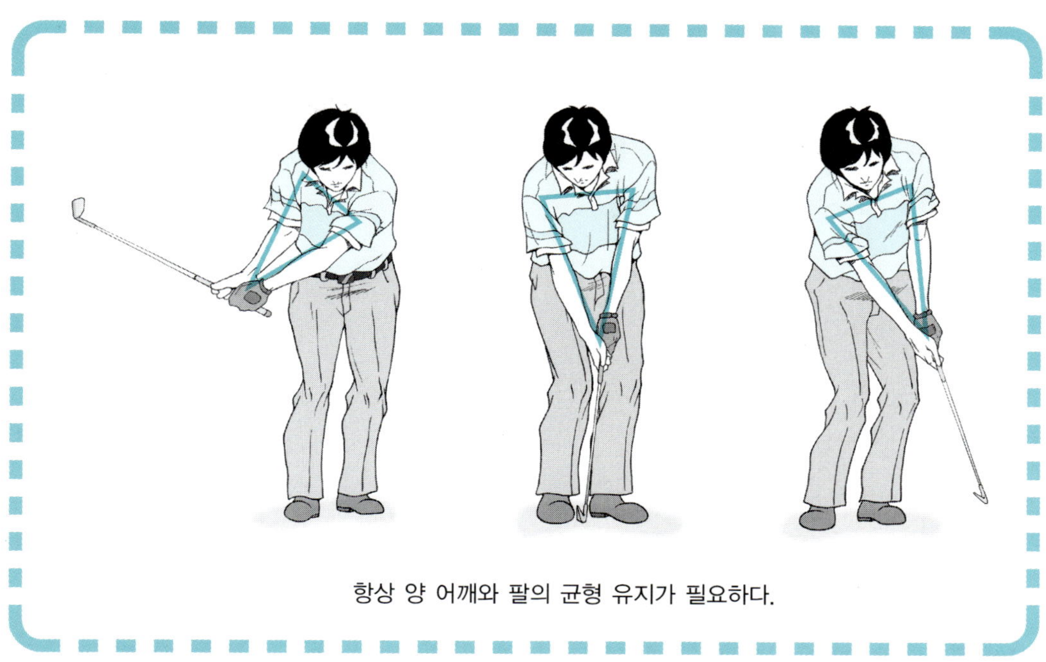

항상 양 어깨와 팔의 균형 유지가 필요하다.

3. 러닝 어프로치(Running Approach)

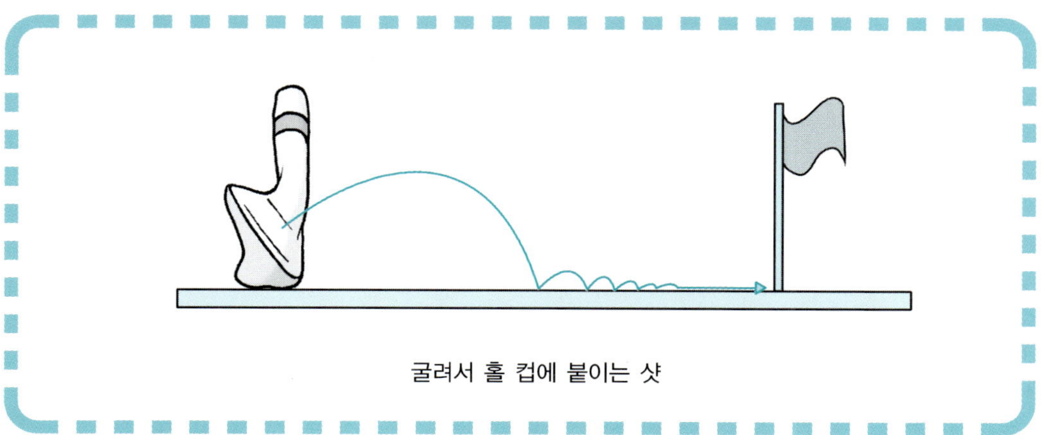

굴려서 홀 컵에 붙이는 샷

　아마추어는 그린 근처에서 주로 어프로치를 사용하는데 필자는 러닝 어프로치에는 도사 소리를 들어왔다. 채는 8, 7, 6, 5번 등 상황에 따라 많은 채를 사용한다.

　어느 정도 던져야 할지는 감으로 임팩트와 폴로 스루의 크기 정도에 의해 결정되지만 바로 그 느낌이 최상의 샷이다.

　왜냐하면 그린의 모든 조건은 항상 다르기 때문이다. 평지나 내리막 정도에는 8번이나 9번을 사용하기도 한다. 약간 오르막에서 거리가 그리 멀지 않으면 7번 정도, 중간에 굴곡이 있는 2단 그린이나 조금 긴 오르막 또는 잔디가 길어서 잘 구르지 않는 그린 등에서는 6번 아이언을 사용하기도 한다. 그리고 아주 멀리 백핀이면서 상당한 오르막이면 5번 또는 4번으로도 굴려 올려서 붙이는 경우가 많다.

　이 모든 것이 공식적인 거리지점에 떨군다는 것은 불가능하며 적당한 선에서 중간 지점이나 3분의 1지점 등 그때그때 경험으로 얻는 것이 최고다. 즉, 한 번씩 상황에 따라 채마다 사용을 해보아야 한다. 그리고 채는 항상 단단하게 쥐고 임팩트는 과감하게, 하체는 말뚝박은 듯이 고정하고, 상체만의 샷이 되어야하며 그렇게 하면 하체는 저절로 된다는 것을 명심하자.

　러닝은 잘 구르는 늦은 가을이나 겨울 골프에 특히 유효하다.

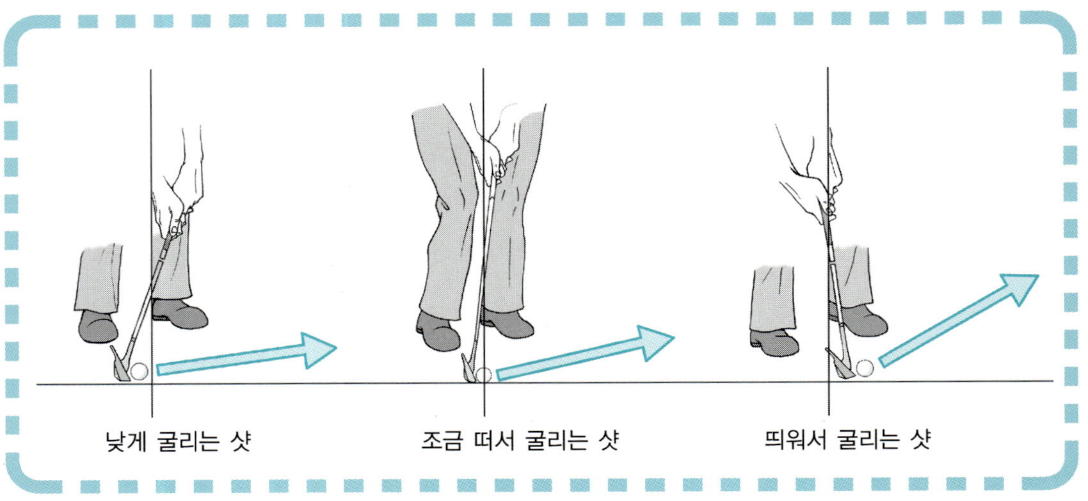

Part 6. 그린 주위의 벙커

아마추어들 특히 비기너들이 제일 두려워하는 샷이 벙커 샷이다. 여기에는 다 이유가 있다.

아마추어들 중에 스윙 궤도를 제대로 만드는 사람이 얼마 안 되기 때문이다. 스윙 궤도가 제대로 만들어져 끝까지 자연스럽게 폴로 스루가 되는 사람은 별 문제가 없다. 하지만 많은 아마추어 골퍼들은 일반 샷처럼 치면 멀리 갈 것 같아 짧게 폴로 스루를 끊어버리는 경우가 많다. 끝까지 폴로 스루를 하면 샷이 길어질 것 같은 생각때문에 미리 겁을 내는 것이다. 그래서 다음에 쳐야 할 자리를 제대로 치지 못하고, 몸이 흔들려서 뒤를 치던가 아니면 머리를 들어서 볼을 바로 맞추던가 하는 문제가 생기는 데 벙커 샷을 두려워하게 되는 원인으로 작용한다.

모래 속의 발은 흔들림이 많으므로 모래에 발을 견고히 버틸 수 있도록 비벼서 깊이 박아 놓는다. 그리고 스윙이 아웃사이드 인으로 들어와서 공의 바로 뒤 5cm이내에서 백스윙 길이보다 폴로 스루를 크게 하는 기분으로 과감한 샷을 한다. 이렇게 두 가지 사항만 지키면 벙커 샷처럼 쉬운 샷도 없다. 단지 거리조종이 힘들 뿐이다.

거리조종은 모래의 퍼내기 양에 의해 결정하는 경우와 채의 각도에 따라 런닝으로 결정하는 경우 등이 있는데, 대개의 경우 백 스윙 크기와 모래의 양으로 거리조정하는 경우가 많다고 보면 된다. 여러분도 이 방법을 쓰면 무난할 것이며, 아마추어에게 가장 중요한 것은 끝까지의 폴로 스루이다.

또 한 가지, 어려운 벙커 샷이 있다. 다름 아닌 그린 주위이기는 하나 깊은 벙커와 그린에서 20~30야드 떨어져 있는 벙커에 공이 들어가 있을 때다.

깊은 벙커에서의 샷은 약간의 기술을 필요로 한다. 즉, 다운 스윙이 좀더 예각으로 내려가서 가파른 경사로 폴로 스루가 되어야 볼이 높이 뜬다는 점을 알아야 한다. V자샷의 폭발력이 강해야 한다는 점이다.

또한 20~30야드 그린으로부터 좀더 멀리 있는 벙커 샷 이것이 가장 어려운 샷이다.

벙커 샷의 모래 퍼냄

　멀면 멀수록 날이 더 세워진 즉 9번도 좋고 때에 따라서는 7번으로 벙커 샷을 할 수 있다. 날이 서야 모래를 깊게 파지 않고 날려서 런닝이 되는 샷이다. 그러므로 벙커 샷이라고 해서 꼭 샌드 클럽으로만 샷을 하는 것은 아니다. 이 모든 점을 고려해서 그때그때 대처하며 또한 연구를 각자가 많이 해야 할 것이다.

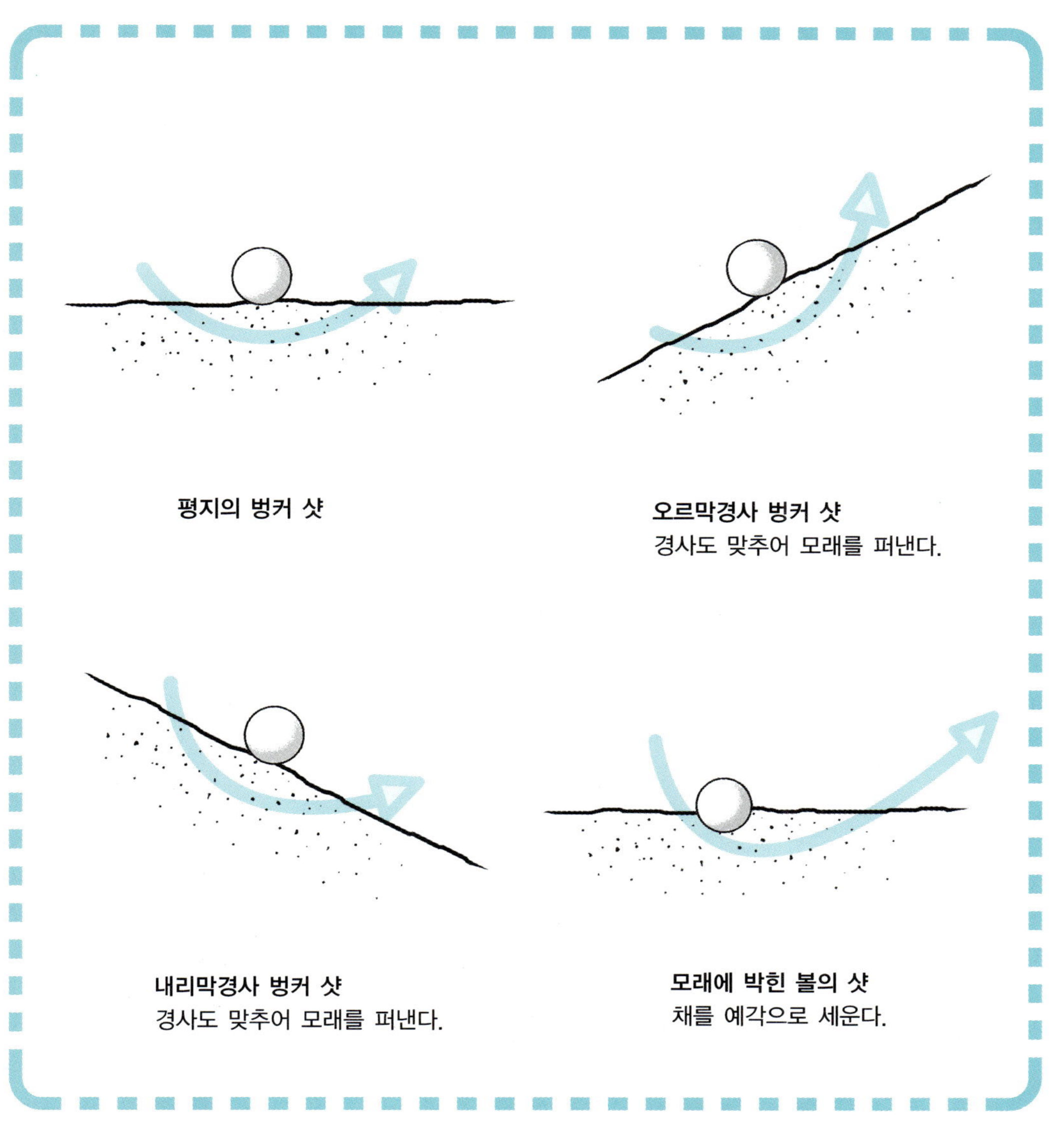

볼이 묻혔을 때
채의 각도를 세운다.　　　　**볼이 모래 위에 있을 때**
채의 각도를 눕힌다.

★ 골프 레슨 기간

① 시작에서 6개월은 스윙의 궤도 즉 원의 궤도를 익히는데 주력하며 각 몸 부위의 유연성을 기르는 과정이라 보면 된다.

② 6개월에서 1년 정도에서는 골프의 전체적인 스윙 맛을 알아 가는 기간이다. 즉 풀 스윙을 배우고, 짧은 스윙과 퍼팅을 배우고 등 골프의 전체를 알아 가는 과정이다.

③ 1년에서 2년 사이에는 골프의 기술을 배우는 기간이다. 이 기간 동안 우리는 많은 경험을 하게 된다. 스윙의 잘못 등 많은 실수를 하게되는 기간이다.

④ 2년에서 3년 사이는 잘됨과 잘못된 많은 경험 속에서 자기만의 스윙과 자기 만의 감으로 자기 스윙을 정돈하기 위해 1년에 2번 집중 레슨을 받는다.

⑤ 3년 후 정돈된 자기 스윙을 잘 가다듬으면서 늘 포인트 레슨을 중심으로 계속 자기 스윙을 흐트러지지 않도록 연습한다.

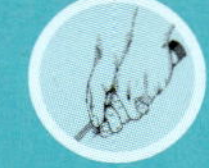

Part 7. 크로스 벙커

정말로 클린 히트를 해야 한다. 그러기 위해서는 하체의 흔들림이 없어야 하며 골프채는 한두 클럽 긴 것을 선택하며 짧게 쥐는 것이 좋다.

손이 미리 풀린다던가 몸이 상하로 움직인다던가 발이 모래에 꽉 박혀있지 않아 하체가 흔들리던지 하면 미스 샷을 하게 된다.

그리고 볼을 잘 탈출시키려면 그때그때 상황에 맞는 골프채를 사용해야 한다. 라이가 좋고 턱이 낮으면 우드로 샷을 해도 된다.

언덕이 조금 가깝더라도 볼 라이가 좋으면 아이언으로 쳐도 된다. 턱이 높아서 안 나갈 것 같으면 웨지나 9번 아이언으로 치면 되고 만약 볼이 박혀 있으면 샌드 웨지로 치면 된다.

발이 움직이지 않도록 깊게 묻은 벙커 샷

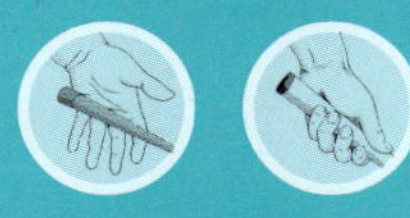

1. 퍼팅 그린의 파악

1) 온 그린을 하거나 그린 에지에 볼을 떨어뜨린 후 그린으로 가게 되면 멀리서부터 그린의 전체를 보면서 상황 파악을 하는 것이 우선이다. 그린 전체의 굴곡이 어떻게 되어있는지 살펴본 후에 그린 부분을 파악하여 자기 공의 위치와 홀 컵 사이의 경사도를 파악하는 것이다.

2) 그린의 잔디 길이에 따라 구르기가 다르므로 관리가 잘 되어 있는 그린은 잔디의 길이가 짧아 잘 구른다. 또 잔디의 누운 상태에 따라 구르기가 다르기도 하다. 역결인 상태는 구르는 공을 저항하여 잘 안 구르며, 그린 근처에 물가가 있으면 볼이 물가 쪽으로 빨리 구른다. 이 모든 상태에 따라 퍼팅을 구사해야 한다.

3) 그린 경사도는 각 상태에 따라 이중 그린도 있고 굴곡이 많은 산 넘어 산이 있는 그
린 등 많은 변화에 대처해야 한다. 어떻든 쉽게 생각하면 옆 경사는 항상 높은 쪽으로
볼을 쳐야 한다는 것과 내리막은 조심해서 오르막은 과감하게 쳐야한다는 것이다.

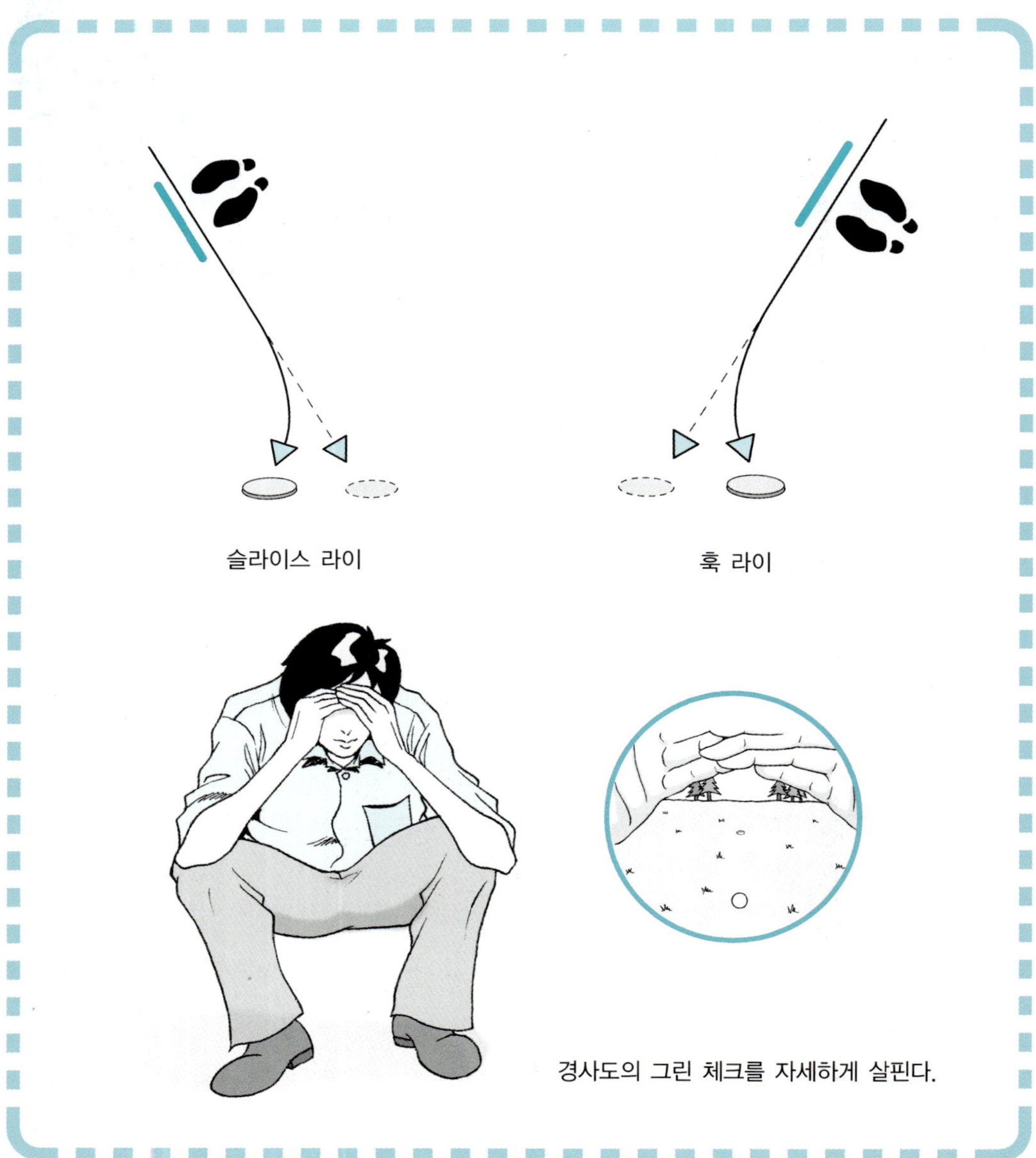

2. 퍼팅의 감

골프에서는 모든 것이 감으로 특히 퍼팅의 감은 동물적 감각이 있어야 한다. 따라서 처음 시작하는 아마추어 골퍼는 많은 연습을 통해 감을 가져야 한다.

퍼팅에서 가장 어려운 점이 임팩트시 손에 힘들어 가는 것과 백 스윙이 자연스러워야 하는 것, 폴로 스루에서 손목의 꺾임이 없어야 하는 것 등이다. 이들이 해결되면 감이라는 것이 덧붙여지면서 좋은 퍼팅이 될 것이다.

특히 방향은 기하학적이며 감이라고 볼 수 없으나 거리는 계산보다는 감에 의한 능력이다. 거리의 감을 임팩트의 세기로 찾는 사람과 폴로 스루의 느낌으로 거리를 맞추는 두 종류의 경우가 있는데 대개의 경우 폴로 스루로서 거리감을 맞추는 사람이 많다.

특히 롱 퍼팅은 조금 몸을 세우고 어프로치 느낌으로 치면 거리의 감을 찾을 수 있다. 경직된 마음을 풀고 신중하게 해보자.

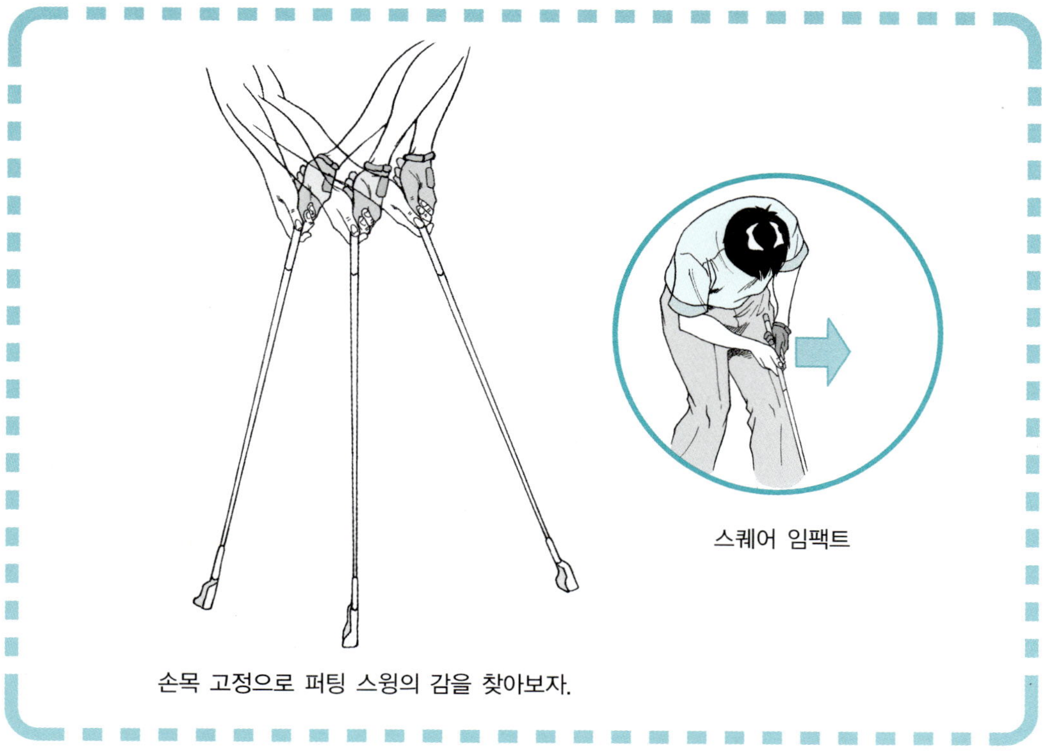

손목 고정으로 퍼팅 스윙의 감을 찾아보자.

3. 퍼팅의 여러 변수

1) 봄, 여름, 가을, 겨울 등 계절에 따라 구르기도 다르고 그린 상태도 다르다. 아무래도 봄과 가을에는 잘 구르고, 겨울에는 그린 상태가 평탄하지가 않은 그린이 많다. 늦은 봄이나 여름 그리고 이른 가을은 거의 정상이라고 보면 된다.

그러나 가을에서 겨울로 넘어가는 계절은 잔디보호 차원에서 잔디를 짧게 깎지 못하므로 잔디가 길어서 잘 안구를 경우도 있다. 또한 잔디보호를 위해 그린에 모래를 잔뜩 뿌려서 아침 이슬에 모래가 잔뜩 묻어 퍼팅이 어려울 때도 있다.

2) 또한 골프장마다 그린의 특성이 있어서 어떤 골프장은 잔디를 짧게 깎고 관리를 잘 하는 골프장이 있는가 하면, 잔디가 죽을까봐 잔디길이가 길어서 잘 안 구르는 골프장 등 많은 변화에 대처해야 한다.

3) 특히 날씨가 좋은 여름을 전후해서 아침이슬이 있는 경우에는 잘 안 구르지만 낮에는 잘 구르고, 오후에는 잔디가 자라서 잘 구르지 않는 그런 민감한 경우도 경험하게 된다. 이 외에도 많은 변수들이 따르게 된다. 바람이 세게 분다든지, 비가 오고 있는 중이라든지 할 때 역풍에서는 잘 안 구르고 순풍에는 잘 구르고, 비올 때는 좀 덜 구른다는 등 여러 변수에도 잘 대처해야 한다.

4) 퍼팅에서 어려운 점은 경사도에 따른 퍼팅의 속도와 경사의 비례문제다. 속도가 빠르면 휨이 적고, 속도가 약하면 휨이 많아 경사면의 퍼팅이 어렵다. 다음으로 오르막 다음 내리막의 경우 이때의 힘 조절이 무척 어렵다. 또한 내리막이 심해 건드려도 계속 내려가는 그린, 좌측이 높다가 좀 지나서 우측이 높은 이런 경사에서는 직선으로 보고 쳐야 한다든지 등 이 많은 어려움은 각자 연구를 해야 한다.

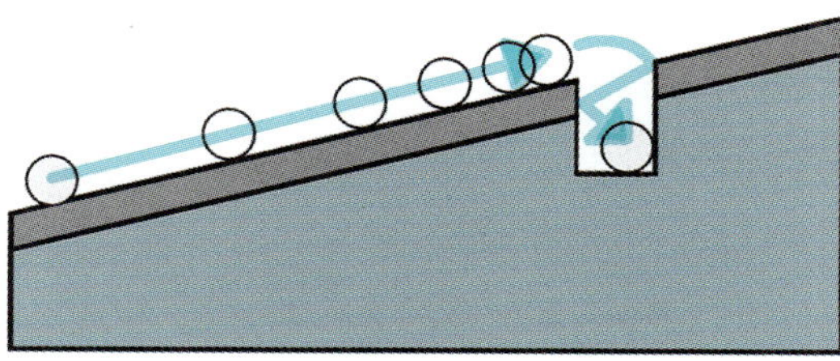

오르막 경사의 퍼팅은 과감하게 쳐서 홀 컵 뒷부분을
맞고 들어가는 경우가 많다.

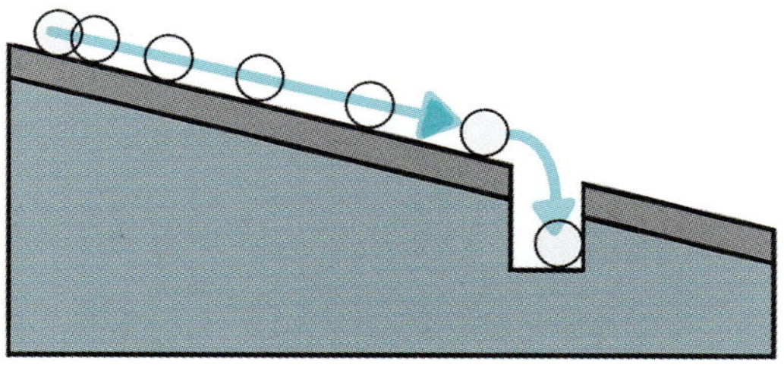

내리막 경사의 퍼팅은 홀 컵 앞에서 떨어져 들어가
는 조심스러운 샷이다.

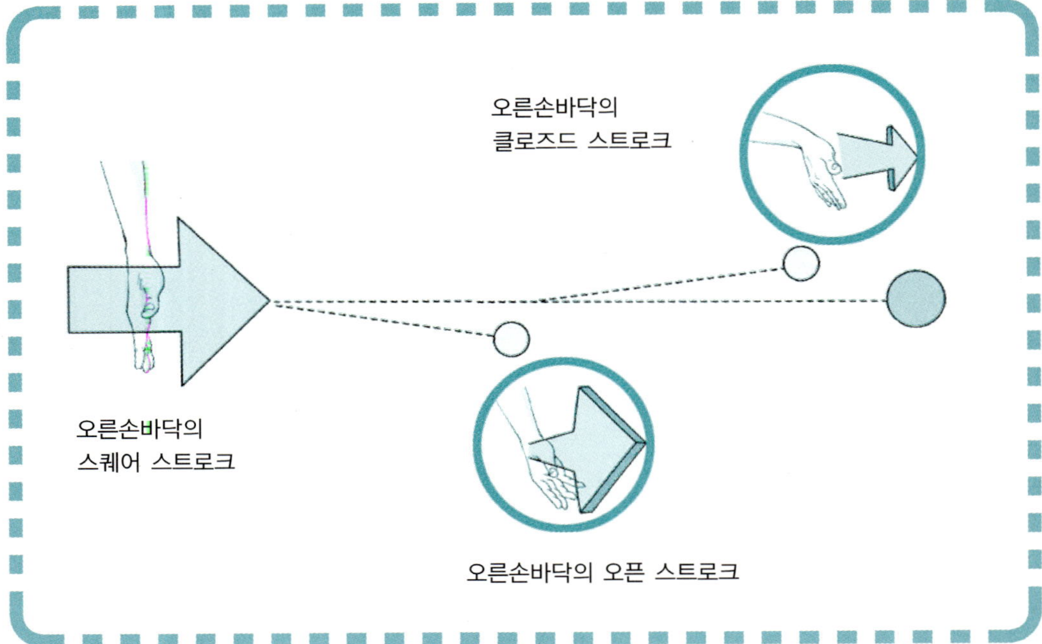

오른손바닥의
클로즈드 스트로크
오른손바닥의
스퀘어 스트로크
오른손바닥의 오픈 스트로크

토막상식
★ 거리와 방향의 조건
① 스윙 궤도 (인, 스퀘어, 인)
② 클럽 페이스의 포지션 (스퀘어 포지션)
③ 스윙 스포트 임팩트
④ 스윙 스피드
⑤ 그리고 하체의 버팀이다.

Part 9. 트러블 샷

1. 왼발 오르막

대개의 경우 일반적으로 왼발 쪽에서 오른발 쪽으로 경사가 져 있기 때문에 왼발은 많이 굽혀야 되고 오른발은 구부리지 않아도 경사에 맞게 스탠스를 잡을 수 있다. 그렇게 서면 어깨 역시 경사와 같이 평행이 되어야 스윙 궤도가 경사에 맞는 스윙을 할 수 있게 된다. 볼은 경사면처럼 높은 탄도로 날아가게 되는데 골프채 역시 볼의 탄도대로 경사도를 따라 폴로 스루가 되어야 한다.

물론 공은 양발의 중간 정도에 놓는 것이 좋으며 골프채는 경우에 따라 한두 그립 긴 채로 잡는 것이 옳다. 볼이 뜨는 만큼 한두 그립의 차이로 거리가 줄기 때문이다. 여기서 아마추어들이 꼭 알아야 할 점은 각자의 감이라 할 수 있다.

즉, 어떻게 하니까 잘 맞더라. 필자의 경우는 임팩트를 할 때 몸을 같이 올라가면서 치는 기분 그리고 채를 공 따라가는 방향으로 보내주는 기분으로 치니까 스트레이트 공을 치기가 쉽더라 하는 식이다. 가만히 서서 경사도대로 샷을 하려면 올바른 방향으로 공을 보낼 수가 없다.

또 '오르막 경사에서는 대개 공이 훅쪽으로 가게 되니까 약간 오른쪽으로 공략하라,' 이것은 아마추어에게는 잘 들어맞지가 않는다. 그러므로 피니시를 다하는 것보다 목표 방향으로 채를 던져주면 볼은 곧장 가게 된다. 이처럼 아마추어는 공식보다는 자연의 조건에 따라 대처하는 느낌으로의 샷이 더욱 중요하다.

왼쪽 오르막 경사의 어드레스

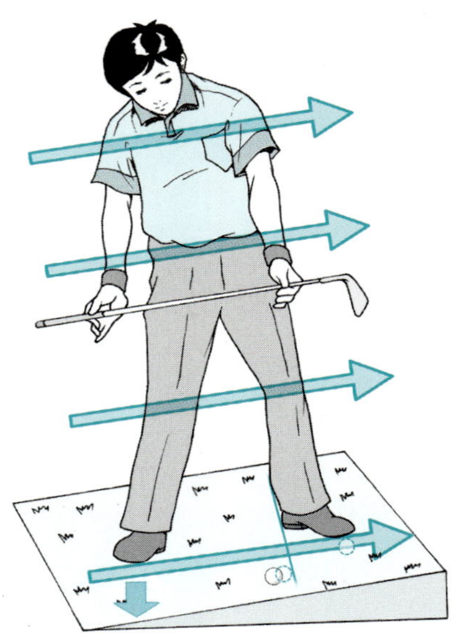

경사에 맞는 몸의 균형과 지면과 평행한 어드레스를 해야 한다. 체중은 오른발 쪽에 많이 두게 된다.

2. 왼발 내리막

왼발 오르막을 잘 이해하면 왼발 내리막은 그와 정반대이기 때문에 이해하기가 쉽다. 경사가 왼쪽으로 기울어 있으므로 어깨의 경사도는 지면 경사대로 맞추고 스탠스는 조금 넓게하여 왼발은 펴지고 오른발은 많이 구부려서 경사도에 맞는 스윙 궤도를 그려야 한다. 공은 거의 한가운데 놓고 채는 한두 클럽 짧은 채를 선택하여 스윙을 경사도에 맞게 아래로 내려가는 피니시를 해야 한다. 탄도가 낮으므로 한두 클럽 짧게 잡아도 거리는 한두 클럽 길게 나가므로 참고한다.

여기서도 마찬가지로 각자의 치는 감이 다를 수 있다. 필자의 경우는 채를 경사도에 맞춰 거의 바로 올려서 폴로 스루는 낮게 피니시하며 임팩트에서 약간 아래쪽으로 내려가면서 치는 기분 즉, 위에서 바로 치는 것보다 약간 아래로 끌고 내려와서 치는 듯한 감을 가지고 스윙하면 뒷땅이나 에러가 적게 된다. 방향 역시 왼쪽으로 많이 겨냥하여 쳐서 슬라이스에 대비하는 것보다 아마추어는 채를 공따라 가며 폴로 스루를 해주면 바로 스트레이트 볼을 칠 수 있다고 본다.

경사도가 심하면 물론 슬라이스를 감안해야 한다 자연 조건에 따라 조금씩은 다른 점을 염두에 둔다. 세부적으로 각기 채에 따라 조금씩 다른 점도 나중에 한 번 더 설명하기로 한다. 어떻든 지면의 경사도와 내 채의 궤도 경사도가 맞으면 틀림없이 잘될 것이다.

지면과 평행한 몸의 균형

체중이 왼발에 많이 실려 있으며
폴로 스루는 낮게 한다.

★ 메이저 대회

▶ **US 마스터스**
1934년 미국의 아마추어 골퍼 봅 존스(Bob Jones)가 창설했으며 미국 오거스타 내셔널(Augusta National, Inc.) G. C에서만 매년 4월 둘째 주에 열린다.

▶ **US 오픈**
　　매년 6월에 열리며 전미 오픈

　　▶ **브리티시 오픈**
　　　　매년 7월 영국에서 열리는 대회
　　　　▶ **USPGA 선수권대회**
　　매년 8월에 열리며 세계의 모든 프로 선수들만 참여
　　4개 메이저 대회를 석권한 선수 - 잭 니클라우스, 게리 플레이어, 벤 호건,
　　진 사라센

3. 앞발 오르막

한마디로 트러블 샷이다. 트러블 샷에서 가장 주의할 점은 움직임이 없는 하체의 고정이 제일 중요하다. 앞발 오르막은 무릎을 펴서 몸을 세우고 한 클럽이나 두 클럽 긴 채로 한다. 클럽은 짧게 쥐고 어드레스에서 볼의 타점 거리를 맞추어 놓는다. 하체를 튼튼히 버틴 다음 백 스윙 자체를 짧게 가져가서 볼을 정확하게 보고 친다. 이후 폴로 스루는 채가 공 따라가며 하프 스윙 비슷한 스윙을 하는 것이 아마추어로서는 최선책이다.

방향은 곧장 보거나 아주 약간만 우측을 본다. 이때 느껴야 하는 감은 역시 임팩트에서 공을 따라 가서 치는 기분을 가질 필요가 있다. 즉, 체중 이동을 공 가는 방향 쪽으로 해주라는 것이다.

앞발 오르막 샷에서는 채를 짧게 쥐고 무릎이 많이 펴져도 좋다.

4·앞발 내리막

앞발 오르막의 반대 자세다.

무릎은 많이 굽혀야 하고 체중은 발뒤꿈치에 두고 채는 한두 클럽 길게(평지 때보다) 잡는다. 스윙 중에 몸이 절대 일어나서는 안 되며 백 스윙과 폴로 스루는 역시 하프 스윙식으로 하며 풀 스윙을 해서는 안 된다.

역시 볼이 슬라이스 방향으로 많이 가게 되며 다소간은 목표보다 좌측을 겨냥함이 좋다. 역시 폴로 스루는 채가 공 따라가는 피니시를 해야 한다.

여기서 주의해야 할 점은 하체의 이동이 전혀 없는 상황으로 볼을 임팩트해야 한다는 것이다. 또한 상하의 움직임도 최대한 막아야 한다.

앞발 내리막의 어드레스. 발뒤꿈치에 체중을 싣는다.

5. 앞발 오리 왼발 오르막

오르막 홀에 볼이 우측 언덕에 있는 경우를 말한다.

　외국은 평평한 곳이 많아 그 정도가 심하지 않으나, 우리 나라의 경우 거의 산 위에 코스를 만들거나, 좁은 산을 깎아 만들어서 오른쪽이 높은 홀들이 많다. 이 경우 앞발 오르막의 경우와 거의 같은 조건이나 일반적으로 왼쪽의 그린을 공략하게 되는데 반대로 공교롭게도 우측으로 휘어있는 높은 홀의 공략인 경우이며 극히 드문 일이다.

　이 경우 기본자세라든가 정상적인 스윙은 필요하지 않다. 백 스윙을 특히 부드럽게 해야 하며 하체를 쓰지 않고, 크지 않은 스윙으로 볼을 끝까지 쫓아가서 보고 치며 몸을 날리는 듯한 감의 스윙이 이루어 져야한다.

　이 경우 가장 많이 미스하는 것은 뒤땅을 치는 것으로 보통 아마추어들은 연습 스윙한 것이라고 우기는 경우도 흔히 볼 수 있는 일이다.

　또 하나는 언덕에서 쳤으니 공을 페어웨이로 쳐내기는 쉬운 일인데, 쳐도 산으로 계속 올라가는 경우이다. 이것은 몸이 미리 움직여서 채가 자꾸 밑으로 깎아 쳐지니까 그런 경우이다. 또한 악성 훅으로 돌려 치는 경우도 이 모든 것이 힘을 많이 들어가는 경우와 몸의 지탱이 어려워서 생기는 일이다. 따라서 몸을 잘 버티면서도 부드러움과 특수한 감을 필요로 하는 어려운 샷이다.

　그러니 앞발 오르막의 몇 가지 원칙을 지키고 볼을 끝까지 보면서 볼을 쫓아가서라도 쳐내는 기분으로 하면서 방향은 깃대방향으로 던져내는 변칙적인 스윙이 필요하다.

6. 왼발 오리 앞발 내리막

언제든지 이런 트러블 샷에서는 그 경사도 정도에 따라 다르므로 원칙보다는 기초 원칙에 많은 변형을 요구하게 된다.

배운 원칙이 프로들처럼 숙련되어 있는 경우는 모르겠지만 아마추어들은 트러블 샷에 그리 많은 경험이 없으며 또한 연습을 많이 할 수 없으므로 원칙보다는 자기 나름대로의 변화로운 대처 능력이 더욱 요구되는 것이다.

특히 우리 나라의 경우, 오르막 홀이 많기 때문에 오르막에서 왼쪽 벽에 걸리면 여지없이 이런 경우에 부닥친다. 이 경우는 왼발 오르막에 앞발은 내리막이며 홀은 거의 오른쪽에 있는 경우다. 이때는 왼발 오르막의 자세에다 앞발까지 내려와 있으니 훅이 날 가능성도 있고 슬라이스가 날 가능성도 있다. 그러나 왼쪽 그린이라면 훅 가능성을 조심해야 하며, 오른쪽 그린이라면 거의 100% 슬라이스이기 때문에 아예 어느 정도 슬라이스가 날 것을 대비하여 그린보다 왼쪽을 겨냥하면서도 샷도 슬라이스 기분으로 한다.

여기서도 채를 깃대 방향으로 뻗어 치는 폴로 스루와 체중 이동은 채를 던질 수 있는 정도로만 이동시키며 백 스윙시 스윙은 작게 하되 상체가 일어서서는 안 된다는 것을 명심해야 한다.

7. 왼발 내리 앞발 오르막

필자가 늘 연습장처럼 드나들던 서울 근교에 있는 모 골프장은 앞에서 말한 오르막에서의 앞발 높은 라이나 앞발 내리막의 트러블 샷을 잘 구사해야만 하는 골프장이다.

내리막 홀에서 볼이 우측 벽에 붙으면서 왼쪽 그린을 공략할 경우에 해당하는 경우이다. 채를 조금 짧게 쥔다든지 스윙을 그리 크지 않게 하며 스윙의 궤도를 경사도에 맞춘다든지 하는 것은 이미 설명한바 대로이다. 단지 염려해야 할 점은 방향성이다.

오른쪽 그린이면 거의 직선으로 겨냥하여도 별 문제가 없으나 더 중요한 것은 채를 깃대 방향으로 폴로 스루하면서 폴로는 크지 않게 함이 옳다고 생각한다. 왼쪽 그린인 경우 약간 오른쪽을 겨냥하며 백 스윙에서 힘이 들어가지 않는 부드러운 스윙이 더욱 많이 요구된다.

특히 볼의 위치는 양발사이 가운데에서 약간은 우측에 두어야 좋다. 어떻든 어려운 샷이므로 몸을 덜 쓰면서 볼을 끝까지 잘 보고 칠 수 있어야 한다. 몸을 잘못 쓰면 아주 훅이든지, 아주 슬라이스 등 악성 방향이 나올 가능성이 많으므로 이점을 주의한다.

8. 왼발 내리 앞발 내리막

이 경우는 내리막 홀에서 왼쪽 벽에 공이 있거나 내리막 페어웨이에서 언듈레이션(코스내의 기복) 때문에 앞발 낮은 곳에 공이 있는 경우다.

내리막의 기초 자세에서 앞발이 낮으니 당연히 다리는 많이 구부려서 낮은 자세를 해야 하며, 방향은 아예 그린보다 왼쪽을 겨냥하여 슬라이스로서의 샷을 미리 준비해야 한다.

이처럼 샷들은 항상 경사도에 맞는 스윙의 그림을 미리 머릿속으로 그려 보도록 해야 한다. 백 스윙시 아래위의 늘어남 때문에 토핑을 하는 경우가 많이 나올 수 있으며, 채를 바로 뻗어주지 않으면 더욱 많은 슬라이스가 이루어지거나 훅쪽으로 감겨 버리는 경우도 있다는 것을 명심해야 한다.

항상 트러블 샷에서는 너무 큰 스윙이라든가 너무 큰 몸놀림 때문에 일어나는 미스 샷이 가장 주의해야 할 점이며 원칙보다는 느낌의 샷을 볼을 보고 치는 그리고 깃대 방향의 폴로 스루가 중요하다.

9. 러프(Rough)

티샷과 그린 사이에 짧게 잔디를 깎아놓은 부분이 페어웨이이며, 양옆으로 길게 자란 잔디를 그대로 방치해 놓은 부분을 러프라고 한다.

우리 나라에서는 긴 잔디 옆으로 나무 숲이 있는 곳도 많고, 그 나무 밑에는 풀이 긴 곳이나, 맨땅 등 여러 종류의 조건이 산재해있다. 우리는 그때 그때의 상황에 대처할 능력이 있어야 한다.

또한 러프의 조건이 계절에 따라 달라질 수도 있다. 여름에는 풀이 길어서 러프에서 볼을 쳐내기가 어렵지만, 가을이나 겨울에는 러프의 잔디가 누워 있으므로 치기가 쉬운 편이다. 어떻든 어떤 상황에 어떤 채를 쓰느냐가 중요하다. 아이언이나 우드 어느 것이던 상황 판단에 의해 어떤 러프에서는 오히려 아이언보다 우드가 더 치기가 편리할 수가 있다.

러프에서의 통칭적인 샷의 의미는 공을 바로 때리려고 하는게 아니라 잔디부터 자르고 공을 치는 기분으로 쳐야 한다는 것이다. 긴 풀에서 공만 골라서 때리려고 하면 반드시 에러를 할 것이다. 그리고 풀을 잘 자르려면 날이 서있는 것보다 누워있는 것이 잘 잘려 나갈 것이므로 되도록 한 클럽 내려 잡는 것이 좋다. 손목은 강하게 버텨야 하며, 채가 땅 쪽으로 박히는 것보다 앞으로 빠져나갈 수 있는 샷을 해야 한다.

바로 풀을 자르고 공이 묻어 나가는 샷을 해야 하는 것이다 그래서 풀이 그리 길지 않고 억세지 않으면 우드로 치기가 훨씬 쉬울 것이다. 또한 나무 밑이 맨땅인 경우도 아이언보다는 우드로 짧게 끊어 치는 스윙을 구사하면 에러가 훨씬 적다. 특히 나무사이를 빼서 치고 나뭇가지 밑으로 치는 샷은 우드가 더욱 편리하다.

이런 점들을 유의하고 러프에서의 샷을 잘 구사하시기 바란다. 제일 중요한 것은 손목의 힘과 몸이 따라가지 말아야 한다는 것이다. 왜냐하면 강한 임팩트가 요구되기 때문이다.

10. 해저드(Hazard)

볼을 칠 수 없는 물이나 습지 같은 곳에 노란 말뚝이나 빨간 말뚝을 박아 놓고 그 안쪽으로 떨어진 볼을 1벌타 부과 후, 노란 말뚝인 경우는 해저드에 빠진 볼의 위치에 관계없이 티샷 자리 또는 해저드의 입구에 정해진 곳이나, 그 뒤쪽에 드롭하여 치면 된다. 빨간 말뚝인 경우는 래터럴 워터 해저드(Lateral Water Hazard) 즉 페어웨이와 같이 나란히 있는 강이나 호수 등에 꽂혀 있으며, 물론 산쪽으로 습지 있는 곳에 꽂혀 있는 경우도 있다.

이때에는 공이 떨어진 지점의 옆에서 두 클럽 이내에서 드롭하여 1벌타 가한 상태에서 치면 된다. 이런 상황에서 혹시라도 해저드 안에서 볼을 칠 수 있는 상황이면 들어가서 쳐도 된다. 그러나 채가 지면에 닿아서는 안 된다.

만약 페어웨이 중간에 연못이 있다면 물에 빠진 경우 노란 말뚝이라면 볼이 물에 떨어진 위치에 관계없이 그 연못 입구에서 볼을 다시 쳐야 하며 아니면 친 자리에서 쳐도 된다. 이 경우 첫 번째 친 것 1타, 물에 빠진 것 1타, 다시 치는 것 1타 합해서 3타째 치는 것이다.

그리고 이들 물이 있는 곳만 해저드가 아니고 벙커도 해저드라는 것을 알아야 한다. 그러므로 벙커 안에서도 해저드에서와 마찬가지로 벌칙이 동일하다. 해저드 내에서는 채를 지면에 절대 대어서는 안 되며 그 자리에서 칠 수 있으면 쳐도 좋다.

가급적이면 해저드에 빠지지 않도록 노력해야 한다.

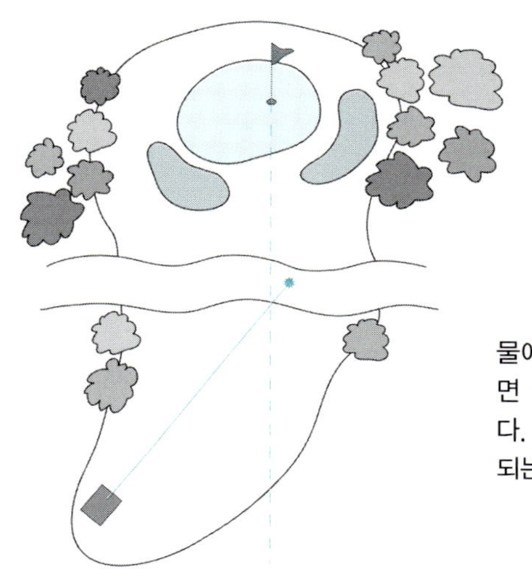

워터 해저드

물에 빠진 볼 : 제자리에서 다시 치거나 아니
면 물가 근처에서 편리한 곳에 놓고 치면 된
다. 물론 1벌타는 부가된 상태다. 3타째 치게
되는 것이다.

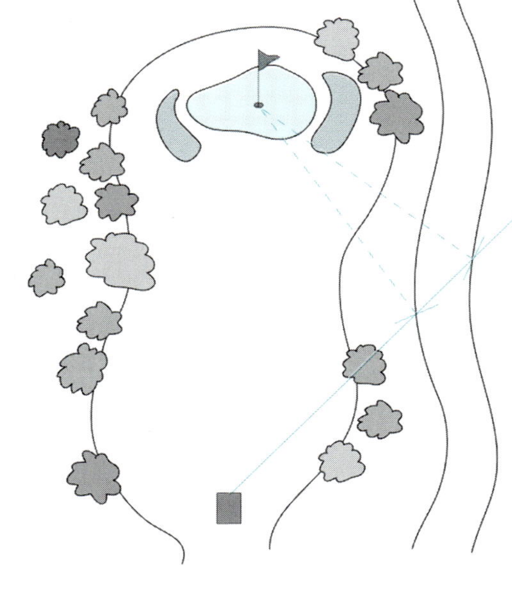

래터럴 워터 해저드

볼이 물에 들어간 지점에서 1벌타 부
가된 상태에서 3타째 2클럽 이내에
드롭하여 치면 된다.

벙커 속에 물이 차 있으면 1클럽 이내에서 무벌타 드롭 후 치면 된다. 단, 벙커에서는 벙커 안에서만 깃대에 가깝지 않게 드롭해야 한다.

★ 티그라운드 보다 높은 그린과 낮은 그린

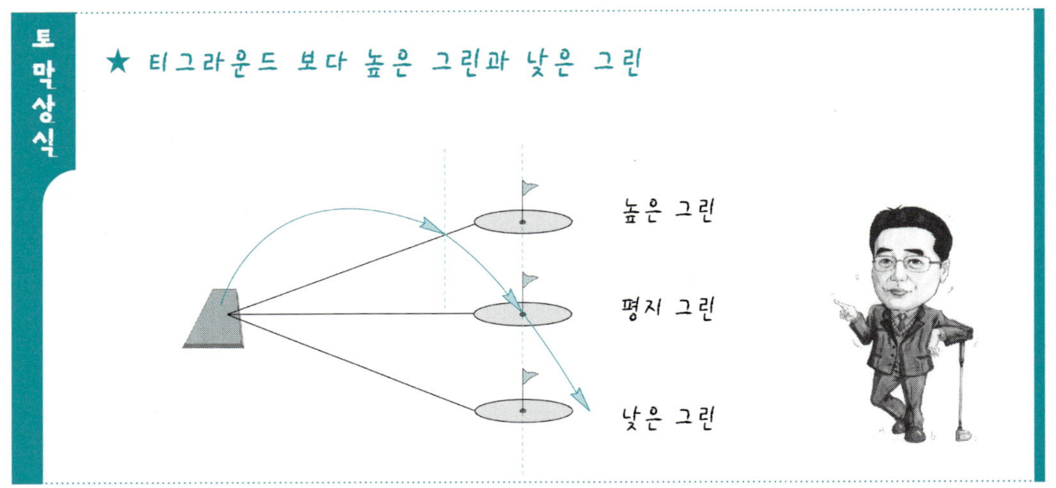

11. 나무 위로 넘김

눈처럼 하얀 솜털 같은 구름을 위로 하고 파란하늘 아래 나무를 넘기는 샷을 설명하자니 저 밑에 있는 동심의 세계를 논하는 것과 같다.

볼이 뜨기 위해서는 임팩트 전에 몸이 움직여서 앞으로 조금이라도 몸이 나간다면 채는 각도가 서는 관계로 낮은 탄도의 공을 치게 된다. 그러므로 있는 채 그대로의 각도가 유지되면서 임팩트가 이루어져야 그 채의 각도에 의한 볼의 탄도를 이루게 된다. 즉 9번이나 피칭 웨지나 샌드 웨지 등 그들 나름대로의 각도를 가지고 그 각도만큼 볼은 뜨는 것이다.

단지 높은 나무를 넘겨야 할 처지에 있을 때 거리는 좀 길고 채의 각은 볼의 낮은 탄도를 이루어 나무를 넘기지 못할 입장에 있을 때 우리는 편법으로 채의 각도를 임의적으로 더 눕혀서 잡고 칠 수 있다. 즉 9번 거리이나 나무가 너무 높아서 거리가 짧을 것 같은 경우 8번으로 채를 눕혀서 칠 수 있는 것이다.

단지 어느 때이건 간에 볼을 띄워서 나무를 넘겨야 할 경우 중요한 것은 임팩트 순간 하체와 상체가 제자리에서 버텨야 한다는 점이다. 마찬가지로 내리막 경사에서 O.B. 지역에 있는 나무를 가로질러서 온 그린시켜야 할 입장에 있을 때 특히 주의해서 임팩트시 절대적으로 몸이 따라 나가서는 O.B. 지역의 나무를 넘기지 못할 것이다.

그러므로 임팩트시 채의 탄도를 유지할 수 있도록 몸을 잡아주면서 하는 임팩트가 제일 중요하다는 것을 알아야 한다.

12. 나무 밑으로 쳐야 할 때

운평선(雲平線) 끝으로 볼이 날아가는 샷을 상상하면서 이 넓은 구름 평야에 얼마나 많은 코스를 만들 수 있을까 생각하면서 이 위에 나무를 심고 나무 밑으로 치는 샷을 상상해보니 참으로 신기하기만 하다.

일명 펀치 샷이라고 해도 될 이 샷은 임팩트 후 폴로 스루를 아주 낮게 짧게 해야 한다. 이때는 띄우는 샷과 반대로 채가 누워서는 안 된다. 채의 각이 세워져야 하며 임팩트 순간 몸이 조금 밀려나가도 그리 영향을 받지 않는다.

그렇다고 일부러 몸을 밀려 나가라는 얘기는 아니다. 볼이 띄워지는 것보다는 낫다는 것이다. 왜냐하면 나무 밑으로 쳐져야 나무에 볼이 걸릴 염려가 없기 때문이다. 짧은 아이언으로 쳐야 할 경우 한 클럽 낮은 채로 채를 세워서 폴로 스루를 낮게 하며 나무 높이 정도에 따라서는 하프 스윙보다 낮은 폴로 스루로 샷을 해주어야 한다.

임팩트 순간에도 팔의 구부러짐 없이 쭉 뻗어 주어야 한다는 점도 주의한다. 이때 우드를 사용하는 것도 좋은 방법이다.

13. 맨땅

　우리 나라의 골프장에서는 늦가을이나, 겨울 그리고 이른 봄에 잔디가 별로 좋지 않은 오래된 골프장에서 흔히 볼 수 있는 현상이다.

　특히, 서울 근교의 모 골프장은 이 계절에는 거의 맨땅이나 다름없다. 필자는 12년 동안 이 골프장을 자주 다녔기 때문에 누구보다 잘 알고 있기에 하는 말이다.

　이 경우 바닥이 딱딱하면 공을 치는데 별 미스가 없다. 그러나 바닥이 질거나 푸석 푸석할 때는 거의 뒤땅을 조심해야 하며, 특히 짧은 거리의 어프로치는 더욱 치기가 힘들다. 또한 큰 나무 속의 O.B., 말뚝 전의 러프 맨땅 여기는 큰 나무 때문에 풀이 자라지 못하여 맨땅인 경우가 많다.

　이러한 모든 경우의 맨땅 샷에서 가장 주의해야 할 점이 볼을 치고 앞으로 뻗어 주는 즉 밀어 주어야 한다. 볼을 쳐서 V샷이 되면 땅으로 채가 박혀 버릴 것이고, 또한 손목이 미리 풀려서 채 헤드가 손목보다 먼저 공으로 향하는 이런 샷에는 끌어 치는 기분으로 채 헤드가 손목보다 늦게 뒤따라 들어오는 샷이라야 볼이 맞으면서 채 헤드가 앞으로 좀 밀어주게 된다.

　다시 말해서 볼부터 맞추면서 채가 앞으로 빠져 나가야 한다는 얘기다. 물론 볼부터 맞추어야 된다고 얘기를 하고 또 그렇게 하려는 마음은 있으나 잘 안 되는 것이 일반 관례다. 그것은 볼부터 맞추려는 마음 하나 가지고는 안 되고, 손목을 풀지 말고 끌고 더 들어오는 즉 끌어 치는 기분을 가지고 샷을 해야만 미스가 없다. 이 경우 자연 볼은 높이 뜨지 않으며, 볼의 위치는 약간 오른쪽으로 놓는 것이 미스를 줄이는 원인이기도 하다.

★ 볼의 구질

Slice
Hook
Slice
Hook
Hook
Slice
Hook
Fade
Streight
Draw
Push

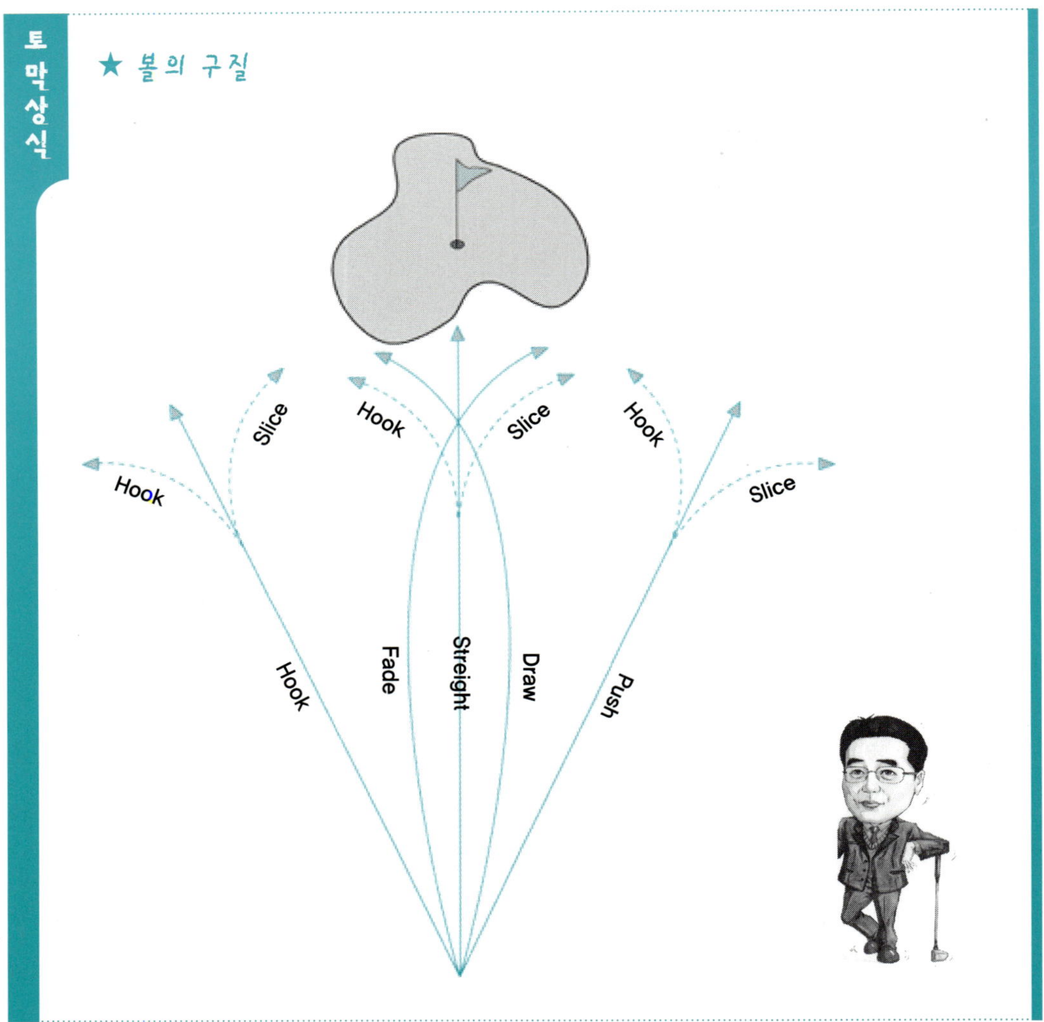

Part 10. 자연과의 싸움

1. 바람

필자의 비기너 시절, 라운딩 중의 바람은 필자의 골프를 망치곤 했다. 지금도 가끔은 바람 때문에 미스 샷을 하곤 한다.

바람은 뒤에서 불 때와 앞에서 불 때, 또는 좌우 옆에서 불거나 사방에서 불 때도 있다. 바람은 깃발이 어디로 흔들리는지에 의해 알기도 하는데 이렇게 부는 바람이 샷에 영향을 끼치게 된다. 바람이 떠있는 공을 실어서 더 멀리 날아가게 하기 때문에 그래도 뒤에서 불어주는 바람은 좀 낫다. 바람의 속도에 따라 공의 거리도 더 나고 덜 날 수도 있다. 앞바람은 모든 골퍼들의 적이다. 티박스에 올라서 티샷을 할 경우 앞바람이 세게 불면 우리는 많은 생각을 하게 된다. 티를 낮게 꼽고 볼을 낮은 탄도로 친다든지, 아래로 훅을 걸어 바람을 뚫고 친다든지 등 많은 생각을 하게 한다.

티샷을 할 때 생각이 많으면 볼을 보는 것을 놓치던가, 다른 집중력을 분산시킨다. 그러므로 테이크 백은 빨라지고, 샷은 미스를 하게 된다. 많은 경험을 한 사람은 티를 낮게 꼽는 여유도 있고, 볼을 드로우로 감아치려는 여유도 있다.

또한 왼쪽 사이드 바람은 깃대를 중심으로 왼쪽에서 오른쪽으로 부는 바람으로 목표보다 약간(바람의 정도에 따라)왼쪽을 공격하게 된다. 어떤 때는 바람을 의식하고 샷을 왼쪽으로 공격했는데 생각만큼 바람을 타지 않는 경우가 허다하다.

샷한 사람은 늘 "어! 왜 바람을 안타지? 바람 때문에 왼쪽을 많이 봤는데…" 아마추어 골퍼가 언제나 투덜거리는 소리다. 그러나 아마추어 입장에서 그렇게 정확하게 바람을 측정하고 정확하게 샷을 하기가 얼마나 힘든 일인지 이미 다 아는 사실이다.

우측으로부터 좌측으로 부는 바람을 얼마만큼 겨냥해서 우측을 겨냥해 쏘아야 하는지는 아마추어는 감으로 측정해서 멋을 부려보는 수밖에 없다.

그리고 나서 잘못 쳤으면 "바람이 셀줄 알고 너무 많이 봤는데 바람이 없구만…" 이 정도로 넘어가게 된다. 어떻든 바람으로 인해서 제주도의 어떤 쇼트 홀은 160m에 드라이브로 쳐서 올린 경험이 있다. 우리는 이 바람을 긍정적으로 보고, "한 번 더 쳐서 어프로치로 붙이면 되지."하는 가벼운 마음으로 대하고 더 좋은 샷을 구사할 수도 있다는 것이다.

어떻든 바람에 의해 집중력을 흐트러트리는 것이 아마추어 골퍼에게는 가장 큰 적이라고 보면 된다.

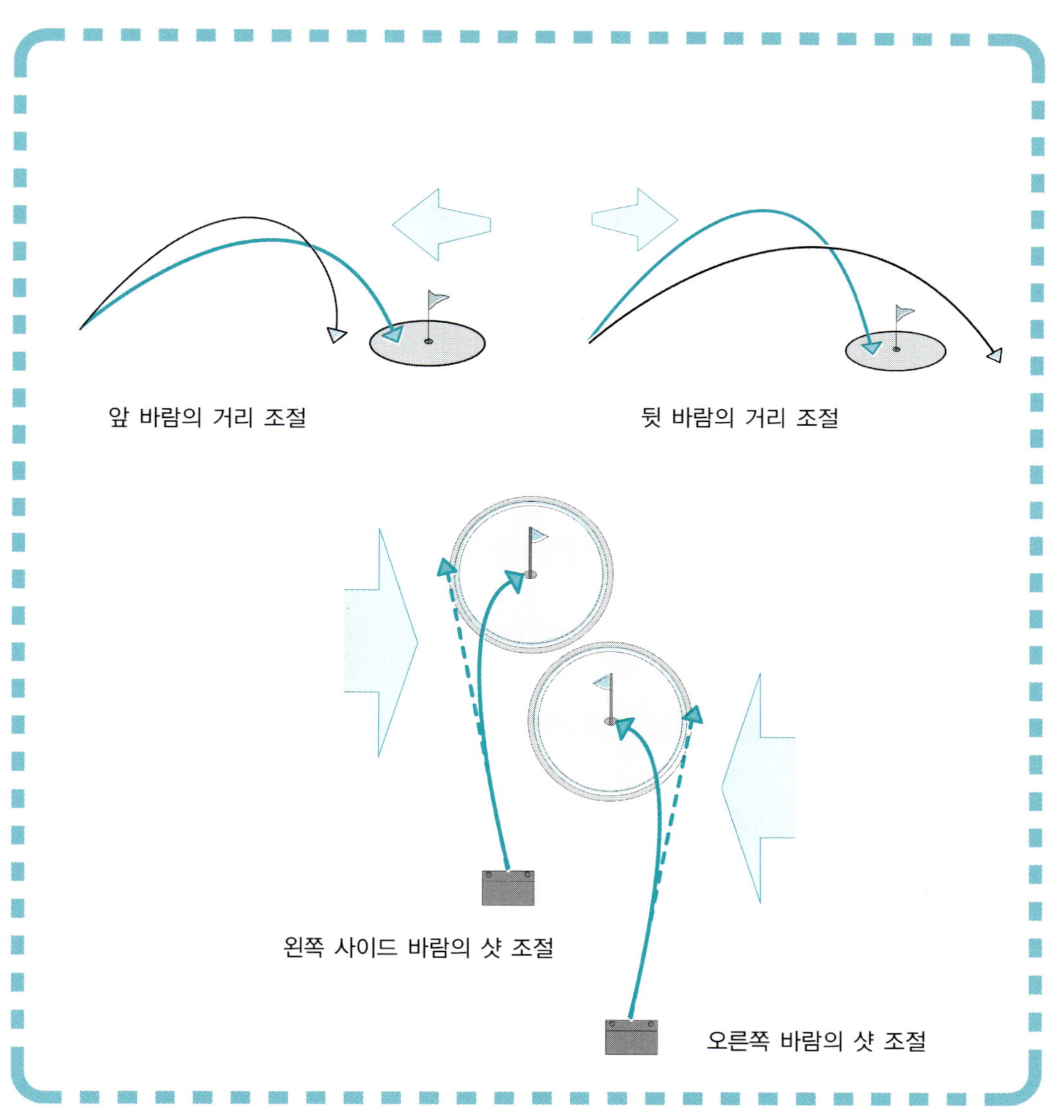

앞 바람의 거리 조절
뒷 바람의 거리 조절
왼쪽 사이드 바람의 샷 조절
오른쪽 바람의 샷 조절

2. 비

비 또한 집중력을 떨어뜨리는 가장 큰 적이다. 초보 시절 때 비는 참으로 마음을 바쁘게 한다. 그리고 샷이 빨라지고 대충대충 치게 되기 마련이다. 그러나 조금씩 노련해지기 시작하면 비가 오든 말든 마음이 차분해지기 시작한다.

단지, 샷에서는 비의 정도에 따라 거리를 한두 클럽 길게 잡고 샷을 해야 되며, 또한 샷의 지면이 젖어 있으면 손목의 힘은 더 강해야 한다.

그런데 특별히 알아야 할 것은 비가 막 오기 시작할 때의 라운딩은 미리 준비를 하였기 때문에 대처능력이 있으며 샷에 크게 문제가 안 될 수도 있다. 그러나 비가 온 다음 날이나, 비 오고 언제 왔느냐는 듯 맑은 날 샷을 할 때 특히 주의해야 한다.

겉은 멀쩡한데 속은 젖어 있어 채가 땅으로 퍽퍽 박혀 뒤땅 비슷한 현상이 일어나는 경우가 있다. 우리는 비온 후의 라운딩도 비에 의한 트러블이라고 할 수 있다. 그리고 눈이 오면 볼을 칠 수 없으나, 비가 오는 경우는 폭우가 아닌 이상 그린에 물이 고이지 않은 상태에서는 계속 라운딩을 하는 경우가 많다.

그리고 비가 많이 와서 장갑이 다 젖은 경우 실면장갑이 제일 안 미끄러지고 샷을 할 수 있다는 것도 알아두면 좋다. 역시 빗속 라운딩의 적은 집중력을 떨어뜨리는 것이다. 그리고 볼을 걸어 치는 것이 유리하다.

3. 벙커

벙커를 피해서 치려고 애를 썼는데도 구태여 볼이 벙커로 들어가는 경우가 많다. 우선 벙커에 들어가도 재수가 좋아야 한다. 어떤 경우는 앞턱이 높은데 앞쪽으로 붙어 있다든가, 아니면 입구 쪽에 간신히 들어가 있는 경우 이 모든 것이 운이라고 할 수밖에 없다. 앞턱에 붙어 있거나 뒤턱에 붙어 있으면 할 수 없이 어디로든 편한 대로 끄집어내어 다음 샷을 노리는 수밖에 없다.

그러나 치기가 좀 편한 가운데나 채가 휘둘러지는 곳에서의 샷은 누구나 말하는 것처럼 발을 충분히 버틸 수 있도록 모래에 파묻어야 하며, 스윙은 하체를 고정하고 특히 무릎이나 허리 등이 펴졌다 구부러지는 것 또한 손목이 미리 풀려서 다운 스윙이 되는 일 등이 없어야 미스 샷을 방지할 수 있다. 좌우보다는 아래 위의 움직임 폭이 크면 볼을 직접 못 치고 모래를 쳐서 뒤땅 비슷한 샷을 유발하게 된다.

그러므로 좌우상하가 정확하게 교차되는 임팩트 지점을 향해 정확하게 볼을 칠 수 있어야 한다. 이때 느끼는 점은 몸동작이 얼마나 정확해야 하는지를 늘 실감하게 된다.

벙커 샷이나 페어웨이 샷이나 다를 바가 없으나 벙커 샷은 일반 샷보다 더 주의를 해야 하는 것이 좀 다른 점이다. 또한 지면이 모래이므로 어느 쪽으로 힘을 쓸 때 그 힘을 모래가 버텨주지 못하는 경우가 있다. 그러므로 모래의 버팀을 견고하게 하기 위해 잘 버틸 수 있도록 자리를 잡는 것이다.

여기서도 역시 볼을 먼저 맞추는 개념을 잊어서는 안 된다. 벙커의 탈출은 그리 어려운 일이 아니다. 어떤 때는 벙커에서도 스푼 더 심하게는 드라이브로도 칠 수 있다는 자신감을 갖는 것이 필요하다.

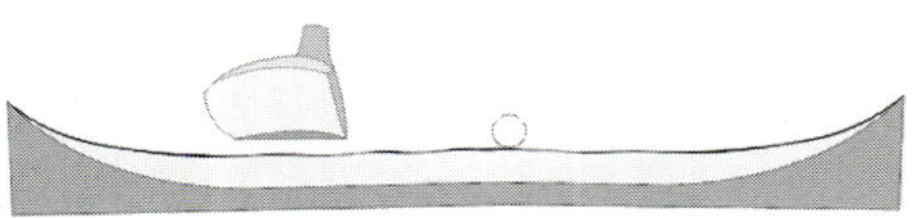

앞턱과 거리가 많은 볼 우드 샷을 할 수 있다.

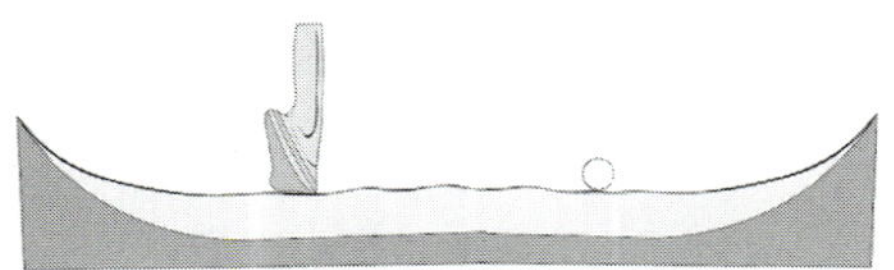

볼과 앞턱의 거리가 있다. 미들 아이언으로
샷을 할 수 있는 크로스 벙커의 볼.

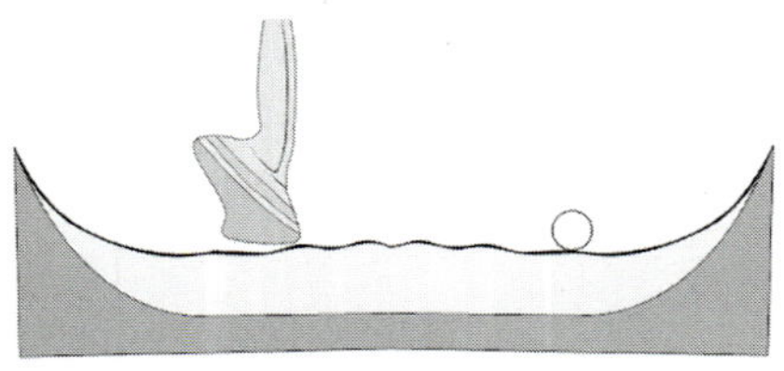

앞턱이 높음
쇼트 아이언으로 칠 수 있는 크로스 벙커의 볼.

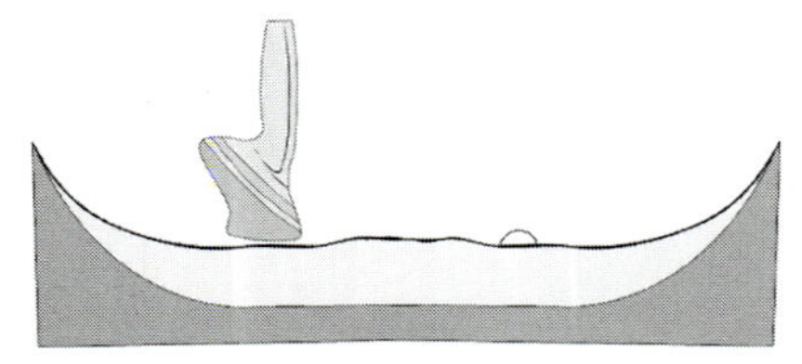

볼 파묻힘
샌드 웨지로 탈출해야 하는 크로스 벙커 샷.

4. 계절의 변화

골프는 계절에 따라 매우 민감하게 반응한다. 또한 철마다 새로운 맛을 느낄 수 있다.

1) 봄

우선 봄을 생각하면 겨울 내내 갈고 닦은 골프실력을 바로 이 봄에 시험해 보고 싶은 것이 우리들의 희망이다. 그러나 막상 봄에 골프를 쳐보면 전혀 점수도 안 나고 샷 또한 무지 실망할 정도로 안 됨을 느낄 수 있다. 즉, 뒤땅을 치거나 토핑을 하거나 도대체 똑바르게 칠 수가 없는 것이 봄의 골프다. 날씨는 따스해지고 꽃은 피어 마음은 골프가 정말로 잘될 것 같은데 안 된다.

문제는 바로 땅의 조건에 있다. 잔디는 성숙해 있지 않고, 땅은 말라서 딱딱하고, 볼은 잔디보다는 땅위에 얹혀 있는 곳이 많고, 채 또한 잘 빠져 나가지 않으니 임팩트 순간 볼을 채의 면과 직각으로 맞추기가 워낙 힘이 들어 스트레이트 샷을 구사하기란 그리 쉬운 일이 아니다. 세컨드 샷이 비뚤어지게 갔으니 자연 어프로치에 희망을 걸 수밖에 없다. 어프로치 또한 쉽지가 않다. 잔디가 좋을 때에 연습장에서 한대로 폴로 스루 거리에 맞추어 가볍게 쳐내면 홀 컵 가까이 붙이는 것이 그리 어렵지 않다. 그러나 잔디가 안 좋은 봄의 그린 주변은 맨땅도 아니고 잔디도 아니고 볼만 쳐내어 거리를 맞추는 것이 보통 어려운 일이 아니다. 뒤땅 아니면 볼을 평소보다 세게 때리는 기분으로 쳐야 뒤땅에서의 불안에서 벗어나기 때문이다. 그러므로 거리가 맞는 것도 상당히 어려운 일이다. 그린 또한 모래를 잔뜩 뿌린 상태이고, 딱딱한 그린에 잔디가 잘 자라지 않은 상태에서 롤러로 평평하게 밀어놓지도 않았으니 제대로 굴러갈 리가 없다. 이런 여건하의 봄 라운딩은 골퍼들을 실망시키기에 충분하다.

하지만 우리는 그 가운데서 자꾸 도전하고 있는 것이다.

2) 여름

여름의 골프는 한여름의 더운 날씨만 빼고는 최상의 조건이다. 우선 페어웨이의 잔디가 좋고 그린이 잘 정돈되어 있으며 몸의 유연성이 어느 계절보다도 좋기 때문이다. 바로 이 계절에 우리는 베스트 스코어와 샷의 감각을 찾는다. 여름을 자신감과 골프의 진수를 맛보는 계절로 삼아야 할 것이다.

여름에는 비가 오는 날이 많지만 비가 많이 와서 그린에 물이 차는 날 이외에는 라운딩이 가능한 것이 겨울에 눈이 조금 와서 그린을 덮으면 못 치는 것과는 대조적이다.

특히, 여름에 주의해야 할 것은 러프이다. 항상 러프가 여름의 라운딩에 적이다. 그리고 잔디가 너무 좁아 짧은 어프로치에서 골프채가 잔디 밑으로 빠져 샷이 뜨는 바람에 거리를 못 맞추는 경우, 비가 온 뒷날 겉으로 보기는 멀쩡하나 속에는 젖어 있어 채가 자꾸 박혀서 뒤땅 비슷한 미스 샷을 하는 경우 등을 조심하여 함정에 빠지지 않도록 주의해야 한다.

3) 가을

가을은 풍요의 계절이며 결실의 계절이다. 한참 붉게 물들은 자연을 즐기며 멋있는 계절에 멋있는 골프를 즐기고자 필드에 나가지만 여름보다 많은 변수를 갖고 있는 것이 가을 골프다.

날씨 좋고 컨디션 좋고 다 좋은데 도대체 왜 안 되는지 여름보다 성적이 안 좋다. 왜 그런지 살펴볼 필요가 있다. 골프는 메마른 땅보다는 촉촉한 땅에서 더욱 잘 칠 수 있다. 왜냐하면 힘을 안들이고도 채가 잘 빠져나가기 때문이다.

비가 안 오는 가을 땅은 메마르고 잔디보호 차원에서 모래를 뿌려놓은데다 잔디는 깎을 수 없으니 여러 가지 그라운드 조건이 여름만 못한 것이 바로 가을 골프의 어려움이다.

그린은 너무 빠르고 어떤 때 뿌려놓은 모래는 구름을 일정치 못하게 하는 등 많은 어려운 조건이 있어, 좋은 날씨 좋은 컨디션에 미스 샷을 연발하고 보통 스트레스 받는 것이 아니다.

왜냐하면 엊그제까지 그 좋던 샷이 없어졌기 때문이다. 페어웨이 조건 때문에 감을 잊어버린 것이다. 그러나 어떠한 경우에도 이 모든 것을 이해하면서 즐기는 골프를 해야 한다.

4) 겨울

늦은 가을 아침골프는 쌀쌀하기만하다. 조끼나 간단한 스웨터를 반드시 입는 것이 바람직하다. 11월 하순이면 겨울인지 가을인지 구분이 안 된다. 오들오들 떨면서 하는 스윙은 그 자체가 잘 만들어지지 않는다.

그러니 스윙은 잘 안 되는데다 페어웨이는 이른 봄처럼 잔디 보호차원에서 모래를 뿌려 놨다든가, 아니면 벌써 뿌려서 땅이 굳어서 짧은 잔디 위에서의 샷이 여간 어렵지 않다.

잔디가 좋아야 채를 앞으로 공 따라 쭉 뻗어 줄 수가 있는데 잔디가 별로 없으면 채가 빠져나갈 수 없고 땅에서 채를 걸리게 하므로 여간 잘 치지 않으면 임팩트에서 치고 나가는 힘이 땅의 저항을 치고 나갈 힘이 있어야 하므로 곧장 치기란 여간 힘들지가 않다. 어떻든 잔디 좋은 곳보다 잔디 좋지 않은 곳이 점수가 4~5점 더 난다고 보면 된다(안 좋다는 뜻이다).

그러나 초겨울에 많은 시련을 겪고 한 겨울로 들어서면 초겨울보다 훨씬 수월한 골프를 즐길 수도 있다. 왜냐하면 옷은 두툼하게 입었고 볼은 잘 구르고 채가 바닥에서 더 잘 빠져나가므로 거리 또한 더 멀리 나며 그린 앞에서부터 잘 굴리는 샷으로 더욱 재미있는 골프를 즐기게 된다. 어느 때는 눈발이 휘날리는 필드를 향해 샷을 하는 그 기분 또한 자기 자신이 그렇게 멋있어 보일 수가 없는 때도 있다.

어느 땐가는 정말 인간의 한계를 느끼는 듯 참을 수 없는 추위에(바람 부는 날에 영하 15도) 잘 견디어 내면서 라운딩을 끝냈다는 자부심마저 들 때도 있다. 이렇듯 겨울 골프는 재미있는 경우가 더 많다.

페어웨이나 그린 근처 그 어느 곳에서나 굴리는 골프가 바람직한 계절. 슬라이스가 나서 오른쪽 벽에 떨어진 공이 튀어서 왼쪽 밖으로 튀어 O.B가 나는 경우, 약간만 감기거나 슬라이스가 나서 페어웨이 안착 후 굴러서 O.B가 나는 경우, O.B가 나도 그리 화가 나지 않는 겨울에의 골프 핑계, 잘 안 맞으면 겨울골프가 그렇지 뭐…. 하면서 위안을 받아 스트레스도 덜 쌓이는 계절. 중간쯤 쳤는데 함박눈이 내려 눈을 밟고 클럽하우스로 되돌아가야 하는 경우 주위의 멋진 풍경에 흡족할 때도 있다.

겨울 내내 열심히 연습하여 봄에는 누구누구는 나한테 혼날 거야 하는 희망의 계절이기도 하다.

우리 다같이 자연 그대로의 골프를 즐길 줄 아는 골퍼가 됩시다.

Part 11. 마인드 컨트롤과 골프

1. 골프와 마인드

　우리 인간은 선과 악을 가지고 태어났다. 원래부터 태어날 때 우리는 울면서 태어난다. 조금 지나면 웃을 줄도 알고 스스로 조금씩 모든 것을 알아가면서 머리는 복잡해진다. 알아야 할 점도 많고 아는 데로 해야 할 일도 많아진다.

　어떤 새로운 것이던 우리는 점진적으로 알아가기 마련이며 알아가는 과정에서 우리들의 마인드는 늘 경우에 따라 변한다. 이 모든 것을 스스로 올바로 배우고 올바로 행동하기 위해 어려서부터 인간의 도리를 배워나간다.

　기지도 않고 걸을 수는 없는 것이며, 걷지도 않고 뛸 수는 없는 노릇이다. 우리들의 어떤 행동이나 마인드 역시 순서에 의해 차츰차츰 갈고 닦아나가게 된다. 골프에서도 마찬가지로 생각하고 행동하고 또 그 행동의 잘잘못을 뉘우치며 바로 잡아나가게 된다.

　여섯 살짜리나 아홉 살짜리 어린이가 골프를 배우는데 그들은 시키는 대로 잘한다. 그리고 자기가 잘하고 있는지를 체크할 줄도 안다. 배운 지 1개월쯤 아니 그 이전이라도 그들은 느낌을 갖는다. 머리를 푹 수그리고 의자에 앉아 기분이 좋지 않다. 왜 그러냐고 물으면 의외의 대답이 나온다. 즉, 오늘은 왜 이렇게 골프가 안 되는지 모르겠다는 얘기이다. 누구든 배우기 시작한 사람은 그 기분을 느끼기 마련이다. 그리고 잘 치는 사람들을 부러워한다. 그러나 잘 치는 사람 역시 투덜댄다. 오늘은 왜 이렇게 안 되는지 모르겠다며, 나아가서는 프로들까지도 아니 세계의 골프 황제라는 타이거 우즈도 항상 마음이 편하지는 않다.

네거티브 마인드(Negative Mind)의 소유자　　　　포지티브 마인드(Positive Mind)의 소유자

언제나 티샷 위에 서면 마음이 불안할 때도 있고, 또 하고 난 후 화가 날 때도 많다. 이처럼 아이에서 어른까지, 아마추어에서 프로들까지도 언제나 골프와 그들의 마인드는 변하고 있는 것이다. 특히 너무 흥분되거나, 너무 경직되어 있거나, 너무 과시하거나, 너무 두려워해도 안 되는 것이 골프의 마인드인 것이다.

멋있는 마음을 행동으로 전달하기 위한 차분한 마인드를 우리들은 모두 컨트롤 할 수 있어야 골프에 큰 도움이 되는 것이다. 이러한 총괄적인 마인드를 우리는 어느 상황에서 어떻게 대처해야 할지가 그 공부의 목적이 있다.

2. 연습장에서의 마인드

골프는 인체의 리듬에 의해 그날 그날의 컨디션에 의해 볼이 잘 되기도 하고 잘 안 되기도 한다.

잘 되는 날은 기분 좋지만 잘 안 되는 날은 심하게는 볼 치는 것을 그만둘까 하는 생각까지 하는 사람도 있다. 아니면 '나는 골프가 맞지 않는가봐', '적성이 맞지 않는다는 애기죠' 안 된다고 그 원인 분석도 못 하고 그저 화만 내는 사람도 많다.

인체의 리듬이 있는 것처럼 그에 따르는 골프에도 리듬이 있다. 그래서 잘 맞고 안 맞음이 항상 오락가락하게 되어 있는 것이 바로 아마추어 골프의 어려움이다.

잘 맞을 때나 안 맞을 때나 오랫동안 한 3년은 참고 열심히 하다보면 스스로를 알게 되고, 참는 방법 또한 스스로 터득하게 된다.

첫째, 배우려는 마음 자세를 긍정적으로 가지며, 잘 치는 사람이 어떻게 잘 치는지를 보며 연구한다.

둘째, 연습이지만 실전이라 생각하고 하나하나를 주의 깊게 생각하며 친다. 그리고 왜 잘못 쳤는지를 느긋하게 생각해 본다.

셋째, 자기 자신이 남에게 잘 쳐 보이려고 애를 쓰기도 하고, 항상 남을 칭찬하는 습관을 기르기도 하여 자기 스스로를 여유롭게 너그러운 마음을 만들어 주게 한다.

넷째, 남의 얘기를 잘 받아들여 자기 자신이 소화할 것은 소화하고 버릴 것은 버리며, 특이하게 이기적인 고집을 부리지 않는 것이 바람직하다.

★ 속담과 골프(1)

1) 묻는 것은 한때의 수치이나 묻지 않는 것은 일생의 수치이다.
▶ 항상 배우려는 자세가 필요하다.

2) 비옥한 땅이라도 가꾸지 않으면 잡초가 난다.
▶ 잘하는 선수일지라도 항상 연습을 해야 한다.

3) 예의는 예의를 낳는다.
▶ 내가 예의 바르면 상대방도 나한테 예의가 바르게 된다.

4) 지식인 열 사람이 한 사람의 숙련자를 못 당한다.
▶ 연습 벌레에겐 못 당한다.

Part 12. 필드에서의 상식

1. 의상과 골프

골프에서 의상은 바로 자연에서의 패션이다. 대개의 골퍼들은 각자가 서로 같은 옷을 입기를 싫어한다. 튀는 옷은 아니더라도 나만의 디자인과 컬러를 선택하게 된다. 역시 골퍼 한 사람 한 사람을 보면 똑같은 옷을 입은 사람을 찾기는 거의 힘들다. 그만큼 옷에 대한 신경을 많이 쓴다는 것이다.

여기서 우리가 알아야 할 것은 의상의 컬러가 가급적이면 약한 색깔보다는 밝고 선명한 색깔이 더 바람직하다는 점이다. 즉 봄, 여름에는 잔디나 나무들의 색깔과 같은 그린 종류의 의상은 바람직하지 않다. 앞 팀이 잘 보여야 뒤에서 치는 팀이 혼동되지 않기 때문이다.

또한 가을에는 단풍이나, 물들은 잔디의 색깔과 비슷한 색상은 피하는 것이 좋다.

골프장에서는 앞뒤 팀에서 잘 보이는 색상의 옷을 입는 것이 바람직하다.

그리고 누구나 한 번씩은 경험을 하게 되는 일인데 골프를 자주 치다보면 아내에게 미안해서 빨래를 내놓지도 않고 몰래 다니느라 구겨진 옷을 그대로 입고 나오는 경우가 있는데 이런 일은 되도록 없도록 해야 할 것이다. 그것이 바로 부인을 타인에게 욕 먹이는 것이기 때문이다.

또한 골프에서의 의상은 바로 그 골퍼의 핸디에 비례한다는 점을 우리 모두는 인정하고 있기에 의상만큼은 깨끗하고 단정하게 하는 것이 기본적인 예의다. 사회생활에서도 의상은 그 사람의 정돈된 생활 상태를 그대로 나타내는 것이기에 특히 골프에서는 더욱 그러하다고 본다.

『정돈된 의상은, 마음을 정돈시키며 정돈된 마음은, 그날의 골프를 안정되게 치도록 도와줄 것이다.』

2. 골프와 예의

1) 시간의 예의 : 골프에서 시간약속은 철칙이다. 티오프 시간은 기다려지는 것이 아니고 약속된 시간에 시작이 되어야 한다. 네 사람 중에 한 사람이 늦으면 세 사람에게 불안감을 주게 된다. 그러므로 골프장 도착은 여유 있게 도착하여 차 한 잔 하고 약간의 몸을 풀 시간의 여유가 있어야 한다. 필자가 비기너일 때 네 사람이 한 장소에서 만나기로 했는데 한 친구가 15분 늦게 왔다. 그 중 싱글 한 분이 그 친구에게 세 사람이

15분씩 기다렸으니 45분이라는 시간이 소비됐다는 것이다. 그 친구 어쩔 줄 몰라하던 생각이 난다. 골프와 시간은 항상 약속으로 이루어진다는 것을 명심하자.

2) 의상의 예의 : 골프는 신사운동이라는 것을 앞서 말했다. 의상도 역시 신사답게 정갈하게 차려입고 규정에 맞는 의상을 갖추는 것이 예의다. 남이 볼 때 구겨진 옷이나 입던 바지를 다시 입고 온다던지 하는 것은 상대방에게 불쾌감이 들게 하는 일이다. 또한 될 수 있으면 색상은 원색으로 남의 눈에 잘 띄는 옷이 바람직하다. 이와 같이 매사에 서로 신사답다는 인상을 주도록 노력하는 것도 예의에 속한다. 그래서 어느 골프장에서는 신사복을 입어야만 입장을 할 수 있기도 하다. 우리 나라에서는 특히 여름에도 반바지는 허락되지 않는다. 긴 양말을 신을 경우 허락이 되기는 하지만 그런 사람은 거의 없다.

3) 티잉 그라운드(Teeing Ground)에서는 한 사람씩 올라가며 다음 사람이 샷 할 때는 언제나 조용히 해야 한다.

4) 스루 더 그린(Through The Green)에서는 볼을 있는 그대로 쳐야 하며 깃대로부터 먼 곳에 있는 볼부터 치고, 남이 치기 전에 먼저 나가서는 안 된다. 남이 칠 때 빈 스윙 연습은 자제해야 하며 볼을 치는 이의 바로 뒤에 서 있으면 안 된다. 기타 모르는 룰은 캐디에게 물어서 규칙대로 쳐야 한다. 자신 때문에 너무 시간을 끌어서도 안 된다. 아쉬워서 볼 찾으려고 5분 이상 지체해도 안 된다.

5) 그린 에지(Green edge)에서는 특히 깃대로부터 먼 곳에 있는 사람부터 쳐야 하며 남이 치려 할 때 옆에서 연습을 하거나 남이 치던 말던 내 볼부터 쳐서는 안 된다.

6) 온 그린(On green)에서 본인이 늦게 쳐야 할 경우 반드시 마크를 하고 볼을 집어야 한다. 남이 칠 때는 조용히 하고 볼을 치는 사람의 좌우선상에 있어서는 안 되며 볼 라인에 그림자를 비추는 일들은 없어야 한다. 특히 볼을 마크 할 때 조금이라도 앞에 놓으려고 볼을 보이지 않게 밀어서 좀 더 앞으로 놓으려는 마음을 없애야 한다. 많은 골퍼들이 그렇게 밀어놓은 것을 모두 더하면 길이가 지구를 몇 바퀴 돌고도 남는다.

7) 오너의 예의 : 우선 누가 오너인지를 알아야 한다. 착각 속에 파를 했다고 불쑥 먼저 치려다 같은 파를 하고 전 홀에서 오너를 한 상대에게 망신당하지 말고 물어보고 치는 것이 바람직하다.

8) 알송달송한 샷 : 즉 O.B.인지 아닌지 긴가민가 하는 경우 예의 없는 사람은 바로 "O.B야 O.B. 다시 하나 치고 가지" 하는 사람과 "아마 살아 있을 것 같네. 의심나면 잠정구를 치고 가던가 하게" 등 남의 샷을 함부로 애기하는 태도는 상대방을 기분 나쁘게 한다. 이왕이면 기분 좋은 쪽으로 이야기 해주자.

9) 해저드나 벙커에서의 예의 : 벙커와 해저드에 들어갔는데 옆에서 지켜본다던가 해저드에서 채를 땅에 대는지 안 대는지를 감시하는 행위 등은 상대방에게 압박을 주게 된다. 그리고 벙커나 해저드에서는 지면에 절대 골프채를 대서는 안 된다.

10) 내기에서의 예의 : 내기는 정정당당하게 깨끗하게 해야 한다. 내기라고 해서 너무 편협하게 상대방에게 기분 나쁘게 해서는 모처럼의 라운딩을 망칠 수도 있다. 상대방의 조그마한 잘못을 너무 꼬집는다던지 스스로 남에게 거슬리는 행동을 한다던지 하는 일은 없어야 한다. 신사운동답게 내기도 신사적으로 해야 한다. 특히 점수를 모르는 척하고 속이는 행위는 싸움의 직접적인 원인이 되기도 한다.

11) 룰에 대한 예의 : 룰도 잘 모르면서 우기는 행위는 좋지 않다. 설사 룰을 좀 안다 하더라도 상대방이 너무 우기면 져주는 것도 하나의 예의다. 배울 때에는 서로 헷갈리는 경우가 많이 나오게 되는데 그럴 때는 나의 편에서보다는 상대방의 편에서 이해해 주는 것이 옳다. 상대방이 불리한데 너무 몰아세워도 안 된다. 세상은 거기서 끝나는 것이 아니므로 공연히 우스운 사람만 되는 것은 바람직하지 않다. 룰도 상대의 배려 속에 이루어져야 한다.

12) 점수 : 아마추어는 늘 점수가 줄여져서 적히게 마련이다. 왜냐하면 양파를 하면 캐디가 트리플로 적어 주는 경우나 트리플을 했는데 본인이 더블이야 하면 캐디는 그대로 적는 것이 통례이다. 아마추어들은 결과에 중요성을 둔다는 말이 있다. 어떻든 파나 보기는 해야 한다는 관념이 앞서게 된다. 그런 결과에 집착한 나머지 미스 샷을 하게 되고 또 점수를 줄여 적어도 그는 기분 좋아한다. 아마추어의 점수 카드에 144나 150이라는 점수는 아무도 없다. 대개는 120 미만이 가장 많으며 보통 백 몇 개가 거의 다. 여러분도 점수를 한 번 친 숫자대로 적어 보자. 과연 정확하게 몇 개를 치는지 거의 140개 정도도 많을 것이다. 그리고 시작한지 얼마 안 되는 사람은 좀 적게 적어도 이해가 가는데 조금 친다는 사람들이 점수를 줄여 적는 것은 예의가 아님을 말하고 싶다.

13) 청하지도 않은 레슨 : 대개의 경우 좀 잘 치는 싱글 분들은 필드에서 훈수하는 것이 통례이다. 그러나 상대가 꼭 원하는지 안 원하는지 정도는 파악해서 가려서 해야 한다. 물론 잘 치는 사람이 말하니까 "아 그렇습니까?"라고 대답은 하지만 막 티샷에 들어가려고 하는데 여기서 레슨이 들어가면 집중을 하다가 딴 생각을 하게 되어 미스 샷을 하게 되는 경우가 종종 있다. 그러니 상대가 꼭 원하는 경우 한두 포인트를 봐주는 것은 좋은데 일일이 간섭하면 그것도 짜증나는 일이다. 특히 부부지간에는 싸움까지도 한다고 한다.

3. 필드에서의 마인드

1) 줄파로 나오고 있는데 "오늘 한 번 베스트 스코어를 쳐 봐?"
그 뒤부터 무너짐.

2) "연습 안 한지 언젠지 몰라 녹슨 채 그냥 가지고 나왔는걸."
누구든지 연습 많이 했다는 사람은 없다. 자신이 없는 모습.

3) "짧은 구력에 잘 치시네요.", "오늘은 뭐가 잘 안 되네요.", "며칠 전엔 잘 쳤는데!"
골프란 그런 것.

4) "어제 저녁에 술을 너무 많이 마셨어. 안 되도 너무 안 되는군."
술 먹고 잘되는 날도 있는데 미리부터 잘 안 될 것이라는 생각에 젖어 있는 것이 문제.

5) "당신만큼만 젊었어도 말이야. 거리가 점점 줄어.", "몇 년 차이에 그게 그거지 뭐.
나는 작년보다 거리가 더 나는걸!"
늙었다는 개념을 항상 가지고 있는데 문제가 있다. 그러니 거리가 날까.

6) "어제 연습을 많이 했는데, 그렇게 열심히 하고도 안 되는 이유가 뭐지?"
시험공부 열심히 하고도 시험을 망친 이유는 보통 벼락치기 공부를 해서인데, 골프는
벼락치기가 안 되는 운동이다.

7) "이쪽은 O.B.가 심해, 잘 쳐."
하나쯤 날려 주기를 바라는 친구. 미스 샷을 하라는 뜻이겠지.

Part 13. 골프 룰의 상식

1. 티잉 그라운드

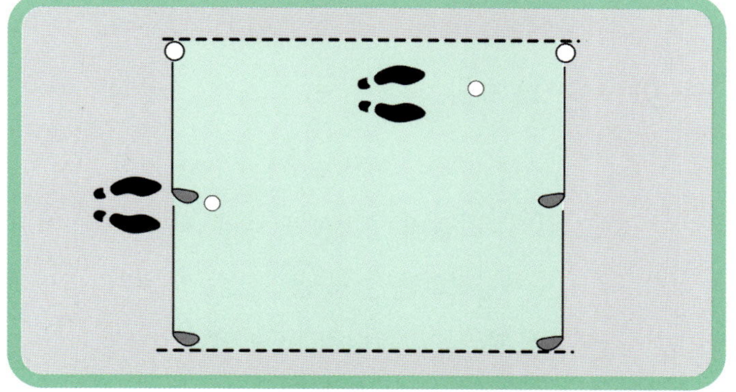

티샷에서 볼을 티업할 수 있는 자리. 두 클럽 이내에서 좋은 자리를 택한다.

2. 누가 먼저 치는가

1) 깃대에서 먼 쪽부터

드라이브를 제외한 모든 샷은 깃대에서 먼 곳에 있는 볼부터 샷을 한다. 어프로치나 퍼팅의 경우도 마찬가지다.

2) 지면에 박힌 볼과 물위에 있는 볼

페어웨이 선상에 지면에 박힌 볼을 꺼내서 볼이 있던 자리에서 홀에 가깝지 않은 곳에 드롭하여 칠 수 있다. 그리고 페어웨이 선상에 비가 와서 물이 고인 곳에 볼이 있으면 가까운 곳에 무벌타 드롭하여 치면 된다.

3) 어드바이스

볼을 치는 중에 어드바이스를 주고 받으면 2벌타다. 그러나 공지사항이나 규칙을 알려주는 것은 괜찮다.

3. 1벌타와 2벌타

골프는 신사운동이라고 한다. 벌타의 규정에도 이를 적용한다. 비신사적으로 고의성이 있는 반칙은 2벌타이고 불가항력적인 고의성이 없는 잘못은 1벌타가 부과된다.

즉 O.B.나 해저드 또는 분실구 등은 1벌타만 먹게 된다. 그러나 고의로 라이를 개선했다든지, 볼을 좋은 곳으로 옮겨 놓았다든지, 해저드 내에서 지면에 채를 댔다든지 하는 경우 등은 2벌타를 가하게 된다. 벙커도 해저드이므로 벙커에서도 모래에 채를 대서는 안 된다. 대면 2벌타다.

4. 미터와 야드

미터와 야드는 정말 헷갈리는 상황이다. 어느 골프장은 야드이고 어느 골프장은 미터이고 보니 이제는 야드나 미터나 같은 클럽으로 치게 된다.

또한 미터라고 해도 야드보다 짧은 느낌이 드는 골프장도 있다. 각 골프장마다 나름대로의 거리가 있는 것 같다. 어떤 골프장에 가면 야드인데도 미터로 쳐도 안 올라가는 현상이 있는가 하면 어떤 곳은 미터인데도 야드나 마찬가지인 것처럼 느껴진다.

야드든 미터든 통일되어야 한다고 본다. 어떻든 아마추어들은 각 골프장마다 특색 있는 홀들의 거리를 캐디와 잘 상의하거나 체험해 보는 수밖에 없다.

5. 1클럽과 2클럽의 드롭

드롭에는 벌타를 먹고 드롭하는 경우와 무벌타로 드롭하는 두 가지 경우가 있다.

벌타를 먹고 드롭하는 경우 2클럽 이내에서 드롭이 되고 벌타 없이 무벌타 드롭인 경우 1클럽 이내에서 드롭한다.

즉 로컬 룰에 의한 무벌타 드롭지역 또는 하수구 뚜껑, 스프링클러 헤드, 새로 심은 나무의 지주목 등 움직일 수 없는 장애물의 무벌타 드롭인 경우 1클럽 이내 드롭한다고 보면 된다.

래터럴 워터 해저드에 빠진 경우 또는 언플레이 볼을 선언한 경우 등이 1벌타 먹고 2 클럽 이내에서 드롭하면 된다.

6. O.B.

Out Of Bounds의 약자로 볼이 흰 말뚝으로 표시해 놓은 페어웨이 밖으로 나갔다는 말이다. 1벌타를 먹고 그 자리에서 다시 쳐야 한다.

그런데 보통 아마추어들이 친구들과 라운딩하다가 늘 시비가 붙는 곳이 이 O.B. 지역이다. 가서 보면 O.B. 선상에 물려 있다는 것이다. 웬만한 점잖은 친구나 어려운 사이의 동반자는 그대로 치도록 하는데, 허물 없는 가까운 친구들이나 승부욕이 강한 사람들 사이에서는 따져야 한다.

흰 말뚝 앞부분의 직선상에 있으면 O.B.가 아니다. 단, 흰 말뚝 가운데 선에 있든지 뒷부분의 선상에 있으면 모두 O.B.다. 아마추어는 심판도 없으니 서로 양심껏 O.B. 선상에 있다싶으면 양보하는 것이 예의이다.

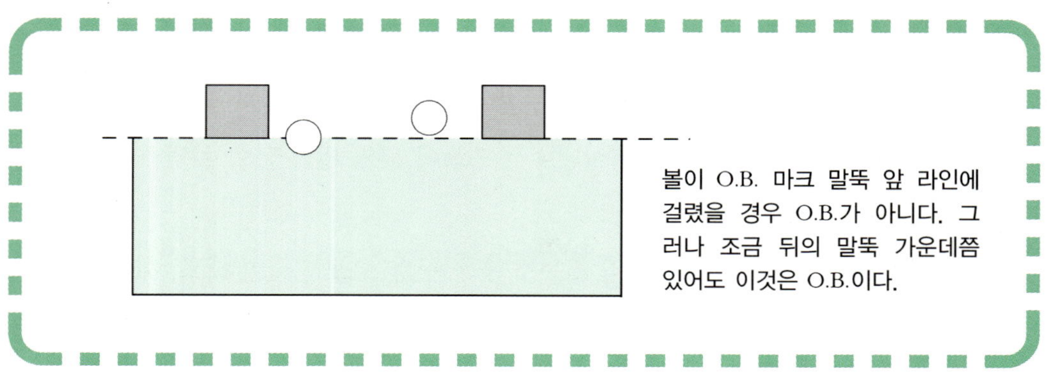

볼이 O.B. 마크 말뚝 앞 라인에 걸렸을 경우 O.B.가 아니다. 그러나 조금 뒤의 말뚝 가운데쯤 있어도 이것은 O.B.이다.

7. 나무 밑의 볼

언플레이 볼을 선언하면 1벌타 먹고,
2클럽 이내에 드롭하면 된다.

8. 스프링클러 헤드

스프링클러 헤드에 볼이 떨어져 있으면
1클럽 이내의 무벌타 드롭하면 된다.

9. 지주목의 드롭

지주목 사이에 있는 볼은 벌타 없이 1클럽 이내에서 드롭하면 된다.

10. 루스 임페디먼트

그린 위의 낙엽이나 돌 같은 장해물은 치울 수 있다.

Part 14. 골프 퍼팅 상식

1. 볼의 마크

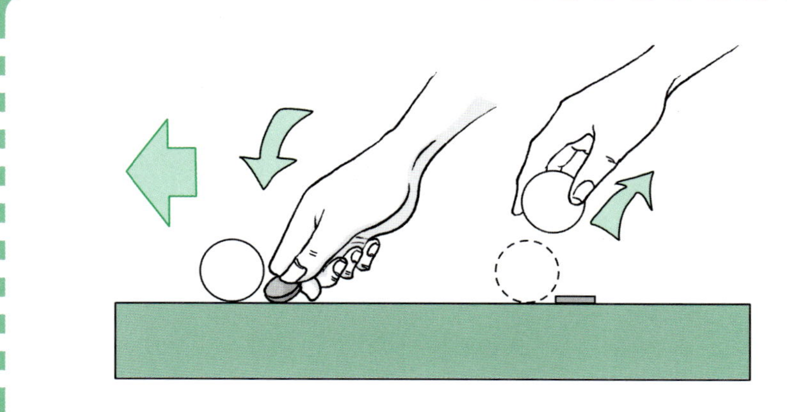

그린에서 볼을 마크하고 볼을 집는다. 볼을 마크하면서 볼을 건드리면 2벌타다.

2. 그림자

퍼팅하는데 그림자로 라인을 가리면 예의에 어긋난다.
주의를 요하는 부분이다.

3. 볼의 위치(눈높이)

볼의 위치는 어드레스에서 눈의 직선 밑에 공을 놓는 것이 좋다. 또는 퍼터 헤드의 1개 반이나 2개 정도 거리의 발 앞에 놓는다.

4. 짧은 퍼팅과 롱 퍼팅의 스윙 궤도

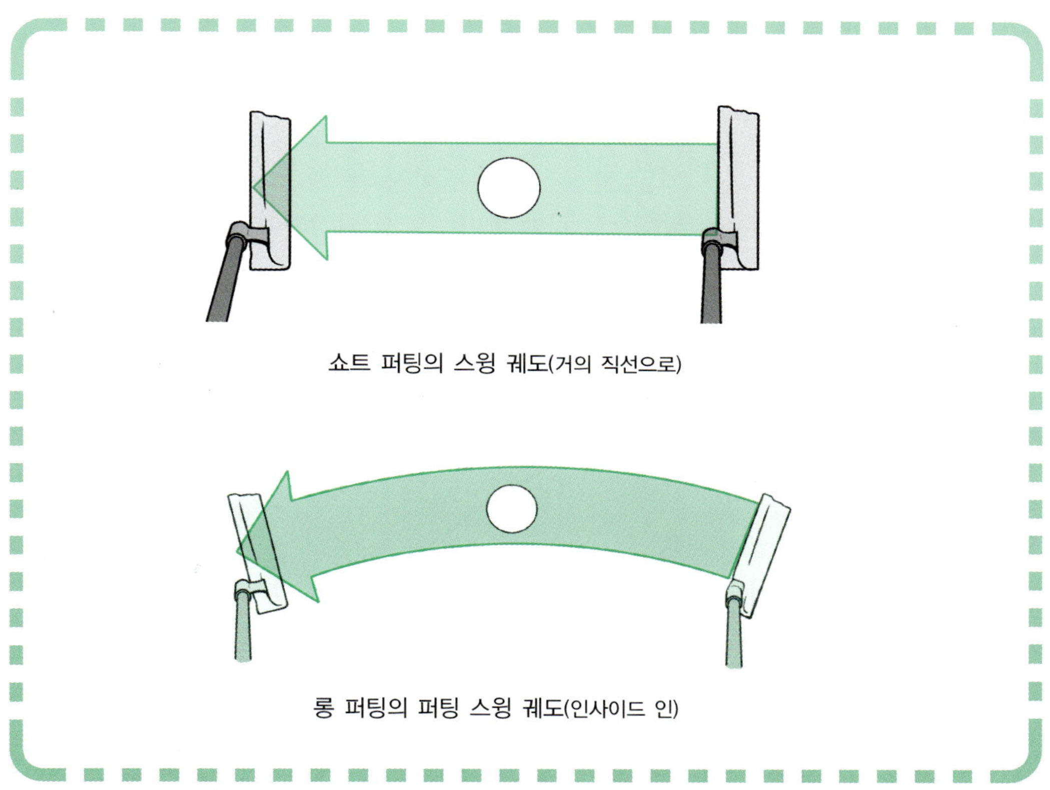

5. 프로 사이드(side)와 아마 사이드

'네버 업 네버 인'이라는 말이 있다. 퍼팅을 성공시키려면 볼이 홀 컵을 지나칠 정도로 쳐야 들어가던지 말던지 하는데, 지나치지 못할 정도로 약하면 절대 홀 인 시킬 수 없다는 뜻이다. 마찬가지로 내리막 경사를 사이드에서 스트로크할 때 반드시 홀 컵 위쪽으로 쳐야만 들어갈 확률이 있지 홀 컵 밑으로 지나가면 들어갈 확률은 단 1퍼센트도 없다는 것을 뜻하는 말이다. 바로 홀 컵 위쪽으로 치는 퍼팅 라인을 프로 사이드, 그리고 밑으로 지나가는 볼 방향을 아마 사이드라고 한다.

어프로치나 퍼팅 또 이와 같은 위아래 경사에서도 과감하게 위쪽으로 치지 못하는 것이 아마추어들의 맹점이다. 따라서 반드시 홀 컵을 20cm를 넘지 않도록 지나가게 치는 것과, 위 아래 경사에는 홀 컵 위쪽으로 쳐야 한다는 것을 기억해야 한다.

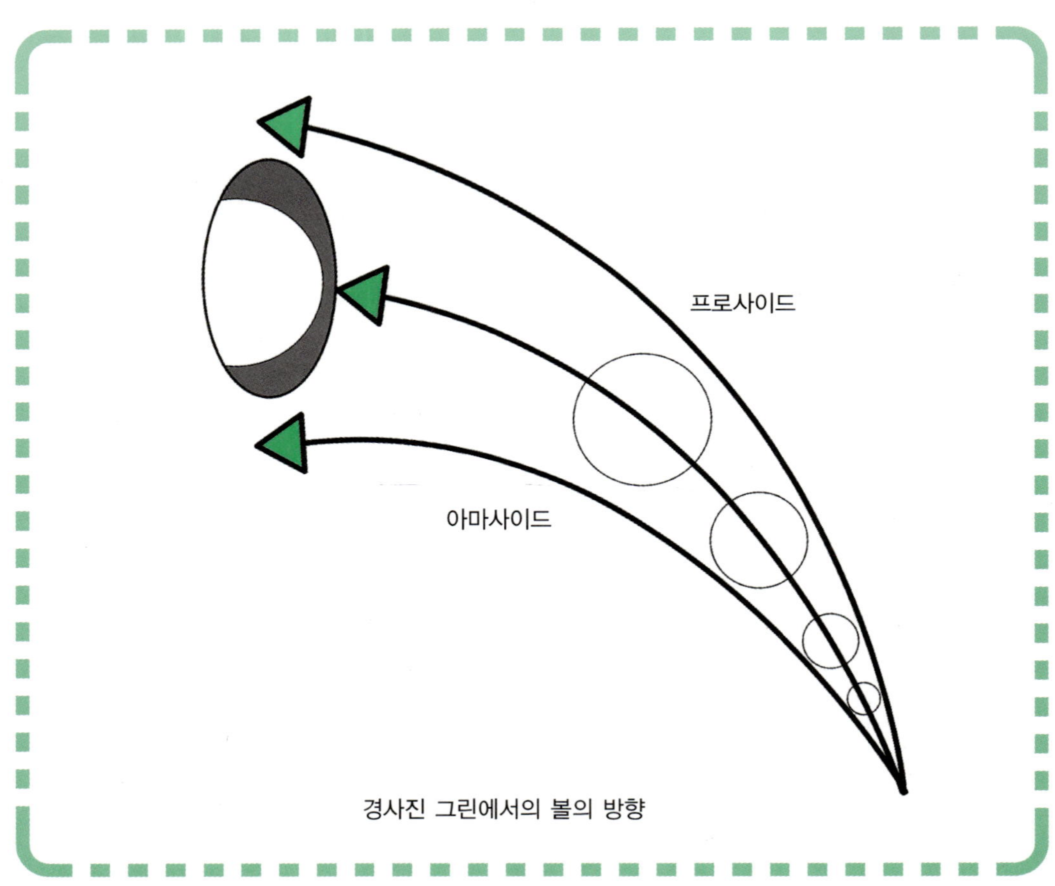

경사진 그린에서의 볼의 방향

Part 15. 골프채의 상식

1.골프채의 상식

1) 클럽의 선택

아무리 비싼 브랜드의 골프채라 할지라도 자신의 체력이나 신체적 특성에 맞지 않으면 실력을 쌓는데 많은 시간이 소요된다. 초보자라면 휘두르기 쉽고 부드러운 스윙 리듬을 가질 수 있는 클럽이 필요하다. 골프채를 선택할 때 3가지 필요한 요인이 있다.

① 골프채의 길이와 전체 무게

골프채가 길고 무거울수록 임팩트시 헤드 스피드의 증가로 볼이 멀리 날아가는 것은 사실이나 체력과 기술이 따라 줄 경우이다. 초보자나 힘이 약한 사람은 이런 골프

채로 정확한 스윙을 할 수가 없으므로 짧고 스윙하기 쉬운 채를 선택하는 것이 현명한 방법이다.

② 샤프트 경도

골프채 중간에 있는 샤프트의 단단하고 부드러운 정도를 표시하는 경도 표시가 있다. 힘과 기술이 충분한 사람은 길고 헤드 무게가 있으며 샤프트가 단단한 클럽이 좋으나, 힘이 약하거나 초보자는 부드럽고 가벼우며 샤프트의 탄력이 있는 골프채를 선택하는 것이 좋다. 샤프트의 탄성을 이용하여 공을 치면 힘이 들지 않으며 공을 멀리 보낼 수 있다.

★ 샤프트 경도 표시

- 레디스(Ladies의 약자 L로 표시) – 여성과 시니어용이나 힘이 약한 남성에 적합
- 애버리지(Average의 약자 A로 표시) – 힘이 강한 여성과 힘이 약한 남성에 적합
- 레귤러(Regular의 약자 R로 표시) – 프로 여성골퍼와 일반 남성에 적합
- 스티프(Stiff의 약자로 S로 표시) – 단단한 샤프트로 힘이 강한 남성에 적합
- 엑스트라 스티프(Extra의 약자 X로 표시) – 최고 단단한 샤프트로 프로에 적합

③ 스윙 웨이트

스윙 웨이트(Swing Weight : 스윙시 느끼는 무게)는 자신에 맞는 무게를 찾기 위함이며 헤드 무게의 감각을 가지고 있으면 좋다.

클럽의 무게에는 2가지가 있다. 클럽을 들어 보았을 때 느끼는 무게와 스윙을 하였을 경우 느끼는 무게가 있다. 따라서 자신에게 맞는 무게의 골프채를 선택함은 중요하다.

스윙 웨이트는 골프채 헤드 쪽 무게와 손잡이(그립 ; Grip) 쪽 무게의 밸런스를 나타낸 것으로 손가락 위에 골프채를 올려 중심이 헤드 쪽이 무거우면 헤드 쪽으로, 헤드 쪽이

가벼우면 중심이 그립 쪽으로 이동된다. 스윙시 헤드의 무게가 가볍게 느껴지냐, 무겁게 느껴지냐의 차이다.

스윙 웨이트 표시는 A, B, C, D, E의 5단계로 표시되며 다시 각 단계별 0-9까지 10등분 한다. 1등분의 무게 차이는 약 2g 정도이다

★ A0 – B9까지 = 소년, 소녀, 노인에 적합한 스윙 무게
★ C0 – C7까지 = 여성이나 힘이 약한 남성에 적합한 스윙 무게
★ C8 – D3까지 = 일반적인 남성에 적합한 스윙 무게
★ D4 – D9까지 = 힘센 남성 및 프로에 적합한 스윙 무게
★ E = 프로나 최고 강타자용의 스윙 무게(우리 나라에서는 거의 사용되지 않음)

2. 단조 아이언과 주조 아이언

아이언 헤드는 어떻게 만드는 것일까? 단조채와 주조채는 각각 어떤 제조방법에 의해 만들어지는지를 알아보면 그 특성을 이해하는데 많은 도움이 될 것이다.

1) 단조 아이언 제조방법

단조 아이언의 제조는 먼저 뜨겁게 달군 둥근 쇠기둥으로부터 만들기 시작하는데 이 쇠기둥은 내부의 금속결(금속입자의 배열방향)이 쇠기둥의 길이방향과 같도록 미리 정제된 것이다. 이 금속결은 망치로 계속 담금질을 하거나 다른 모양으로 만들어도 그 결의 방향을 일정하게 유지한다. 이렇게 여러 단조 과정을 거치면서 조직이 치밀해지고 금속

간의 내부 결합으로 더 강해지면서도 아주 가공성이 좋은 유순한 금속이 된다.

　단조를 거친 부분은 더 견고해지고 주조보다 구조가 안정되어 골프공을 칠 때 좋은 느낌을 준다. 예를 들어 야구배트를 만들 때 나무기둥을 잘라 나무결 방향으로 깍은 배트와 톱밥을 접합제로 붙여 압축 성형한 배트 중에 어떤 야구배트가 느낌이 좋을지는 누구라도 알 수 있는 것이 아닐까?

● 제조 과정 : 쇠막대를 해머로 두드려 일정 모양으로 점차 만들어 가면서 스탬프를 찍는 것과 같이 아이언 헤드 모양의 스탬퍼를 사용하여 고압 프레스로 몇 번에 걸쳐 점차 정밀한 형태로 찍어 아이언 헤드 형태를 만든 다음 숙련공이 연마작업을 하여 마무리한다.

2) 주조 아이언 제조방법

　주조 아이언의 제조는 금속결이 없는 완전히 녹여진 쇠로부터 시작된다. 액체로 만들어진 금속을 형틀에 부어 단단하게 굳히기 때문에 일정하지 않은 구조를 가진다. 그 결과 부분적으로 구멍 난 부분이나 깨어지기 쉬운 부분이 생길 수 있다.

★ Lost Wax Process 제조과정
① 왁스를 형틀에 쏘아 넣는다.
② 굳어진 왁스 모양을 떼어낸다.
③ 굳어진 왁스 모양에 주입구를 붙이고 나뭇가지에 잎사귀가 달린 모양으로 여러 개를 연결한다.
④ 도자기용 점토 물반죽에 담근다.
⑤ 반죽에 적신 뭉치에 열에 견디는 모래를 묻힌다. 조개모양으로 완전히 만들어 질 때까지 ④번과 ⑤번 단계를 반복한다.

⑥ 열을 가해서 조개모양의 형틀에서 왁스를 녹여낸다. 그리고 남아있는 왁스를 완전히 녹여내기 위하여 가마에서 가스불로 열을 가한다.

⑦ 왁스가 빠져나온 공간에 녹인 쇳물을 붙는다.

⑧ 쇳물 주입구에서 조개모양의 형틀을 떼어낸다.

⑨ 줄기에서 잘라내고 겉의 모래형틀을 깨부순다. 그리고 마무리 작업을 한다.

⑩ 마지막 완성품이 된다.

위에서 보는 바와 같이 주조 아이언은 금형을 사용하여 정확한 모양으로 대량 생산이 가능하고 마무리 작업에 추가작업이 필요하지 않아 저렴한 가격으로 생산할 수 있다.

3. 플렉스(Flex)

자기 스윙 속도에 맞는 것보다 더 딱딱한 샤프트를 쓰는 사람은 좀더 부드러운 샤프트를 쓰면 비거리를 증가시킬 수 있다.

좀더 부드러운 샤프트는 공을 잘 띄워주기도 하지만 거리 증가와 좋은 필링이라는 더 큰 효과을 준다. 부드러운 샤프트는 다운 스윙중에 휘었던 샤프트가 임팩트시에 다시 펴지면서 스윙 에너지를 더 많이 전달해주는 소위 'Kick' 효과를 보여 공을 더 멀리 보내게 된다.

그러나 플렉스의 선택은 거리 욕심보다는 스윙의 느낌 향상이 우선 되어야 하며 또한 너무 부드러운 샤프트는 정확성을 떨어뜨린다는 것을 유념해야 한다.

대부분의 골퍼는 비거리 증가와 필링을 정확성보다 중요하게 생각하기 때문에 자기의 권장 스윙 스피드 범위 내에서 자기가 컨트롤 가능한 한 가장 부드러운 샤프트를 고르는 것이 좋다. 권장 스윙 스피드 범위가 겹치는 범위내에서 서로 다른 강도의 샤프트 중 둘 다 선택 가능할 때는 정확성을 향상시키려면 강한 샤프트를, 비거리를 늘리고 싶으면 약한 샤프트를 골라야 한다.

4. 토크(Torque)

샤프트 토크란 돌리면서 비트는 힘에 대하여 샤프트가 견디는 정도이다. 토크가 낮을수록 비트는 힘에 잘 견디며 일반적으로 4 이하를 낮은 토크라 한다. 또한 5 이상을 높은 토크를 가진 샤프트로 보며 비트는 힘에 대해서 상대적으로 약하다.

그러나 높은 토크와 낮은 토크의 차이가 일반인들이 생각하는 만큼 대단한 것은 아니다. 예를 들어 드라이버에 쓰이는 스틸 샤프트는 4.0~2.3 정도고 그라파이트 샤프트는 범위가 좀 넓어서 8도에서 1.6도 사이의 토크를 나타낸다. 샤프트의 토크는 정확성과 느낌에 어느 정도 영향을 미친다.

토크가 낮을수록 더 단단한 느낌을 주며 다운 스윙에서 임팩트까지의 과정에서 클럽헤드가 돌아가는 것을 막아준다. 반면에 토크가 높은 샤프트는 부드러운 느낌을 주는데 같은 플렉스 내의 두 샤프트 간에 토크가 2이상 차이가 나면 일반인도 그 차이를 느낄 수 있는 정도가 된다.

느낌을 향상시키려고 토크가 높은 샤프트를 쓰는 것은 좋으나 다운 스윙시 급격하게 가속하는 빠른 템포을 가진 골퍼에게는 다운 스윙시 클럽 페이스가 돌아가서 정확한 임팩트를 하지 못하여 정확성이 떨어질 수 있음을 주의해야 한다.

토크가 비거리, 정확성, 탄도, 느낌, 백스핀의 5가지 특성에 절대적인 영향을 주는 것은 아니지만 상당한 영향을 준다. 너무 낮은 토크의 샤프트는 비거리, 탄도에는 별 영향을 주지 않지만 정확성과 느낌에는 중요한 영향을 준다. 토크가 낮을수록 그 샤프트는 단단한 느낌을 준다는 것을 명심해야 한다.

5. 벤드 포인트(Bend Point)

벤드 포인트는 샤프트에 힘이 가해졌을 때 가장 많이 휘어지는 부분이라고 말하는 경우도 있으나 샤프트 전체에서 휘는 정도의 분포라고 이해하는 것이 더 올바른 개념이다.

벤드 포인트는 로 벤드(Low Bend), 미드 벤드(Mid Bend), 하이 벤드(High Bend)처럼 그 특성을 표기하는데, 로 벤드는 그립 쪽이 단단하고 헤드 쪽이 부드러운 것이다. 미드 벤드는 그립 쪽과 헤드 쪽이 중간 정도의 것이고, 하이 벤드는 그립 쪽이 부드럽고 헤드 쪽이 단단한 샤프트를 말한다.

그러나 실제 포인트 간의 차이는 그리 크지 않다. 샤프트 내에서의 로 벤드와 하이 벤드의 거리 차이는 5cm 이내이고 보통 샤프트의 중간 정도에 위치한다. 샤프트의 벤드 포인트는 샷의 느낌에는 상당히 큰 영향을 주며, 공의 탄도에는 약간의 영향만 준다. 따라서 샤프트 선택시에는 느낌에 미치는 영향을 더 중시해야 하는 것이 당연하며 헤드 쪽이 부드러운 로 벤드의 샤프트는 임팩트시 밀어주는 '키킹(Kicking)' 효과까지 맛볼 수 있다.

이 '키킹' 효과를 너무 과장하여 일부 메이커에서 '킥 포인트' 라는 용어를 벤드 포인트 대신에 사용하는 경우도 있으나 이는 잘못된 개념이다. 벤드 포인트처럼 킥 포인트도 가장 많이 휘는 부분을 가리키나 벤드 포인트는 샤프트 양쪽에서 힘을 가하여 휘는 정도를 측정하나 킥 포인트는 헤드 쪽의 한 부분에만 힘을 가하여 측정하는 것이다.

벤드 포인트에 따라 공의 탄도가 결정된다고 믿는 사람들이 많은데 이는 지나치게 벤드 포인트의 영향을 과대평가한 것이며 실제로는 샤프트의 전체 플렉스가 공의 탄도에 훨씬 큰 영향을 미치기 때문에 공의 탄도를 바꾸고 싶다면 플렉스를 함께 고려해야 한다. 높은 탄도를 원한다면 로 벤드의 부드러운 샤프트를 선택하고, 낮은 탄도를 원한다면 하이 벤드의 단단한 샤프트를 선택하면 된다.

벤드 포인트는 느낌에 상당한 영향을 준다. 로 벤드의 샤프트는 하이 벤드 샤프트보다 부드러운 느낌을 주기 때문에 느낌을 좀 더 중시하는 골퍼는 로 벤드의 샤프트를 선택하면 된다.

6. 밸런스 포인트(Balance point)

밸런스 포인트란 샤프트의 무게 중심을 말한다. 즉 샤프트를 놓았을 때 좌우로 무게 균형을 이루는 곳이다. 이 밸런스 포인트는 로 밸런스, 미드 밸런스, 하이 밸런스로 정하여 사용하는데 로 밸런스의 샤프트는 헤드 쪽(Tip)이 무거운 것이고 하이 밸런스의 샤프트는 그립 쪽(Butt)이 무거운 것이다. 밸런스가 낮을수록 헤드 쪽이 무겁기 때문에 스윙 웨이트의 증가를 가져오나 샷의 느낌이나 정확성에는 큰 영향을 미치지는 않는다. 예를 들어 샤프트 무게를 120g에서 85g으로 낮출 때와 같이 스윙 웨이트가 낮아지는 경우 로 밸런스 샤프트를 사용하면 헤드의 무게를 변화시키지 않고도 상당부분 스윙 웨이트를 보정하는 효과를 볼 수 있다.

7. 스윙 스피드별 드라이브 비거리

스윙속도(mph)	80	85	90	95	100	105	110	115	120	125	130
순 비거리(야드)	146	169	187	208	225	241	256	269	281	292	302
공의 초기속도(mph)	113	120	127	134	141	148	155	162	169	176	183
초기 스핀(rpm)	2256	2397	2538	2679	2820	2961	3102	3243	3384	3525	3666
체공시간(초)	3.8	4.3	4.8	5.3	5.8	6.2	6.7	7.1	7.5	7.8	8.2

위의 수치는 헤드무게 198g 로프트 10도의 드라이버로 스윙했을 때 각 스윙 스피드별 순수 비거리(런을 제외한 캐리만)를 보여 준다.

PGA의 프로들은 스윙 스피드가 대략 120마일 정도로 비거리 평균 280야드 정도를 날린다. 타이거 우즈의 예를 보면 스윙 스피드 130마일, 타이틀 리스트 975D 드라이버 7.5도를 사용하고 헤드 무게는 204g이므로 이것으로 계산을 해보면 비거리는 297야드가 나온다. 실제 99년 투어에서는 평균 비거리가 289야드 정도를 기록했고 2000년에는 297야드를 기록 중이다.

★ 아마추어가 본 골프의 특성(1)

1) 잘하기는 너무 어렵고, 못해도 재미있는 게임

2) 어른은 잘 못해도 아이는 잘 할 수 있는 게임

3) 속이기는 쉬워도 속인 다음 후회하는 게임

4) 늘 희망과 절망이 함께 하는 게임

5) 그린에서 과감한 채의 선택을 두려워하면 평생 그 채는 쓸 수 없다.

6) 아무리 좋은 스윙을 보아도 나의 스윙에 도움이 안되면 아무 소용이 없지 않은가.

7) 필드에서만큼 자신에게 욕해본 적이 많은 사람은 없다.

8) 박사학위 10개 따면 무엇하나, 골프장에서는 돌머리로 변하는 것을….

9) 골프는 섹스보다 더 많이 즐기는 운동이다. 아무리 해도 물리지 않는 것이 골프 아닌가

10) 이승과 저승을 왔다 갔다 하는 판국에 즐기면서 예의를 차리다니 골프에서나 있을 일이다.

1. 사산과 골프

★ 첫 번째 이야기

사산(四山) !

중국 무협지에서도 들어본 적 없고, 어디선가 흔한 이름 같은데 딱하니 잡히지 않는 山. 언제부터인가 나의 입에 四山이라는 말이 자연스럽게 굴러다니기가 사뭇 오래된 듯 하다.

수십 년지기 친구들이 각자 나름대로 열심히 살며 취미생활을 즐기다가 골프라는 매체로 인하여 순풍에 돛을 단 듯 다시금 자주 어울리게 되었다. 그렇지 않아도 출출할 때면 대포 한 잔 생각나서 가끔 만나는 사이인데 얼마나 좋은 기회인가. 우리는 그래서 한 달에 한 번 만나서 라운딩을 하고 저녁에 간단히 대포 한 잔하고 헤어지기가 벌써 몇 년째인가?

　　나는 언제인가 우리 죽마고우 멤버들에게 아호를 하나씩 하사하였다. 한 친구는 송(宋)씨성을 갖고 있어서 그대의 호는 '송산(松山)', 또한 친구는 이름가운데 청(?)자가 있어 호는 '청산(青山)', 또한 친구는 집이 일산에 있어서 글자 그데로 '일산(一山)', 마지막으로 나의 호는 이름 중에 석(錫)자가 있어서 '석산(石山)'이라고 자작하고 나니 어느덧 우리는 사산(四山)이 되었고 스스로 자신들의 호에 도취되어 분수에 넘치는 풍류객이 되기도 한다.
　　"青山, 그 동안 잘 지냈는가?"
　　"아, 石山도 잘 있었나?"
　　가끔 집으로 전화하면 "여보세요.", "아, 계수씨, 一山좀 바꿔주시우."
　　"一山이 누구에요?"
　　"허허 바깥어른 아호를 함부로 입에 올리다니."
　　"아이고 별꼴이야."
　　나 스스로 생각해도 참 기가 막힌 四山의 호가 아닌가?

　　하기야 이순의 나이에 접어들면서 이놈 저놈 하기도 그렇고, 꼬박꼬박 이름 부르기도 그렇고 하던 차에 각자 부르기 쉽고 외우기 쉽고 쓰기 쉬운 호가 있으니 얼마나 다행인가? 남보기에도 상스럽지 않고, 운치(?) 있고, 여백이 있고…. 단지 자가발전(自家發電)이라는 부담은 있지만,

★ 두 번째 이야기

啞山이라는 호 때문에 웃지 못할 이야기도 있다. 건설회사를 운영하는 송산에게 한번은 연락할 일이 있었다.

"띠리링…. OO 건설입니다."
"아, 송 사장 계십니까?"
"지금 부재중이신데 어디시라고 전해드릴까요."
"아, 그래요, 석산한테 전화 좀 부탁한다고 전해주세요."
"석산이라고 말씀드리면 되나요?"
"그래요."
그 다음날, 이 아가씨 송사장한테 전하기를
"사장님, 어제 석산에서 전화 좀 해달라고 연락왔습니다."
"음, 그래, 어디 석산이래?"
"그냥 석산이라면 아신다고 해서…."
"뭐라고? 아니, 아 그 친구 하하하…. 알았어 알았어, 하하하…."
영문도 모르는 그 아가씨 머리를 갸우뚱 할 수밖에….
어느덧 나는 골재회사가 되고 말았다.

★ 세 번째 이야기

啞山의 라운딩은 나름대로 지켜온 오래된 불문율이 존재한다. 핸디는 똑같고, 현재 실력은 보기 플레이어, 80대 중반이면 무난히 그 날의 승자가 될 수 있다. 한동안 장기집권의 좋은 시절도 있었는데 한 1년 전부터 한 번도 우승을 못 했다. 그들의 실력이 나아진 것이 아니라 나의 핸디가 하늘 높은 줄 모르고 상종가를 치고 있었다. 그 날의 우승

자는 큰 형님이 되어 다른 세 명의 아우들로부터 한 달 동안 깍듯한 형님 대우를 받는다. 형님이 되고나면 달라지는 대우가 영관급에서 스타로 진급한 것 이상으로 현격한 차이가 난다.

첫째, 호칭에 있어서 만날 때나, 전화 통화를 할 때나 불문하고,

"예, 형님 알겠습니다." 라던가, "형님 지시대로 하겠습니다." 등등 한 달 동안은 어떠한 경우에도 항명은 불가.

막말로 더러워도 할 수 없이 모셔야 된다.

둘째, 형님이 되는 그 날부터 승차시마다 아우들이 자동차 문을 열어주고 모셔야 한다. 그래서 아우들이 나타날 때까지 승차를 안하고 있다가 기회를 봐서 예쁜 여자가 나타나면 거드름을 피우며 승차를 한다. 참 죽을 맛이지만 문 열어 주고 닫아 주고 승자의 횡포를 마음껏 부리는 영광을 한 달간 지속한다. 우리는 이 엄연한 정글의 자연 법칙을 어기지 않는다, 왜냐하면 이 법칙을 어길 경우 내가 승자가 되었을 때 돌아올 참혹한 부메랑을 생각하기 싫어서다.

그러나 형님이 되었다고 일방통행만 있는 것은 아니다. 형님의 책임과 의무가 병행된다. 첫째, 일단 형님이 되고나면 한 달 이내에 아우들을 소집하여 점심이던 저녁이던 자리를 마련하여 형님 구실을 하여야 한다.

"아, 석산인가? 나, 형님인데."

"아, 형님 웬일이십니까?'

"내일 말이야, ㅇㅇ음식점에서 저녁이나 할까 하는데 아우님 생각은 어떤가?"

"아, 네네 다른 아우들한테 연락하겠습니다."

어느덧 우리는 조폭의 오야붕과 똘만이가 되었다.

다음 둘째, 다음 달 대회 전의 날짜와 장소를 주선하여 아우들에게 통보해줄 전적인 책임이 형님에게 있다.

"아, 일산인가? 난데."

"아이고 행님, 우짠일이십니꺼?"

"다음 주 수요일 ㅇㅇCC에서 아우들 좀 만나야겠는데 별일 없겠지?"

"아, 네네 알겠습니더."

이렇게 해서 우리는 한 달에 한 번 대선을 치루고 대권을 잡을 기회를 노리고 있다. 18홀 내내 질퍽한 농담과 욕설 아닌 욕설이 끊임없지만, 그로 인해 얼굴을 붉히거나 나이 어린 도우미들에게 상처를 주는 일은 아직 한 번도 없었다.

생각만 해도 무엇하고도 바꿀 수 없는 골프의 낭만이 아닌가.

그래서 인생은 살아야할 가치가 있나보다.

石山 趙 錫萬

2. 머리를 올리러 갔다가 숙이고 왔지요

　제가 골프를 시작한지 1년밖에 되지 않았지만 그래도 저 나름대로 많은 경험을 한 것 같습니다. 처음엔 그저 비즈니스를 위해 골프를 시작했지만 이젠 즐기기 위한 골프로 변해 버린 것 같습니다. 너무 재미있어서요.

　골프를 시작하기 전에는 골프에 대해 저런 운동이 뭐가 그렇게 재미가 있다고. 그저 매우 단순하게 진행되는 게임 정도로 보였습니다. 골프를 시작하지 않은 모든 분들은 대부분 저와 같은 생각을 가지고 있을 것이라 생각합니다. 하지만 지금에서 되돌아 생각해 보면 골프란 정말 어려운 운동이구나 하는 생각이 듭니다.

　제가 머리 올리는 시점부터 지금까지 골프채가 5번 바뀌었습니다. 드라이버는 3번. 너무 자주 바뀌었죠? 그렇다고 전부 새것으로 바꾼 것은 아니구요. 처음엔 테일러 메이드 아이언으로 2개월 보름 정도 연습하여 프로인 친구와 함께 필로스로 머리를 올리러 갔습니다. 하지만 머리를 올리러 갔다가 그냥 머리를 숙이고 왔습니다. 진짜 힘든 거구나 하는 생각만 가지고요. 하지만 전 도전적인 것을 매우 좋아하는 성격을 가져 저에게 있어 골프가 어렵다는 것은 다행이라는 생각이 들었습니다. 쉬우면 재미없잖아요. 그래서 더욱 더 열심히 연습을 하게 되었습니다.

　어느 날 제 매형께서 제가 골프를 시작한 것을 아시고 브리지스톤 X-5000 라이프 샤프트를 선물로 주셨습니다. 매우 기쁜 마음에 더욱 더 열심히 하곤 했습니다. 드라이버, 아이언, 퍼터까지 매일 2-3시간 정도 연습을 하다보니 다른 사람보다 더 빠른 속도로 실력이 향상되고 있다는 것을 알았고 자신감에 차서 리베라로 라운딩을 나가게 되었습니다. 첫 티샷에서 멋지게 드라이버를 날리고 세컨 샷을 잘 날렸지만 그린 앞쪽에 떨어져 어프로치를 하게 되었는데 연습 및 경험 부족으로 왔다 갔다 흔히 말하는 냉탕 온탕을 하고 말았습니다. 옆에서 지켜보던 캐디 왈, "저는요, 티샷부터 아이언샷 할 때까지 보았을 때 싱글이시구나라는 생각을 했었어요." 하며 오늘 고생 좀 하겠구나 하는 아쉬움을 갖더군요. 캐디가 그렇게 생각하게 된 이유가 드라이버는 기가였는데 낡아서 헤드 센터가 하얗게 벗겨졌고 아이언은 싱글들이 주로 사용하는 채였으니까요.

그 다음 바뀐 채는 미즈노 S10이라는 일본 프로들이 주로 사용하는 채였습니다. 그 채로 바꾸게 된 건 저와 자주 나가시는 선배께서 그 채로 치고 계시는데 너무 너무 잘 치는 것이었습니다. 항상 70대를 치시고 계셨거든요. 저도 욕심 탓에 채를 바꾸어 버렸습니다. 물론 주위에서 어려운 아이언이라구 쉬운 채로 바꾸길 권유했지만 전 어려운 채로 더 열심히 해서 더 잘 쳐 보겠다는 욕심에서 말입니다. 어느 날 그 채를 들고 기흥으로 라운딩을 나가게 되었습니다. 그 채를 본 캐디 왈, "그 채 들고 80대 초반을 못 치시면 채를 버리세요."라는 말을 하더군요. 그 날 역시 채에 대한 부담감 때문에 완전히 망가져 왔습니다. 그 다음에 바꾼 채는 미즈노 SV30이란 최신형 채로 바꾸었습니다. 미즈노 S10을 쳐봐서 그런지 상급자용이지만 매우 다루기가 쉽게 느껴졌습니다. 하지만 그 채도 2주일도 안치고 브리지스톤 TS201로 또 바꾸었습니다. 드라이버는 미즈노 SII300에서 이번에 브리지스톤 RV10으로…. 퍼터도 2번 바뀌었고요. 그래서 지금 잘 치냐구요. 휴우.

제가 느낀 건 잘 치고 못 치고는 타고난 운동 실력도 있지만 연습인 것 같습니다. 이젠 이 아이언을 낡아서 못 칠 때까지 사용하려고 합니다. 자기 자신이 부족한데 괜히 장비 탓만 한 것 같아 지금 와서 생각하면 쑥스럽기만 한 1년 동안이 제 골프였던 것 같습니다. 열심히 훈련하여 다음에는 정말 7자를 그려볼 생각입니다. 골프는 자기 자신과의 싸움이라는 점에서 매우 좋은 운동인 것 같거든요.

강 현 식

3. 골프에서 배우는 경영

내가 골프에 관심을 갖게 된 것은 대부분 우리 나라 국민이 그러하겠지만 IMF 체제아래 있던 98년 박세리가 US여자오픈에서 연장까지 가는 승부 끝에 우승을 차지해 경제난에 어려움을 겪고 있던 온 국민의 시름을 날려버렸던 때이다.

그러던 차에 큰 형님이 "경영자가 자기 관리를 위해서 골프를 배우면 앞으로 삶을 살아가는 데 많은 도움을 받을 것이다"라는 충고와 함께 클럽을 선물해 주었다. 어떻게 하나 고민을 하다 서점에 들러 손쉬운 골프 입문책을 사들고는 그립 쥐는 법이며, 어드레스 하는 법, 에이밍(얼라이먼트, 목표점 설정)하는 법 등을 익혔다.

나름대로 익숙해졌다고 생각을 하고는 근처 연습장에 가서 공을 치는데 스윙은커녕 공조차 제대로 맞출 수가 없었다. 그렇게 시작한 골프가 어느덧 4년이 흘러 지금은 남들과 어울려 부담을 안줄 정도의 실력을 갖추었지만 지금도 골프를 치면서 제일 중요하게 생각하는 것은 상대방에 대한 배려와 자기억제라는 것이다. 한 달에 두세 번 라운드를 하는 나의 골프 실력으로는 남들과 견주기는 부족해도 매너를 중시하는 라운드로 많은 동반자에게 편안함을 주어 늘 인기가 좋은 편이다. 또 엄격한 룰을 적용하며 한 홀 한 홀을 마무리하면서 현재 내가 경영하는 회사의 상황을 비교하며 다짐을 하는 것이 있다. 골프를 시작하면서 누구나 생각하는 힘을 빼고(내실경영), 헤드 업 하지 말자(정도경영)는 것이다. 골프와 경영을 비교하면 각종 게이트가 난무하는 것도 지나치게 힘이 들어가고 한 눈 팔며 벤처 본연의 연구개발을 소홀히 했기 때문이라고 생각한다.

첫 홀의 티 샷 전에 되새기는 "욕심을 버리고 공만 쳐다보자."는 다짐처럼 매 홀 정확한 진단과 분석을 통해 승부를 걸어야 하는 홀과 안전하게 공략해야 하는 홀을 판단해야만 최선의 샷을 날 릴 수 있다. 그래야 18홀을 마쳤을 때 아쉬움과 미련이 남지 않으니까……

송 희 남

4. 겁도 없는 초보 부부

아직은 가을이라 하기엔 좀 이른 듯한 10월 초 우리 부부는 방콕행 비행기에 몸을 실었다. 부푼 가슴으로 가는 골프투어는 설레임과 짜릿함, 행복 그 자체였다. 그 일이 있기 전까진….

밤에 도착해서 잠이 들었는지 어슴푸레 가이드의 콜에 허겁지겁 골프장으로 향했다. 그 날도 어김없이 우린 내기에 목숨을 걸기로 하고…. 더운 나라이기에 맥주를 생수 마냥 옆에 끼고 18홀, 또 18홀…. 술에 취해 더위에 취해 헥헥거리며, 골프를 치러 온 것이 아니고 공 주우러 온 듯한 착각에 그래도 초보 부부는 열심히 채를 휘둘러댄다.

이튿날 드디어 일은 벌어졌다. 많은 공을 준비해간 남편, 홀마다 몇 개씩 치려고 했으나 나의 제지로 못 치니까 볼도 안 맞고 타수 또한 제대로 세지 못하는 듯했다. 더운데서 더욱 열 받았음이리라. 한 타 한 타에 무지 인상 써가면서(돈이 걸려있기에….) 그렇게 서로가 열 받아가면서 끝냈다.

숙소로 돌아오는 내내 아무 말 없이 왔다. 부부 싸움은 칼로 물 베기라 했던가? 길게만 느껴졌던 하루, 삼일을 지내면서도 낯선 땅에서 마저 싸움을 하다니…. 내기는 어쩔 수 없는 싸움의 연속인가? 아직도 우리 부부는 싸워가면서도 감히 초보자가 하지 말아야 될 내기에 오늘도 목숨을 건다.

휴우~~

부부 : 최 복 남, 김 완 동

5. 시작하시는 분들께 드리는 부탁 말씀

내가 골프를 처음 알게된 것은 3년 전 어느 날이고, 운동으로 시작한 것은 2년 전 어느 날부터이다. 호주 PGA프로 수제자이던 나의 스승에게 첫 입문한 뒤 난 남다른 운동 신경 덕에 많은 칭찬을 받았고, 첫술에 배부를리 없건만 조금 자만하기도 했다. 그러던 어느 날부터였던가, 나에게 5명의 스승이 바뀌게 되면서부터 나의 기초공사는 부실공사로 이어졌고 흥미를 잃게 되어버렸다. 그로부터 1년이 지나고 열정적인 친구를 따라 다시 골프채를 잡게 되고, 나의 골프시련은 시작되었다.

최선의 노력을 기초 배우기에서 단련한 친구에게 구력(?)이 더 많은 나의 자만심은 무너지기 시작했고, 계속되는 슬럼프에 헤매기 시작하였다. 그런 중에도 나의 필드 강행군은 계속되었고, 엄청난 타수 속에서도 변함없는 미소를 잃지 않으려 애를 썼다.

내가 처음 동참하게 되었던 골프동호회 월례회에 참석하면서 생긴 에피소드 하나 소개하려 한다. 그날도 나는 전혀 스윙이 이루어지지 않는 가운데 어색하기만한 첫 만남을 애써 감추며 18홀을 거의 정신없이 뛰어다니고 있었다. 그러던 한순간 수없이 많은 뒤땅 뒤에 오는 가벼움이 느껴지는 그 기분…. 샷을 막 하고 난 뒤 가볍게 날아가는 볼 뒤에 함께 묵직한 물체 하나가 뒤따라 날아가고 있었다. 피니시 동작을 하고 있던 나의 손끝에는 샤프트만이 덜렁 잡혀 있고….

열심히 뒤땅을 치던 7번 우드의 헤드가 아무런 미련 없이 날 떠나버린 순간이었다. 모두 놀라 내 표정을 살피던 동반자들께 우선 다시 한번 죄송스런 마음 전하고 함께 라운딩하며 끊임없이 격려해 주었던 도우미 언니, 지금껏 한 번도 보지 못했던 광경을 목격할 수 있게 해준 고마움(?)을 표시하며 절대 잊지 않겠다던 그 도우미 언니에게도 미안한 마음 전하고 싶다.

웃지만도 못할 일이었지만, 난 지금도 그 우드를 A/S 안하고 그대로 간직하고 있다. 가끔 그때 일을 회상하며 혼자 마음을 가다듬곤 한다. 지금은 슬럼프에서 벗어나 다시 제대로 된 스윙을 연습중이고, 올겨울 다시 한번 기초공사를 시작해 보려한다. 꽃피는 춘삼월에는 우리 동호회 식구들에게 멋진 모습 보여주고 싶기에….

그래서 말인데 이제 시작하려 하시는 분들, 시작은 반이라는 말 절대 골프에서는 통하지 않고, 다만 기초공사를 충분히 잘 다졌을 경우에만 해당사항이 있다는 것을 잊지 않으시길…. 세상 모든 일이 다 그렇듯이 처음이 중요하다는 것을 명심하길 바란다.
　기초공사 튼튼히 합시다!!!!!

정 여 선

6. 시작이 반이라 했던가?

내가 처음 골프를 시작한때가 2000년 2월이다. 그러니까 골프를 시작 한지가 벌써 2년이 훌쩍 넘어서 3년째 접어들고 있다. 처음 골프를 시작한 그 해 겨울. 유난히 추웠던 2000년 겨울로 기억된다.

흰눈이 휘날리는 필드를 손가락도 제대로 펼 수 없는 추위에도 아랑 곳 하지 않고 곱은 손을 호호 불어가며 추운 줄도 모르고 그저 골프를 한다는 것만으로도 즐거워했다. 지금에 와서 돌이켜 생각해 보면 어쩌면 그렇게 골프에 미쳤는지 모르겠다. 하기야 그때 그렇게 하지 않았다면 지금에 백파도 가끔 볼 수 있는 팔자도 그릴 수 없었을 것이다.

유난히 운동을 좋아했고 특히 축구를 아주 좋아했던 나는 골프를 하기 전 까지 만해도 축구를 계속 했었다. 그런 내가 골프를 좋아하게 된 이유는 나이가 먹으면서(실제로 많은 나이는 아니지만) 체력이 떨어지고 축구가 힘에 붙이면서부터 내가 평생 할 수 있는 운동을 찾다보니 그것이 바로 골프라는 것을 알게 되었다. 그래서 그 날부터 골프를 하기 위해서 TV를 보고 골프 책을 보면서 준비를 하고 2000년 2월에 처음 골프연습장을 찾게 되었다.

시작이 반이라 했던가? 처음에는 정말 힘이 들었다. 손에는 물집이 생기고 자고 일어나면 왼손 약지손가락은 억지로 펴야 했으니 이야말로 무슨 고행이란 말인가? 나는 골프를 처음 시작할 당시 지금의 직장으로 옮기기 전 약 2개월여 쉬는 기간이어서 하루종일 연습장에서 살다시피 열심히 연습을 할 수 있었다. 그 덕분에 15일만에 필드를 구경할 수 있었고 처음 갔던 곳이 바로 발안 퍼블릭이었다.

그 날은 마침 새벽시간이라서 안개가 자욱해서 앞이 하나도 보이지 않아 어떻게 9홀을 돌았는지 기억이 희미하다. 그 이후로 나는 혼자서 새벽 시간에 퍼블릭(발안, 123,

뚝섬 등)을 수도 없이 다녔다. 아마 새벽에 잠을 못 자게 하고 일을 시켰다면 과연 즐거운 마음으로 일을 했을까? 또 하루종일 연습장에서 그 많은 볼들을 어떻게 쳤는지?

모 동호회 초보대회에서 첫 버디를 잡던 순간이 기억난다. 파3홀 155야드 7번 아이언으로 친 볼이 왼쪽으로 날아가더니 바람이 불어 우측으로 휘어서 운이 좋게도 홀 컵 부근으로 떨어졌다. 가서 보니 1.2m 거리에 내리막 훅 라이다. 왼쪽 홀 컵을 보고 살며시 터치한 볼이 홀 컵으로 빨려들었다. 생애 첫 버디였다. 그렇게 해서 나는 그 날 버디 하나로 최다 버디 상을 받았고 부상으로 골프화까지 받았다. 정말 운이 좋았던 날이다. 그날 버디를 했던 사람이 나 말고는 아무도 없었으니 말이다.

골프는 참으로 인내를 필요로 하는 운동인 것 같다. 잘 맞을 때는 골프가 한없이 쉽게 느껴지고 재미있는 운동이지만, 잘 맞지 않을 때는 이보다 어려운 운동이 또 어디에 있을까? 하지만 욕심을 버리고 즐거운 마음으로 골프를 즐긴다면 이보다 더 신나고 즐거운 운동이 또 어디에 있을까 생각해 본다. 평생 해야 될 운동이기에⋯ 아직도 나의 핸디캡은 20정도지만 나는 골프를 이미 시작했으니 반은 배운 셈이 아니던가?

박 채 훈

7. 골프로 인한 아픈 기억

그냥 멋있어 보여서 시작한 운동! 왠지 재미있을 것 같아서, 잘할 수 있을 것 같은 느낌에 무작정 연습장에 등록하고 프로한테 레슨을 받기 시작했다.

KPGA 프로 김장군!

그는 지금 이 세상에 없다. 백혈병을 앓고 있으면서도 골프가 좋아서 시골 연습장에서 요양겸 틈틈이 레슨 해주던 사람! 추운 겨울 혹여라도 감기 걸리면 그것이 마지막일지 몰라 힘들어하던 사람! 그 사람의 스윙은 선이 참 아름다웠다. 각이 없으면서 스윙 궤도가 거의 원을 그리는 듯하고 부드러우면서도 임팩트시에는 힘이 실려 볼이 너무 멋있게 날라갔다. 마치 그의 영혼처럼….

그의 스윙에 반해서 내가 운동을 더 열심히 했는지도 모른다. 지금 그는 없다. 만물이 소생한다는 3월에 그는 골프채 하나와 같이 다음 세상으로 가버렸다. 그곳에서만은 아프지 않고 원하는 만큼 볼을 치면서 행복하게 살기를 조용히 하나님께 빌어본다.

황금빛 잔디….
여러 가지 종류의 볼들….
그리고 11개의 골프채….
이미 떠나버린 나의 프로 때문이라도
난 이것들을 사랑하지 않을 수 없다.

방 연 순

8. 여보게, 서둘지 말게

봄에 씨뿌린 노력하지 않았는데
무엇을 거두려고 살피고 애쓰나
친구따라 산책 왔다 편히 생각하고
초원, 맑은 공기, 태양, 산책이라
이래서 GOLF라고 이름한다네

많은 시간과 돈 들여 입장하였으니
본전 생각나겠지만 서둘지는 말게
순리 찾아 서서히 행동하고 침착하게
여기까지 오시는데 얼마나 망설였나
백구 쫓다보면 지는 해 아쉬워질 거야

이제는 날더러 미친놈이라 말하지 말게
GOLF란 이래서 가고 또 가고픈 것이야
모르는 사람들은 호화사치라고들 비웃지
운동하고 세금내고 무아경지 초원벌에서
인생 황혼기 그리운 여생 종착역이라네

최 종 인

9. 나는 골프를 이렇게 배웠다

지금은 골프에 관한 내용을 TV나 인터넷 등에서 보고 배울 수가 있으나 15-16년 전만 해도 오직 프로들의 지시 외에는 없었다. 어떻든 다양한 매체를 통해 골프를 배울 수 있게 된것은 잘된 일이다.

그런데 골프란 가르쳐 준다고 다 잘 되는 것은 아니다. 우선 과정이 어떻게 전개되느냐가 핵심이다. 나의 경우 제일 중요시 한 것이 처음 6개월 동안의 배움에 철저했다. 그립, 어드레스, 스탠스, 기타 자연스러운 자세 등 기초를 철저히 했으며 특히 혁대 끈은 돌려 매놓고 연습을 했다. 팔이 몸에서 떨어지지 않고 임팩트 지점을 지나 다녔다는 얘기다.

그리고 집에서는 베란다 거울에서 백 스윙 궤도를 그리면서 만들었다. 하나의 원을 정확하게 만드는데 집중했다. 6개월 배운 실력이 지금까지 외형은 그대로다. 어떻든 아마추어 여러 분도 처음 6개월을 제일 중요하게 생각하여야 한다. 그러면 다 잘 될 것이다.

한 광 성

10. 미국의 골프장

미국의 골프장 운영 방식은 한국과 많은 차이를 보인다. 한국에서 골프는 돈 있는 사람들의 취미 생활로 인식이 되고 어떤 사람은 골프를 한다는 것을 무척 자랑스럽게 자부심을 갖고 있는 듯하다. 미국에서는 골프도 대중 스포츠의 한 종목으로 누구나 시간이 허락된다면 부담 없이 즐길 수 있는 운동이라 할 수 있다.

미국의 Private Golf Club의 회원권 가격은 지역과 골프 코스의 규모에 따라 차이가 많이 난다. 특별한 골프장을 제외한 대부분의 회원권은 평균 $40,000 정도면 소유할 수 있다고 본다. '특별한' 곳이란 십여만 불을 호가하고 있지만 그런 곳은 소수민족의 가입을 꺼리거나 정원초과를 막기 위한 방편이다.

한국에서는 골프장 회원권을 투자 목적으로 매입하는 사람도 있지만 미국에서는 골프를 즐기기 위한 목적 외에는 투자 목적이라면 타산이 맞지 않는다. 이유인즉 십여 년이 흘러도 회원권 값은 별반 차이를 보이지 않기 때문이다. 또 미국은 어디를 가도 골프장은 쉽게 볼 수 있고, 퍼블릭 골프장이 산재해 있어서 주말에는 일주일 전에 예약을 받지만, 예약 없이 골프장에 나가서 대기 리스트에 올려 놓으면 특별한 날이 아닌 경우 한 시간 정도 기다리면 라운드가 가능하다.

그린피는 프라이빗 골프장이 주말은 $65~80 정도 되고, 주중에는 $40~60 정도 된다. 금액 외에는 별도로 지불하는 것이 없다. 만약 '카트'를 이용할 경우 한 사람당 평균 $10를 받는다. 그린피는 회원이 안내한 비회원인 경우를 말하는 것이고 회원은 별도 그린피를 내지 안는다. 반면에 라운드 회수에 관계없이, 싱글이나 부부회원 관계없이 월 $400 정도 지불한다.(예를 들어 부부가 매일 라운드를 한다 하여도 월 지불액은 같다. 또 일년에 한 번도 라운드를 못한다 하더라도 월정액은 내야 한다.)

그리고 한 가지 특이한 점은 퍼블릭 코스에서 나이 60살이 넘으면 '시니어'라고 그린피는 물론 영화 관람권도 할인을 받는다. 18세 미만인 주니어의 경우도 거주 지역에 있는 골프장에서는 특혜를 받는다. 특히 12세 미만인 경우 거주지역 퍼블릭 코스에서는 월 $30 정도 내면 오후 12시 이후에는 매일 라운드를 할 수 있는 특혜가 주어진다. 또래들끼리 조를 만들어 자신들 보다 커 보이는 가방을 둘러매고 라운드를 하는 것을 보면 우리 한국은 언제나 저렇게 개방할 수 있을까 하는 아쉬움이 많다.

그리고 한국과 미국의 각 프라이빗 골프장 운영의 차이점은 한국 골프장은 비회원들끼리도 라운드가 가능하지만, 미국의 프라이빗 골프장에서는 비회원인 경우 주중이라도 예약은 물론 회원의 안내 없이 라운드가 불가능하다.

18홀 골프장의 경우 회원은 평균 450명을 넘지 않는다. 퍼블릭 코스와 차이점은 여름철 성수기에도 오후 1시가 지나면 첫 홀에서 티업하는 사람들이 몇 팀 되지 않는다. 날씨로 인한 그린피 반환은 없다. 물론 라운드 도중에 환자가 생겨도 나머지 그린피 반환은 없다.

S.F.에서 한슨

11. 골프와 겸손

사람들은 누구나 다 은근히 자기 자랑하기를 좋아한다. 그리고 즐긴다. 겸손한 척 얘기는 하면서도, 실은 가만히 들어보면 은근히 자기 자랑이다. 그런데 세상에서 단 한 가지 예외가 있다면, 그건 골프다.

내가 거의 10년 가까이 골프를 즐겨오면서도 매 경기마다 골프를 시작하기 전에는 누구나 예외 없이 "요즘 통 연습을 못 했더니……."(사실은 무지하게 칼을 갈았다는 얘기다), "요즘은 영 실력이 늘질 않네."(근래에 다른 팀과 골프를 치러가서 자기 핸디보다 더욱 잘 쳤다는 얘기다), 또한 경기 중 상대방이 OB를 내면 가장 예의를 차려서 "아직 몸이 안 풀리신 모양입니다. OB를 절대 안 내시는 분인데……."(사실은 좋아서 죽을 지경이다. 실력 좋다고 자랑하더니 고소하다 이런 뜻이다)

그러면 왜 유독 골프만이 다른 운동이나 일상과 달리 겸손의 극치를 달릴까 하고 항상 곰곰이 생각해 왔다. 나름대로 분석한 결과 몇 가지의 유형을 생각해 봤다.

① **진실로 겸손한 경우** : 하지만 상당히 드물다

② **엄살형의 경우** : 대부분 여기에 속하지만, 근본적인 이유는 세상에 마음대로 안 되는 세 가지 중의 하나이니 미리 대비를 한 경우이리라. 생각보다 잘 되면 칭찬 받고, 잘 되지 않으면 본전이란 생각에서다.

③ **내기형인 경우** : 나도 골프를 칠 때마다 거의 가벼운 내기를 하는 편이지만, 이때 내기에서 이기기 위한 방법으로도 많이 쓰는 것 같다.

그래서 골프는 유난히도 재미가 있는 절대 질리지 않는 운동인가 보다. 이것도 거의 단 하나의 예외다. 아무리 맘대로 안 되는 골프일지라도 아마 "오늘 내가 헛되이 보낸 시간은, 어제 죽은 이가 그토록 그리던 내일입니다"라는 문구가 떠오르면 나날이 발전하는 골퍼가 될 수 있질 않나 하고 생각해 본다.

안 병 옥

12. 내기와 골프

골프 하면 내기가 없이는 재미가 없다. 세간에는 큰 내기를 하는 분들도 있지만, 1,000원짜리에서 일반적으로 타당 5,000원짜리, 10,000원 짜리가 대부분이다. 얘기듣기로는 어떤 이들은 타당 몇 십만 원에서 백만 원짜리까지 있다고 들었다. 그러나 아마추어가 큰 노름식 골프를 하는 것은 사회적으로 볼 때 바람직하지 않다.

하지만 1,000원에서 10,000원짜리까지는 그리 무리가 없다고 본다. 그런데 바로 내기를 하다가 싸우는 것이 문제다. 상대의 불의를 보면 따져야 되고 따지다 보면 언성이 높아지고, 결국은 도중에 채를 싣고 돌아가는 사태까지 이르게 된다.

다시는 안 볼 것처럼 찬바람 쌩쌩 나게 하고 가지만 그 다음 날 바로 미안하다는 전화를 듣는다. 보통 친구들의 통례다. 이렇듯 내기는 서로의 단점을 들어내는 일반 다른 게임의 내기나 같은 맥락이다. 상호 예의를 지키고 조금은 눈에 거슬려도 덮어줄 줄도 알고, 누가 따지다 보면 한쪽에서 질 줄도 아는 그러한 내기 매너가 필요하다. 처음부터 내기에 목적을 두고 나온 것이 아니라 운동하러 나와 보니 분위기에 의해 내기를 시작하는 것이고 내기가 그 날 골프의 전부가 아님은 누구나 다 안다. 그러나 게임에 들어가면 누구든 서로 인정사정이 없다.

나는 처음 배울 때부터 내기에 끌려 다녔고 하다 못해 머리 올리러 가서까지 내기를 했다. 결과야 뻔한 일로 머리 얹을 사람이 어떻게 내기를 하며, 나보다 6개월 먼저 배운 그 친구가 과연 얼마나 잘 치겠는가? 서로 비슷했지만 그래도 내가 더 잘 치고 돈을 따게 되었다. 비록 받지는 않았지만 이렇듯 처음부터 내기로 시작했다. 골프는 재미도 없고 하지만 심한 내기는 친구를 잃게 되는 수도 있다, 얼마 안 가서 한도를 정해놓고 50,000원 이상은 안 잃기, 70,000원 이상은 안 잃기 등 한도를 정해 놓고 내기를 하니 모두가 편해졌다.

엄 성 삼

13. 골프와 인생

흔히 골프를 인생에 비유한다. 이는 골프도, 인생도 살아가는데 있어 예기치 못했던 어려움이 많이 도사리고 있기 때문에 그런 말이 나왔으리라 생각된다.

10년 전, 골프를 처음 시작했을 때 같이 골프를 치던 한 친구가 있었다. 그 친구는 골프를 치기 시작한 때가 나와 비슷함에도 90대를 치곤하였다. 내가 110~120타를 칠 때 말이다. 도저히 나보다 운동을 잘할 것 같지 않았던 친구였는데, 같이 라운딩을 하고 나면 항상 속상해서 새벽까지 잠을 이루지 못했다. 그러다가 갑자기 '아! 이게 골프 스윙인지도 모르겠다.' 라고 생각되면 한밤중이나 새벽에도 벌떡 일어나서 채를 휘둘러보았다. 누가 보았으면 머리 풀고 채를 휘두르는 모습에 '전설의 고향' 을 찍냐고 물을지도 모르는 일이었다.

남편은 내 친구를 '다른 재주는 몰라도 골프를 잘 치는 재주가 있고 나는 다른 재주는 있을지 몰라도 골프 치는 재주가 없다' 면서 빈정거리기 일쑤였다. 그러한 빈정거림에도 나는 이를 악물고 골프를 쳤다. '꼭 잘 치는 것을 보여주고 말테다' 라고 다짐하며 손에 우산이나 밥주걱 등 긴 것만 잡히면 휘두르는 연습을 하였다. 많은 시행착오를 겪었지만, 그 노력 덕분인지 재작년에는 세라젬 대회에서 공동 3위라는 성적을 냈다. 앞으로도 별다른 일이 없는 한 꾸준히 연습을 하고, 필드도 자주 나가보려고 한다. 영원히 정복되지 않는 골프의 경지에 도달하기 위해서……

한 양 희

14. 초보에서 싱글이 되기까지…

　제가 골프를 하기 시작한 것은 순전히 사업상 영업에 필요해서였습니다. 2000년 4월 2일부터 거래처 사장들과 어깨를 맞추느라고 더욱 열심히 했습니다. 다들 5년, 10년 씩 되었으니 내가 따라 갈려면 그 사람들보다 몇 배는 해야 하니까 열심히 하면 금방 되겠지…. 생각했습니다.

　새벽에 1시간, 낮에 1시간, 저녁에 1시간 2달간 연습하여 인천 국제에 머리를 올리러 갔죠. 말로만 듣던 골프장 경치에 흠뻑 빠져 공이 어디로 날아가는지도 모르고 다녔죠. 처음 골프장에 가서 10번 홀에 버디하고 그 날의 스코어는 99타!! 프로가 그 날은 술 샀지요. 골프도 별것 아니라고 금방 싱글이 될 것이라고 자만하였습니다

　하지만 그 누가 말했던가? 자식과 골프는 마음대로 안된다고. 그 다음에 가서 104, 108, 98, 103 너무나 내 자신이 미웠습니다. 하지만 꼭 하면 된다는 믿음으로 계속 연습하고, 내기하면서 돈도 많이 잃고, 많이 열 받아서 또 가면 또 깨지고….

　그러던 중에도 2001년 4월 인천 국제 10번홀 파4 미들홀에서 첫 이글을 잡는 순간 나도 모르게 그린에서 누워 어쩔 줄 모르게 뒹굴면서 좋아했습니다. 술값이 한 200만원쯤 깨졌죠. 그때부터는 평균 90개 보기플레이는 했으니까 내기를 해도 많이 안 깨지고 싱글에 대한 욕심이 생겼습니다. 그렇게 빠져서 돌아다니다가 아마골프사이트를 발견해서 7월에 아마골프 회원으로 입문하여 좋은 분들을 만나서 이렇게 또 배우고 있습니다.

　드디어 2001년9월 30일 송추 cc에서 78타라는 기록으로 첫 싱글을 하게 되었습니다. 배우고 노력하는 자는 성공 한다는 이론이 딱 맞았습니다. 지금껏 70대 타수는 한 10회 정도지만 거래처 사장들은 12년이 되어도 아직 못해본 싱글. 그때는 제가 핸디를 받고 내기했는데 이젠 저보고 핸디를 안 주면 내기를 안 한답니다.

　하지만 내기 골프보다는 영업상으로 서로에게 친근감을 주고 바른 매너를 지키면서 맑은 공기 속에서 운동도 하니 1석 5조 이상으로 골프를 사랑하게 되었습니다. 골프가

나에게 가져다 주는 행복을 무어라 감사해야 할지요. 때로는 골프가 안 되서 짜증도 내보지만 우리네 인생이 담겨져 있는 골프야말로 평생을 즐길 수 있으면 그만한 행복도 없다고 봅니다.

김 성 만

15. 진정한 아마추어 골퍼는?

필자는 1987년 처음으로 골프를 시작할 기회가 있었다. 그 당시 테니스를 즐기던 교수들 대부분이 골프로 취미를 바꿔 병원 근처 연습장에 단체로 등록하고 분양중인 골프장 회원권도 저렴한 가격에 많은 교수들이 구입하게 되었다. 나도 처음 골프채를 잡고, 레슨을 받은 지 보름쯤 지났을 무렵 사부로 모시기 위해 식사 및 술대접을 하며 극진히 모셨던 골프 사부님이 다른 연습장으로 가고, 마흔이 넘은 후에 골프를 시작하라는 일반외과 주임교수님의 엄명이 있어 골프를 중단하게 되었다.

1991년 9월 교환교수로 미국 연수를 계획하던 필자에게 미국 가기 전에 골프를 꼭 배워야 한다고 적극 권했던 선배 교수님의 조언에 연수 6개월 전인 1991년 3월에 골프를 시작하였다. 매일 저녁 열심히 연습하고 일요일이면 병원 회진이 끝나는 시간인 오전 10시부터 오후 10시까지 쉴 틈 없이 한 달간 연습에 몰두하였다. 아침이면 손을 펼 수가 없는 방아쇠 수지병(Trigger finger), 등, 어깨, 손목 부위의 통증 및 심한 흉통 등 골퍼들이 겪을 수 있는 통증은 모두 다 경험하였다.

이러한 노력 덕분으로 연습 3개월만에 뉴코리아 컨트리클럽에서의 첫 라운딩에서 105타를 기록하였다. 보름 후 4년 전에 골프를 시작한 친하게 지내던 동료 교수들과 중부 컨트리클럽에서 2번째 라운딩을 갖게 되었다. 그 결과 필자만이 100타를 깨고 99타를 기록하였다. 저녁 사고 술 사고 그야말로 잔치분위기에 필자 지갑이 거덜나고 말았다. 승승장구하여 골프 시작한지 5개월만에 81타를 기록하였고 미국으로 연수를 가게 되었다.

바쁜 미국 생활에 골프는 생각도 못하고 골프 클럽도 마련하지 않았지만 골프 생각은 별로 나지 않았다. 귀국 3개월전 최신 장비를 마련하고 샌프란시스코의 하딩파크라는 대중골프장에서 라운딩하던 중 미국 아마골퍼대회에서 2위를 했던 인도네시아 대사 아들인 존(John)이라는 친구를 알게 되었다. 그 후 2개월 반을 매일 오후 해질 무렵 라운딩을 같이 하면서 모든 기술을 전수 받게 되었다.

　귀국 후 필자는 늘 70대 스코어를 유지하면서 시간만 나면 연습장, 라운딩 등으로 골프의 완전한 노예가 되고 말았다. 한 달에 한 번씩 클럽 챔피언들과의 지나친 승부욕을 품은 골프, 긴장감으로 무장된 골프내기를 하다보니 동반자의 실수를 기대하는 좋지 않은 마음, 골프를 진정으로 즐기지 못하고 골프에 끌려가게 되었으며 골프를 하는 목적을 망각하게 되었다. 그렇지만 그간 60대 스코어 3회 기록, 이글 27회, 트리플 버디 3회, 18홀 파플레이 등 아마추어 골퍼로서는 힘든 기록을 보유 할 수 있었다.

　98년 9월 출근하던 중 병원 앞에서 음주차량에 치어 경추부 인대파열, 신경손상, 디스크 등으로 2개월간 병원 신세를 지게 되었고 1년간 골프를 중단하게 되었다. 그렇게 좋아하던 골프였지만 라운딩을 하고 싶은 생각은 별로 없었고 골프에 대해서 다시 한번 생각할 수 있는 좋은 기회를 가질 수 있었다. 지금까지는 나 자신이 골프를 즐기지 못하고 골프에 끌려 다녔으며 즐기기는커녕 골프의 노예가 되고 만 것이었다. 나의 골프에 대한 생각과 목적은 이제 완전히 바뀌게 되었다. 다정한 친구, 친지, 동료들과 자연을 벗삼아 스트레스를 풀고 정해진 골프 규정 및 규칙을 제대로 지키며 최선을 다해 샷을 하고 라운딩 후에 즐거운 시간을 갖는 것이다. 즉 자신이 즐길 수 있는 멋진 게임을 만들어 내는 것이다. 또 한가지 철저하게 동반자와 함께 라운딩을 하며 나보다 동반자를 배려하는 경기이기에 골프는 진정한 신사적인 스포츠이다.

　과거에는 병원 동료교수들과 라운딩에서 필자는 매번 내기골프에서는 배제가 되었다. 지금은 남을 배려하고 같이 즐거운 시간을 갖기 위해 스코어를 상대방 눈에 띄지 않게 적당히 조절한다. 세컨드 샷을 벙커를 보고 날렸을 때 벙커에 들어가면 내 자신이 즐겁고 상대방은 내가 벙커에 들어갔기 때문에 즐거움을 갖는다. 사실 요즈음 엄청나게 벙커샷이 향상된 것은 이 때문이다.

　아마추어 골퍼들이여. 지금부터는 골프의 노예가 아닌 남을 배려하고 내 자신이 즐길 수 있는 진정한 아마추어 골퍼로 거듭나기를 바랍니다.

박 성 준

16. 골프에서 귀 담아 들어야 할 잡소리

1) 골프에는 전화위복의 기회가 있다. 때문에 실패한 샷에 연연하지 말고 긍정적인 마음 가짐으로 한 샷 한 샷 심중을 기하여야 한다.

2) 골프는 항상 이율 배반적인 요소가 있다. 샷하기 전 너무 심리적인 요인을 머리 속에 구상하지 말고 평소 연습한대로 편안하게 스윙한다.

3) 타인의 샷이 잘 나는 것을 보고 찬탄하기 전에 어떠한 샷을 하였기에 저런 좋은 비거리를 내는지 그 사람의 몸놀림을 눈 여겨 본다. 그리고 자기도 그 같은 동작을 모방해 보자. 무엇인가 감이 올 것이다.

4) 대다수 골퍼들은 티샷이 제일 중요한 것으로 착각하고 있다. 실은 그 반대이다. 퍼터로부터 중요성을 부여해야 한다. 쇼트 샷의 명수가 되자. 그러면 퍼터도 자연히 수월해 질 것이다.

5) 골프에는 각론과 총론이 있다. 볼을 보라, 팔을 올려라, 허리를 써라 등은 각론이고 이를 종합한 리듬은 총론이다. 이 리듬을 유지하기 위하여 3S가 있다.
천천히(slow), 짧게(short), 부드럽게(soft)…등이다.

6) 골프는 모든 스포츠 중 가장 관대한 운동이다. 어느 홀에서든 한 샷 실수해도 파를 할 수 있는 찬스가 있게 설계되어 있다. 한 샷의 실수는 깨끗이 잊고 여유를 갖고 다음 샷을 침착하게 성공시키는 습성을 길러야 한다.

7) 골프란 우리 인생의 결혼 생활과 같다. 행복하려면 일방적일 수 없다. 자기를 희생해 가며 상대를 위할 줄 알아야 하고. 인내의 시련을 극복함으로서 소기의 목적을 달성할 수 있다.

8) 골프는 시간의 게임이다. 이 시간은 나 혼자 만의 것이 아니라 한 조를 위한 시간인 동시에 전 골퍼들의 시간인 것이다. 세팅을 오래하는 사람이 많은데 이는 근육에 긴장만 더할 뿐이다. 아무 생각 없이 평소 연습한대로 곧 동작에 옮기는 것이 자연스러워야 한다. 자기 좋고 보기 좋고 시간절감이란 것을 알아야 한다.

9) 인생이란 무거운 짐을 지고 산 넘고 물 건너 먼 길을 가는 것과 같이 골프 또한 우리 인생축도와 같다. 한 번의 O.B로 당황하여 화를 내면 호흡이 급해진다. 골프에서 제일 강조되는 것은 심장의 고동이 빨라지면 매 행동이 급해지므로 이로 인한 그 날의 골프는 망치고 만다. 한 번의 실수라고 해야 백분의 일의 확률이다. 두려워 할 것 없다.

10) 흔히 그린 난이도에 대하여 불만을 한다. 그린 없고 퍼터 없는 골프를 상상해 보라. 무미 건조할 것이다. 골프의 진미는 그린의 난이도에 있음을 감사해야 한다. 다같은 조건에서 퍼터를 하는 데 자기만 불만을 표현하면 결국은 자기만 함정에서 헤메이게 되는 것이다.

11) 아마 골퍼들은 만일이라는 병에 걸려있다. 오늘 만약 O.B가 없었다면, 로스트 볼이 없었다면, 3퍼터가 없었다면 등 아쉬워 하는데 아주 어리석은 생각이다. 시작부터 이러한 것은 핸디캡 속에 포함되어 있는 것이다. 그런 미스 샷을 자주 하기에 동료들에게 사랑받는 훌륭한 아마추어인 것이다. 고교야구가 흥미있는 것도

이와 같은 것이다.

12) 프로는 골프를 생활양식으로 하고 아마는 골프를 인생양식으로 삼는다는 말이있다. 때문에 프로는 2, 3, 4(쇼트, 미들, 롱 홀) 상대로 플레이하고 아마는 3, 4, 5 숫자를 심리적으로 쫓으며 플레이한다, 여기에 더하여 프로 숫자에 접근하려고 노력하는 것이 골프의 묘미인 것이다. 그러나 욕심은 금물이다. 그저 무난하게 아마는 4, 5, 6 숫자를 기본으로 하고 편안하게 플레이하면 자신도 모르게 기량이 향상된다.

13) 연습과 실전은 고정 위치가 다르다. 마음 자세가 또한 다르다. 실전은 샷의 기회가 한 번밖에 없다. 하늘을 지붕 삼은 자연과 천정이 있는 연습장은 산만함이 다르다.

14) 골프란 잔디(Grass), 산소(Oxygen), 태양(Light), 발(Foot)이라 말하는 사람도 있다.

1. 아마추어들이 스윙을 보는 방법

며칠 전에 스윙에서 폴로 스루를 할 때 왼쪽 앞발 안쪽이 떨어지며(들리며) 체중이 발 뒤꿈치 쪽으로 실려야 하느냐 하는 문제를 가지고 논쟁을 한 적이 있다.

사실 아마추어가 무언가를 보고 배운다는 것이 그리 쉬운 일이 아니다. 왜냐하면 프로의 스윙을 볼 때도 대개는 그냥 엉거주춤한 상태로 보게 되지 정말 보아야 할 포인트를 정확하게 보기가 쉽지 않기 때문이다. 또 '볼을 정확하게 보고 쳐라' 할 때도 그냥 하나의 볼을 보게 되지 그 볼 중 어딘가 한 포인트를 보기란 그리 쉽지 않다. 마찬가지로 프로들의 동영상 스윙을 보게 되어도 그냥 전체를 보게 되지 하나의 포인트를 보기란 쉽지 않다.

그러나 우리는 그것을(포인트) 보아야 한다. 한 예로 폴로 스루에서 왼발 안쪽이 들리는 경우 이것이 옳으냐, 틀리냐 하는 문제는 프로 골퍼들이 스윙할 때 드라이브나 아이언에서 앞에서 보면 폴로 스루와 피니시에서 체중이 앞쪽으로 남는지 발뒤꿈치로 남는지를 확실하게 볼 수가 있다. 이처럼 프로들의 스윙을 면밀히 검토할 때 우리는 각각의 포인트를 유심히 관찰하여야만 자기가 알고자 하는 문제를 해결 할 수 있다.

연습할 때는 연습해야 할 것이 무엇인지 알아야 하는 것처럼 그리고 볼 때는 무엇을 보아야 하는지를 아는 것 또한 중요한 일이다. 따라서 아마추어들은 스윙 중 각각의 포인트 관찰력을 길러야 한다. 그러면 골프실력을 키우는데 큰 도움이 될 것이다.

2. 심판이 없는 골프

골프는 심판이 없는 스포츠이다. 스스로 스코어를 기록하고 어떤 상황이던 규율을 지킨다. 스스로를 속이거나 신사도에 어긋나는 행동은 안 하며 자신의 양심에 맡겨야 하는 운동이기에 자기 자신이 바로 심판인 것이다. 그러므로 바로 신사 게임인 것이다.

아마추어들이 가장 힘든 부분은 페어웨이에서 놓여 있는 상태 그대로 플레이해야 할 때이다. 규칙으로 허용되는 경우를 제외하고는 어떤 곳에서든 그대로 플레이를 해야 한다는 것이다. 아마 누구든지 한 번도 안 건드리고 쳐본 사람은 아무도 없을 것이다. 보통 아마추어들은 거의 모두 어려운 상황에서는 건드려서 좋은 상태로 옮겨 놓고 치는 경우가 종종 있는 일이다. 그러나 너무 규율에 얽매이며 스트레스를 받을 필요는 없다고 생각한다. 하지만 가능하면 건드리지 않고 치도록 노력해야 한다. 스스로의 양심을 지키면서 개운치 않은 하루를 만들지 않아야 하겠다. 바로 심판 없는 신사의 스포츠에 친숙해지도록 다함께 노력해야 하는 것이다.

3. 싱글의 특징

싱글은 말 그대로 한자리 수가 아니면 혼자 사는 이를 싱글이라 한다. 골프를 치는 모든 분들이 원하는 것이 싱글 스코어다. 싱글을 한 번 쳐본 사람도 싱글이고, 여러 번 친 사람도 싱글이다. 아마추어에서는 대개 그렇다.

어떻든 이렇게 싱글을 치는 모든 골퍼는 그들 나름대로 골프를 치면서 한 번씩은 다 미쳐봤던 사람들이다. 또한 자기 나름대로의 골프 철학을 가지고 있는 사람들이다. 프로하고 쳐보면 무엇이 달라도 다르듯이 싱글 골퍼 역시 어느 하나를 해도 잘하며 그들 나름대로 특기가 있다.

그런데 골프는 바로 신사 운동이라는 점을 우리는 알고 있다. 싱글은 스코어도 중요하지만 매너나 룰 등 모든 점에서 싱글의 자세도 겸해야 확실한 싱글이 아닌가 생각한다.

남보기 흉하게 이리 저리 끌고 다니면서 친다든지 레슨을 원하지도 않았는데 어드레스하고 있는 사이 레슨을 한다든지 이런 점에서 싱글답게 멋있는 골프를 하면서 멋있는 싱글이 되어야 한다.

4. 홀 인 원과 골프장

골퍼에게서 홀 인 원이란 대부분의 골퍼가 갈망하고 원하는 일이다. 또 홀 인 원을 하면 당사자는 주위 친구들에게 큰 턱을 내고 라운딩 동반자에게는 술을 사기도 한다. 그것은 홀 인 원이 얼마나 하기 힘든 지를 말해준다. 혹자는 몇 만분의 일의 확률이라고 하여 홀 인 원의 행운을 잡으면 당사자는 물론 주위 사람들까지 흥분하게 된다.

그러나 대개의 골프장에서는 냉정하다. 축하해 주어야 할 골프장에서는 그 골프장 회원이 아니면 쳐다보지도 않으며 회원인 경우는 돈을 좀 내면 기념 식수를 해주기도 하지만, 어떤 때는 있는 나무에 팻말 정도만 세워 주는 경우도 있다고 한다. 많은 돈을 내고 수없이 골프장들을 드나들다 평생에 한 번 나올까 말까하는 홀 인 원을 하고도 골프장에서 아무런 축하도 해주지 않는 것은 골프장이 골퍼들을 무시한다고 생각하는 것이 아마추어 골퍼들의 생각일 것이다. 그런데 어떤 명문 코스는 예외다. 그 골프장에서는 손님이 홀 인 원을 하면 라운딩 마치고 하우스로 들어오는 입구에서부터 많은 직원이 나와 축하를 해준다. 그리고 목욕 후 식사 끝나기 전에 기념패와 카메라 촬영 등 많은 선물을 준다. 손님이 고맙다고 직원들 식사라도 하라고 사례금을 전달해도 전혀 받지 않는다. 반면 어떤 골프장에서는 백만원 이상 내고도 상패는 커녕 축하 인사도 없다. 이런 몰인정한 골프장의 행태는 고쳐져야 한다고 본다. 그래도 우리는 홀 인 원 한번 해봅시다.

5. 경기의 과정이냐 결과이냐

프로는 경기의 과정을 중시하고 아마는 경기의 결과를 중시한다는 유럽의 격언이 있다. 이것은 모든 운동에 다 적용되는 이야기이지만 골프에서도 마찬가지이다.

프로가 경기의 내용을 중시한다는 얘기는 한 타 한 타의 중요성과 한 타 한 타에 충실함으로서 좋은 결과를 얻기를 바라는 것이다. 아마추어는 한 타 한 타에 충실하기보다는 경기 결과에 너무 집착하여 미스 샷을 하거나 황당하게도 인간의 본능이 나타나 O.B 지역에서 언제나 볼이 살아있는 사람, 뒤돌아서고 나면 볼의 위치가 바뀌는 사람 등 이 모든 상황이 진지하게 배우려는 자세보다도 경기 결과에 만족하려는 마음에서 오는 결과이다. 우리는 안 좋은 위치에 있는 볼을 쳐보려는 배우는 자세의 노력이 필요하며 O.B의 쓴맛을 이겨내는 인내의 힘을 길러야 발전이 있다는 교훈을 알아야 한다.

6. 봄의 스코어와 뒤땅

봄은 기분 좋은 계절이다. 그 추웠던 겨울의 기다림 속에서 날개를 펴고 산으로 들로 놀러 가는 계절이다. 겨울 동안 얼었던 땅이 녹으면서 잔디는 말라 있고 볼을 때리기가 무척이나 힘든 계절이다. 대개의 경우 볼을 칠 때 볼을 맞추려고 애를 쓰는데도 볼은 맞지 않고 땅을 내려치기가 일쑤다.

일부 골프장에서는 맨땅에서 치는 것과 다름없는데 거기에다 땅의 위에만 잔디가 있어서 잘되겠거니 하고 치다보면 잔디 속이 푹 들어가는 젖은 진흙땅이다. 그러니 위에서 내려오던 채는 땅 속으로 깊숙이 박히고 볼은 코앞에 떨어져 있다. 이것이 마음을 상하게 하고 스코어를 버리는 최대의 적이다.

평소보다 조금 더 손목을 미리 풀지 말고 조금 더 끌고 들어와서 볼을 치고 나가던가, 볼만 걸어 칠 수 있는 기량이 필요한 때다. 즉 평소보다 한두 클럽 더 크게 잡고 볼부터 칠 수 있는 주의력이 특히 요구되는 철이다.

이때 특히 알아둘 일은 손목이 제일 중요한 역할을 한다는 것이다. 채가 볼을 밀고 지나가면서 손목을 풀어주는 것. 손목이 미리 풀리면 뒤땅은 막을 방법이 없다. 스코어를 내려고 애를 써 보지만 이른 봄의 스코어는 역시 좋을 수가 없는 것이다. 볼을 맞추는데 급급하니까 거리 조정에 실수할 수밖에 없다. 그러니 파를 충분히 할 수 있는 곳에서 보기나 더블을 하는 경우도 많다.

7. 위선자는 천이 보지이복하고…

명심보감에 위선자(爲善者)는 천(天)이 보지이복(報之以福)하고 위불선자(爲不善者)는 천(天)이 보지이화(報之以禍)니라 했다. 필자도 늘 느끼는 일지만 이 말이 골프에서도 꼭 적용되는 것 같아 마음에 걸릴 때가 많다.

페어웨이의 볼이 나쁜 자리에 있을 때 살짝 한 번 건드려서 치기 좋게 만들어 놓고 치는 경우가 더러 있다. 하지만 매번 미스 샷을 할 때가 많아 그때마다 언제나 후회를 하곤 한다.

건드리고 싶어도 손님과의 첫 라운딩에서 건드리고 친대서야 체면이 말이 아니다. 더군다나 볼이 아주 좋지 않은 디버트에 들어가 있는 경우가 있다. 이때 마음을 독하게 먹고 친 볼이 더 잘 맞아 핀대에 붙는 경우가 있다. 건드리고 친 후 미스 샷에서의 죄책감과 위불선자는 천이 보지이화니라 이 구절을 항상 생각하게 된다.

아마추어들은 건드리고 싶은 충동을 누구나 받지만 누가 어느 정도 참느냐, 참지 못하느냐에 의해 동반자들로부터 믿음을 받느냐 못 받느냐 하는 문제를 명심보감의 한 구절을 기억하면서 한번쯤은 생각할 수 있는 여유와 골프의 신사도에 어느 정도 가까이 갈 수 있는 매너 있는 골퍼가 되어야 한다.

★ 위선자는 천이 보지이복하고, 위불선자는 천이 보지이화니라.
– "착한 일을 하는 사람에게는 하늘이 복을 주시고, 악한 일을 하는 사람에게는 하늘이 재앙을 주시느니라."

8. 그린은 200-300평이라 한다

드라이브는 가로 230-280야드, 세로 60-70야드 정도로 되어있는 넓은 공간에 4.5cm 크기의 공을 날라다 놓는 것이다. 아이언은 180야드에서 60-70야드에 이르는 거리에서 200-300평 정도의 넓은 땅 위에 역시 4.5cm 크기의 공을 옮겨 놓는 것이다. 퍼팅 역시 공을 1-20m 이내에서 10.8cm의 홀에 넣는 것이다 .

여기서 어느 것이 더 어려운가? 드라이브는 욕심 때문에 어려운 것이고, 아이언은 깃발에다 붙이기가 어려운 것이고, 퍼팅은 너무 쉽다고 생각하는 것이 아마도 아마추어들을 힘들게 하는 것 같다.

아마추어들은 보통 드라이브가 어렵지만 프로들은 퍼팅을 어려운 개념으로 여긴다. 아마추어들은 퍼팅이나 어프로치를 연습할 곳이 없는 것이 문제이기도 하다. 그러므로 연습장에서 나마 쇼트게임 연습을 게을리 해서는 안 된다. 가만히 생각하면 아마추어가 프로를 이길 수 있는 것은 짧은 샷이나 퍼팅 같은 것들로 노력여하에 따라 프로들을 능가할 수 있는 것이 바로 이 쇼트게임인 것이다.

아이언이나 드라이브만 연습하지 말고 쇼트게임 연습에도 관심을 가져야 한다.

9. 골프와 영어 회화는 공통점이 있다

골프에서 싱글을 치기까지는 얼마의 기간이 필요한가. 몇 년 전에 골프 다이제스트가 조사한 바에 의하면 2년 반이 걸린다고 한다. 골프는 시간이 걸리는 운동이다. 그러나 대개의 경우 오래 되어도 싱글을 못하는 경우와 2년 정도면 싱글은 하는 두 종류가 있다

오래 되어도 골프가 늘지 않는 경우는 관심법의 문제다. 여기서 말하는 관심법은 궁예의 관심법이 아니라 얼마나 많은 관심을 가지고 골프를 배우려 하느냐 하는 문제다. 운동기능의 학습은 꾸준히 쉬지 않고 계속 하는 가도 중요하지만 단기 집중적으로 어느 레벨까지 확 올리는 것이 더 중요하다. 우리가 어려서 스케이트를 배우던 자전거를 배우던 대개 한꺼번에 많이 연습해서 단기간에 배우게 된다. 영어를 1년 정도 외국에서 배우면 간단하게 할 수는 있으나 잘할 수는 없다고 한다. 골프도 역시 2년 내지 2년 반정도 열심히 하면 싱글 정도 실력이 될 수 있다고 한다. 역시 조금씩 오래하는 것보다 어느 레벨에 오를 수 있을 때까지 집중적인 훈련에 의해 싱글을 만들어 내는 것이 바람직하다는 것이다. 골프나 기타 스포츠 또는 어학 등 단기 집중적인 연습방법을 집중법, 꾸준히 조금씩 나누어서 하는 방법을 분산법이라고 한다고 골프 심리학책에서 언급하고 있다. 실증 나는 연습을 오래 하기보다는 심취해서 집중훈련이 어느 한계까지 이루어져야함이 바로 골프 싱글의 지름길이자 골프를 이기는 길이다.

10. 싱글의 문턱

아무리 집중적인 훈련을 한 다해도 아마추어들은 항상 문제가 생기기 마련이다. 이제 잘 맞으려고 하니까 팔이 삐끗해서 한 달정도 쉬어야 한다던가, 일이 바빠서 얼마간 운동을 못한다던가 하는 각자의 장애물이 잇따르게 마련이다. 아마추어 중에 가장 빨리 싱글에 입문하는 사람은 보통 1년 이내에 하는 사람이다. 올바르고 꾸준한 연습과 한 100번 정도의 필드경험이 1년 동안에 있어야 가능한 얘기다. 물론 레슨을 겸비해야 하는 조건이다.

이렇게 힘들게 하는 싱글 스코어도 9오버의 싱글 즉, 81타의 싱글 정도다. 70대의 싱글은 기술적인 문제보다는 마인드의 문제 때문에 항상 좌절하는 것이 일반적인 아마추어들의 예이다.

즉 남은 두 홀만 보기를 해도 79인데 또는 한 홀만 파를 하면 79타인데 하는 이 어려운 고비에서 우리는 항상 더블이나 오비로 인한 즉 70대를 쳐야 한다는 강박 관념에 망치는 경우가 종종 있다.

싱글의 문턱을 넘기 위해서는 앞에 말한 노력과 그에 따른 기술이 드라이브, 아이언, 어프로치, 퍼터 등이 모두 잘 맞는 날에다 70대의 강박관념에서 벗어나는 마인드 컨트롤이 되는 날이 바로 여러분을 70대로 진입하게 만들어 줄 것이다. 역시 여기서 가장 중요한 것은 기초라는 것을 다시 강조하고 싶다. 왜냐하면 뿌리지 않은 씨는 거둘 수가 없기 때문이다.

11. 겨울은 거리를 늘리는 계절

겨울은 통상 춥고 눈도 많이 와 필드에 가장 적게 나가게 된다. 그러나 이 찬스를 놓쳐서는 안 된다. 바로 거리를 늘릴 수 있는 유일한 기회이기 때문이다. 필자의 경험으로는 한 겨울에 샷도 잡을 겸 3개월 동안 레슨을 받은 적이 있다. 아이언 8번만 가지고 다른 채는 일체 사용 않고 샷 연습을 하였다.

겨울 동안 필드에 안가고 연습을 열심히 하여 봄에 필드에 가서 3개월만에 처음으로 드라이브를 잡았는데 이게 웬일인가. 드라이브 거리가 20-30야드는 더 나가는 것이 아닌가. 아이언도 10야드는 훨씬 더 나가는 것이었다.

바로 거리는 연습을 얼마나 많이 했느냐에 비례한다는 것을 터득한 것이다. 연습량이 적으면 적을수록 거리는 자꾸 준다는 것을 알아야 할 것이다.

12. 싱글과 비기너는 똑같은 사이

골프는 재미난 운동이다. 3개월은 3개월대로 1년은 1년대로 자기보다 못하는 사람에게는 잘 가르쳐 주려는 것이 바로 골프의 특징이다. 잘 치는 싱글은 자기가 잘 친다는 것을 남에게 자랑하고 싶은 마음을 가지고 있으며, 그것을 과시하고 싶다보니 자기보다 못치는 동반자가 필요한 것이다.

한편 잘 못치는 사람은 잘 치는 사람을 만나 한 수 배우고 싶은 것이 또한 비기너의 마음이다. 그러므로 그들은 서로를 필요로 하고 있는지도 모른다. 그러니 그들은 동격이 아닌가?

잘 친다고 자만하지 말 것이며 못 친다고 쑥스러워 말지어다. 프로는 갤러리가 있어야 하며 갤러리는 프로가 있어야 구경을 갈 수가 있는 것이 아닌가. 그러니 만인은 평등한 것이다.

1. 주 2~3회 걸어서 라운드하라

사회 보장 제도가 잘 되어 있는 핀란드의 보건성에서 몇 해 전 시니어들의 건강을 위해 많은 돈을 들여 운동처방을 했던 적이 있다고 한다. 일주일에 몇 시간 동안 어느 정도의 강도로 어떤 운동을 해야 한다고 처방을 하는 것이었는데 정작 당사자들의 반응은 지루하고 재미가 없다는 불만투성이 었다. 곤혹스러워하던 핀란드 정부는 "골프를 쳐라. 단 주 2회 18홀의 골프장을 걸어서"라고 새로운 처방을 내렸다. 이후 핀란드 시니어들의 건강 상태가 회복되고 의료비 지출이 감소되어 국가 전체로 보아 많은 이득을 보았다는 보고가 있다.

주 2~3회 정기적으로 산소 호흡수 능력이 월등히 좋아지고, 허리근육의 근력 및 지구력이 좋아지고, 몸무게도 가벼워졌으며, 배 둘레의 지방층도 얇아졌으며, 콜레스테롤 수치도 낮아졌다는 것이 판명됐다는 내용이다. 즉, 주 2회 정도 걸어 다니며 골프를 즐기면 건강과 즐거움이라는 두 마리 토끼를 동시에 잡을 수 있다는 결론이다.

시니어들에게 운동이 좋다는 말은 많지만 운동에는 항상 근골격계와 심혈관계의 위험을 초래할 가능성이 항상 존재한다. 골프는 다른 운동보다 이런 위험성이 상대적으로 적은 것으로 되어있다. 가을이 되면 주 2회 정도 걸어 라운드를 하고 라운드 전후에 반드시 10분 정도 충분한 스트레칭을 한다는 수칙을 세워보자.

 << **Part 18.** '건강과 골프' 서경묵 교수 에세이

2. 골프 엘보

골프 엘보를 예방하기 위해서는 다음 사항을 잘 지켜야 한다. 먼저 잘못 알려진 스포츠 의학상식을 말끔히 잊어라. '운동에서 오는 통증은 운동으로 풀어야 한다' 는 생각을 버리는 것.

두 번째는 골프 연습장의 매트를 잘 골라야 한다. 매트가 닳아서 거의 밑이 보일 정도인데 무턱대고 연습하면 골프 클럽의 헤드가 볼을 치고 난 후 매트에 직접 닿게 되기 때문에 그로 인한 충격이 고스란히 팔에 전달이 된다.

세 번째는 골프 장비를 점검해 봐야 한다. 골프채를 선택할 때 남의 말만 듣고 결정하지 말아야 한다. 스틸 샤프트의 어떤 프랜드를 써야 장타를 날릴 수 있다는 생각을 버려라. 체력이나 연령 등을 고려해 본인에게 맞는 채를 골라야 하며 특히 40세가 넘어선 아마추어 골퍼는 가급적 스틸 샤프트는 쓰지 않는 것이 좋다. 몸에 무리를 줄 수 있기 때문이다.

네 번째는 찍어 치는 타법도 조심해야 한다. 볼을 치면 잔디가 손바닥만큼씩 떨어져 나가는 외국과 달리 우리 나라의 잔디는 대부분 거칠고 바닥은 딱딱하다. 그러므로 찍어 치기 타법으로 자주 라운드하면 엘보가 생기가 쉽다.

다섯 번째는 급한 성격을 버려야 한다. 하루아침에 싱글이 되려고 한다든지, 엘보 초기 단계인데 친구들과 내기를 해야 한다며 주사 한 대로 낫게 해 달라고 한다든지 하는 식으로 조급하게 굴면 병만 악화될 뿐이다.

'이번에는 그냥 참고 치지 뭐' 하는 식의 안이한 생각도 병을 키워 1년 이상 골프를 치지 못하거나 수술을 받아야만 하는 큰 화를 초래한다는 사실을 명심하자.

3. 프로포테라피

골프를 치다가 "발목이 삐었어", "허리가 아픈데 디스크 같아", "공을 많이 쳤더니 골프 엘보가 생겼어" 라고 말하는 증상들은 인대나 힘줄이 늘어났거나 부분적으로 찢어진 경우가 대부분이다.

이런 경우 방사선 검사를 하면 이상이 없는 것으로 나온다. 뼈가 부러지면 깁스를 하지만 삔 경우 진통 소염제를 먹으면서 탄력붕대로 고정하는 것이 대부분이다. 그러나 이런 치료는 한번 손상된 인대나 힘줄을 완전히 회복시키기에 불충분하다.

우리 몸은 인대가 늘어나고 부분적으로 찢어진 경우도 스스로 치유할 수 있는 면역방어 체계가 있어 어느 정도 회복이 되지만 손상된 인대와 힘줄 접합부는 완전히 정상으로 다시 돌아가기가 불가능하며, 연구에 의하면 다치기 전의 70%이상 회복되기가 힘들다는 것이 정설이기 때문이다.

하지만 근골격계 통증의 원인 중 가장 많은 인대, 힘줄 접합부에 증식제를 주사하여 인대와 힘줄을 건강하고 튼튼하게 재생할 수 있는 방법이 있다. 바로 '프로포테라피'이다. 주사제는 근골격계 통증에 많이 쓰고 있는 코티손이라는 호르몬제(스테로이드)가 아니기 때문에 주사 횟수를 제한 없이 할 수 있는 아주 안전한 약물이다.

골프 엘보로 인한 팔꿈치 주위의 만성 통증에도 80%정도에서 재발 없이 만족할 만한 치료효과를 보이는 아주 좋은 치료의 한 방법이다.

4. 입스병

세계적으로 유명한 미국 미네소타의 메이요 크리닉의 스포츠 의학 센터에서는 지난 97년 재활의학과, 신경과, 내분비내과 의사가 주도하는 가운데 스포츠 생리학자, 스포츠 심리학자, 동작 분석가, 물리 치료사 등 많은 관련 의사들과 박사들이 참여해 입스에 관한 실험을 했다.

많은 돈을 걸고 퍼팅 시합을 하는 방식이었는데 핸디캡 12이하의 골퍼 2,600여명을 대상으로 한 결과 놀랍게도 53%에서 입스 증상을 나타냈다. 증상은 몸이 굳는다든지, 손이 떨린다든지, 숨이 막히는 것 같고, 불안감이 엄습하는 등 다양했다.

이런 것을 극복하기 위해 메이요 크리닉의 운동심리학 교수인 애인슬리 스미스 박사는 다음과 같은 조언을 제시한 바 있다.

첫째, 무리하지 말고 꾸준히 연습하라.
둘째, 근육을 이완하는 방법을 배워라.
그 방법은 10초간 깊이 숨을 들이마시고 천천히 뱉은 다음 숨을 깊이 들이쉬면서 다리를 쭉 뻗고 발목을 몸통 쪽으로 최대한 신전시켜 종아리 근육이 타이트해지는 것을 느끼면서 10초간 멈추고 숨을 천천히 뱉는 것이다.
셋째, 상상력을 동원하라. 정확하게 해낼 수 있다는 자신감을 가져라.
그리고 퍼팅 자세에 들어가서 조금이라도 자신감이 없다면 물러나 라이를 다시 한 번 보고 세트업한다.

5. 부상 병동의 골퍼들

어떤 운동이든 마찬가지지만 골퍼들의 가장 큰 적도 부상이다. 골프가 비접촉 스포츠(Non-contact Sports)이지만 부상당할 가능성이 우리 생각보다 훨씬 높은 스포츠다.

PGA투어에서 뜻하지 않은 부상으로 고전한 골퍼들이 한 두 명이 아니다. 타이거 우즈는 허리와 아킬레스건 부상, 랑거는 요통으로 퍼팅 그립을 바꿨으며 데이비드 톱스는 손목 통증, 데이비드 러브3세는 허리와 목부분의 부상으로 2001년 시즌 내내 고전했다.

이처럼 수많은 유명 골퍼들이 골프로 인한 근골격계 통증으로 고생하고 있다. 국내 프로들도 마찬가지다. 만나본 국내 프로골퍼들도 몸에 이상을 한 두가지씩 가지고 있다.

'연습 많이 하는 자가 이긴다.' 는 비과학적 경험을 앞세워 일부 지도자들은 선수들이 소화할 수 없는 엄청난 운동량을 주문하며 과도한 훈련을 시켜 어린 선수들을 부상으로 내모는 것을 목격할 수 있다.

얼마 전 주니어 골프 선수가 허리가 휜 채 진료실을 찾았는데 '코치님이 하루에 3,000개 이상을 때려야 한다고 해서 연습에 매달렸다' 고 했다. 연습을 줄이라고 했더니 이후 그 선수는 오지 않았다.

골프의 과학적인 트레이닝에는 반드시 휴식과 보충이라는 2개의 요소가 첨가돼야 한다. 즉 훈련과 경기만을 반복하는 잘못 짜여진 프로그램을 이제는 바꿔야 한다. 골프도 '헝그리 정신' 으로 무조건 많이 연습하는 것이 과연 옳은가 생각해 봐야 한다.

6. 무리한 스윙, 오히려 몸 망친다

우리 몸의 근육은 평균 50세가 되면서부터 자연적으로 1년에 1% 정도씩 그 양이 감소하여 60세가 되면 약 10% 정도 줄어드는 것으로 알려져 있으며 근육의 신축성도 크게 떨어진다. 물론 나이가 들수록 근육량이나 신축성의 감소 정도는 가속된다. 집중력의 경우 신경조직이 줄어들면 떨어지게 마련인데 만 50세가 넘으면 척추신경 다발이 약 35% 정도 감소하고 자극에 대한 반응도 젊은 시절에 비해 10%쯤 감소하는 것으로 확인됐다.

골다공증은 30세 이후부터 뼈 속에서 미네랄을 만드는 능력이 매년 0.3~0.5%씩 감소하기 때문에 생긴다. 개인의 식습관, 운동 그리고 호르몬 변화에 따라 차이가 있으나 시니어가 되면 뼈의 골질이 약 30~40%가 감소하는 것으로 알려져 있다. 유연성은 인대가 힘줄에 있는 콜라겐의 수분 함량과 신축성이 떨어져 조그마한 충격에도 손상을 받기 쉽고 원상회복 능력이 떨어지면서 크게 저하된다.

이러한 노화현상에 대한 한 가지 공통점은 규칙적으로 적당히 운동을 하면 방지하거나 지연시킬 수 있다는 점이다. 매주 3~4회 연습을 하고 주말 필드에 나가는 골프는 이런 점에서 시니어들에게 추천할 만하다. 그러나 젊은 시절 생각만 하고 무리하게 파워 스윙을 하거나 몸에 맞지 않는 교습을 받는 일, 준비운동 없이 무조건 볼만 치는 식의 운동은 오히려 몸을 망치게 되므로 반드시 스트레칭과 가벼운 준비운동으로 몸을 풀어 줘야만 한다.

7. 여성과 골프

몇 년 전만 해도 주말 골프장에서 여성 골퍼들을 보기가 매우 힘들었다. 스윙도 남성보다는 여성의 스윙이 부드럽고 아름다워 보기 좋은 경우가 많다. 그러나 남자에 비해 대체로 운동할 기회가 적었던 여성이 같은 양의 연습을 할 경우 근골격계의 손상이 발생할 소지가 높다는 것을 아는 사람은 드문 것 같다.

여성 골퍼들이 가장 많이 다치는 부위는 팔꿈치와 손목인데, 이런 현상의 직접적인 원인은 상체 근력과 지구력이 부족하기 때문이다. 또 그립을 단단히 잡기 위해 필수적인 손아귀 힘, 즉 악력이 떨어지고 하체의 힘이 약해 일관성 있는 스윙을 하는데 방해가 되는 경우가 많다. 이와 더불어 여성이 일반적으로 남성보다 더 유연하다는 것도 골프에서는 방해가 될 수 있다. 유연하긴 하지만 힘있는 스윙을 하는데 필요한 탄성력을 이용할 수 없기 때문이다.

그러므로 여성 골퍼가 부상을 예방하면서 골프 실력을 늘리기 위해서는 다음 사항을 염두에 두는 것이 바람직하겠다. 먼저 상체, 특히 팔, 어깨 등 상위 부분과 팔뚝을 위한 근력 저항운동에 더 많은 시간을 투자해야 한다. 또 무릎의 중요한 인대를 강화시키기 위해 웅크리는 운동, 다리를 뻗는 운동 그리고 다리를 꼬는 운동 등 특별한 저항운동을 하는 것이 좋다. 너무 유연하고 스윙에 힘이 없다면 잠시 유연성 훈련을 줄이고 근력운동에 신경을 써야한다.

8. 골퍼의 손목 통증

골프로 인한 근골격계 통증은 아마추어와 프로 사이에 다소 차이가 있다. 2001년 스포츠의학 저널에 의하면 아마추어의 경우 요통과 골프 엘보가 많은 반면 프로 골퍼들에게는 손목 통증이 제일 많은 것으로 조사됐다.

이 통계에 따르면 골퍼들 중 로핸디캡 골퍼로서 손목을 잘 쓰고 연습을 많이 하는 골퍼는 프로와 마찬가지로 손목 손상이 가장 많을 수 있다는 결론에 도달하게 된다.

손목 이상 중에서 가장 많은 것이 디쿠바인 건초염(DeQuervain Tendinitis)이라는 힘줄의 문제이다. 이는 엄지와 손목이 연결되는 부위의 힘줄인데 타깃 방향의 손목, 즉 오른손잡이의 경우 왼손목 부위에 많이 발생한다. 특히 로핸디캐퍼로서 손목을 많이 쓰는 골퍼에게서 많이 나타나는 것으로 보아 이것도 과사용증후군(Overuse Syndrome)의 하나로 나타난 힘줄의 손상인 것으로 판단된다. 이런 통증이 반복된다면 자칫 손목 통증으로 그립을 할 수도 없게 된다는 사실을 명심해야 한다.

증상이 심하지 않은 경우 쉬면서 약 1주일간 소염 진통제를 복용하면 차차 좋아지는 수도 있다. 하지만 증상이 심한 경우 반드시 전문의와 상의해 치료 방침을 세워야 완전히 치료가 이뤄질 수 있다. 치료에는 보조기, 소염진통제, 물리치료 그리고 필요하다면 환부 주위에 스테로이드라는 강력한 항염제를 주사하기도 한다. 이런 방법으로도 통증이 지속되면 수술로 가야 하는 경우도 발생할 수 있다.

● 경기도

골프장	규모	주　　소	전　화	홈페이지
가평 베네스트	27 홀	경기도 가평군 상면 상동리 153	(031)589-8000	http://www.gpbenest.com
강남 300	18 홀	경기도 광주군 광주읍 목리 497-6	(031)719-0300	http://www.kn300.com
경기	18 홀	경기도 광주시 실촌면 오향리 156-1	(031)769-6677	http://www.kyoungkicc.com
곤지암	18 홀	경기도 광주시 도척면 도웅리 산41	(031)760-3555	http://www.konjiam.lg.co.kr
골드	36 홀	경기도 용인시 기흥읍 고매리 산18	(031)286-8111	http://www.goldcc.com
광릉	18 홀	경기도 남양주군 진접읍 팔야리 산1	(031)528-7001	
그린힐	18 홀	경기도 광주시 실촌면 이선리 208-2	(031)762-3114	http://www.greenhill-cc.co.kr
금강	18 홀	경기도 여주군 가남면 본두리 1-2	(031)884-9950	
기흥	36 홀	경기도 화성시 동탄면 신리 산46-1	(031)376-4005	
김포	18 홀	경기도 김포군 월곶면 포내리 220-6	(031)987-9992	http://www.kimpocc.co.kr
남부	18 홀	경기도 용인군 기흥읍 보라리 1-35	(031)286-8601	http://www.namboocc.co.kr
남서울	18 홀	경기도 성남시 분당구 백현동 산71-2	(031)709-6000	http://www.nscc.co.kr
남촌	18 홀	경기도 광주시 실촌면 이선리 101-1	(031)763-0114	
뉴서울	36 홀	경기도 광주시 삼동 1	(031)762-5672	http://www.newseoulgolf.co.kr
뉴스프링빌	36 홀	경기도 이천시 모가면 두미리 산76	(031)630-7500	
뉴코리아	18 홀	경기도 고양시 덕양구 신원동 227-12	(02)353-0091	
다이너스티	18 홀	경기도 동두천시 하봉암동 산33-1	(031)869-7770	http://www.dynastycc.co.kr
대영 루미나	36 홀	경기도 여주군 북내면 운촌리 산40	(031)881-1500	http://www.skyvally.co.kr
덕평	18 홀	경기도 이천시 호법면 매곡리 704-2	(031)638-9626	http://www.dpcc.co.kr
동서울	18 홀	경기도 하남시 감이동 260-1	(02)480-5600	
레이크사이드	18 홀	경기도 용인시 모현면 능원리 산5-12	(031)334-2111	http://www.lakcc.co.kr
레이크힐스	27 홀	경기도 용인시 남사면 창리 산103-3	(031)336-8350	http://www.lakehills.co.kr
렉스필드	27 홀	경기도 여주군 산북면 상품리 산108	(031)882-8000	
로얄	27 홀	경기도 양주군 주내면 만송리 555	(031)840-1515	http://www.royalcci.co.kr
리베라	36 홀	경기도 화성시 동탄면 오산리 산22	(031)376-6711	http://www.shinan.co.kr
리츠 칼튼	27 홀	경기도 가평군 설악면 방일리 산90-2	(031)589-3000	http://www.ritzcarltoncc.co.kr
마이다스 밸리	18 홀	경기도 가평군 설악면 이천리 240	(031)589-9000	
발안	27 홀	경기도 화성시 팔탄면 해창리 산256-5	(031)352-5061	
백암 비스타	27 홀	경기도 이천시 모가면 어농리 산86	(031)636-3577	
산정호수	36 홀	경기도 포천군 영북면 산정리 558-1	(031)531-3841	
서서울	18 홀	경기도 파주시 광탄면 용미리 산79-1	(031)943-4103	http://www.seoseoul.co.kr

서울	36 홀	경기도 고양시 덕양구 원당동 산38-23	(031)969-0811	http://www.hanyangcc.co.kr
서원 밸리	18 홀	경기도 파주시 광탄면 발랑리 산48-1	(031)940-9400	http://www.seowongolf.co.kr
세븐 힐스	27 홀	경기도 안성시 금광면 삼흥리 산1	(031)670-0777	http://www.svhills.com
송추	18 홀	경기도 양주군 광적면 비암리 산23-1	(031)871-9410	http://www.songchoocc.co.kr
수원	36 홀	경기도 용인시 기흥읍 구갈리 313	(031)281-6613	http://www.suwon-golf.co.kr
신라	27 홀	경기도 여주군 북내면 덕산리 산3-1	(031)886-3030	http://www.shillacc.com
신안	18 홀	경기도 안성시 고삼면 가유리 650	(031)673-8853	http://www.shinancorp.co.kr
신원	27 홀	경기도 용인시 이동면 묵리 산49-1	(031)333-1800	http://www.swcc.co.kr
썬힐	36 홀	경기도 가평군 하면 하판리 산162-1	(031)585-7900	http://www.sunhillgolf.co.kr
아시아나	36 홀	경기도 용인시 양지면 대대리 산280-1	(031)330-1103	http://www.asianacc.co.kr
안성	18 홀	경기도 안성시 죽산면 장계리 736-4	(031)674-9111	http://www.ansungcc.co.kr
안양 베네스트	18 홀	경기도 군포시 부곡동 1	(031)460-3301	http://www.aybenest.com
양주	18 홀	경기도 남양주시 화도읍 금남리 산12-2	(031)592-6060	
양지	27 홀	경기도 용인시 양지면 남곡리 34-1	(031)338-2001	http://www.pineresort.com
여주	27 홀	경기도 여주군 여주읍 월송리 35-10	(031)884-6136	
은화삼	18 홀	경기도 용인시 남동 산118-1	(031)335-8255	
이스트밸리	18 홀	경기도 광주시 실촌면 건업리 산100-2	(031)760-3800	
이포	18 홀	경기도 여주군 금사면 장흥리 산1	(031)886-8100	http://www.ipo-cc.co.kr
인천 국제	18 홀	인천광역시 서구 경서동 177-1	(032)562-6666	http://www.inchoncc.com
일동 레이크	18 홀	경기도 포천군 일동면 유동리 21-2	(031)536-6800	
자유	18 홀	경기도 여주군 가남면 삼군리 산44	(031)880-9900	
제일	27 홀	경기도 안산시 부곡동 587	(031)400-2500	http://www.jaeil-cc.co.kr
중부	18 홀	경기도 광주시 실촌면 곤지암리 산28-1	(031)762-6588	http://www.akdjbcc.co.kr
지산	27 홀	경기도 용인시 원삼면 맹리 산29-8	(031)330-1400	http://www.jisancc.co.kr
캐슬파인	18 홀	경기도 여주군 강천면 부평리 산47-1	(031)886-8656	http://www.ko-m.com
코리아	18 홀	경기도 용인시 이동면 서리 772-1	(031)334-7112	http://www.korgolfvillage.com
클럽 700	18 홀	경기도 여주군 대신면 상구리 산11-1	(031)884-0701	http://www.club700golf.co.kr
클럽 비전힐스	18 홀	경기도 남양주시 화도읍 녹촌리 산52-1	(031)595-3355	
태광	36 홀	경기도 용인시 기흥읍 신갈리 산66	(031)281-7111	
태영	18 홀	경기도 용인시 원삼면 죽능리 산38	(031)330-9700	http://www.ty-cc.com
파인크리크	27 홀	경기도 안성시 양성면 노곡리 701-3	(031)672-0071	http://www.pinecreek.co.kr
88	36 홀	경기도 용인시 구성면 청덕리 80-2	(031)287-8811	http://www.88countryclub.co.kr
포천 아도니스	27 홀	경기도 포천군 신북면 고일리 산59	(031)530-9100	http://www.vrfield.com/cc/pochun
프라자	36 홀	경기도 용인시 남사면 봉무리 산57	(031)332-1122	http://www.hanwharesort.co.kr
프리스틴밸리	18 홀	경기도 가평군 설악면 이천리 산2-12	(031)585-0555	http://www.club200cc.co.kr
필로스	27 홀	경기도 포천군 일동면 기산리 산142-1	(031)531-2003	
한성	27 홀	경기도 용인군 구성면 보정리 산32-1	(031)284-3831	

골프장	규 모	주　소	전　화	홈 페 이 지
한양	36 홀	경기도 고양시 덕양구 원당동 산38-23	(031)969-0810	http://www.hanyangcc.co.kr
한원	27 홀	경기도 용인시 남서면 북리 859-1	(031)373-7111	http://www.hanwoncc.co.kr
한일	36 홀	경기도 여주군 가남면 양귀리 산69	(031)884-7000	http://www.hanilgolf.com
화산	18 홀	경기도 용인시 이동면 화산리 산28-1	(031)329-7114	

● 강 원 도

골프장	규 모	주　소	전　화	홈 페 이 지
강촌	27 홀	강원도 춘천시 남산면 백양리 산29-1	(033)260-2000	http://www.kangchon.co.kr
설악 프라자	18 홀	강원도 속초시 장사동 산24-2	(033)635-7711	http://www.hanwharesort.co.kr
센추리 21	18 홀	강원도 원주시 문막읍 궁촌리 816-3	(033)731-8911	http://www.century21cc.co.kr
오크밸리	27 홀	강원도 원주시 지정면 월송리 1016	(033)730-3700	http://www.oakvalley.co.kr
용평	18 홀	강원도 평창군 도암면 용산리 130	(033)335-5757	http://www.yongpyong.co.kr
춘천	27 홀	강원도 춘천시 신동면 정족리 1007-1	(033)260-1114	http://www.doosanresort.co.kr
휘닉스 파크	18 홀	강원도 평창군 봉평면 면온리 1095	(033)330-6000	http://www.phoenixpark.co.kr

● 충 청 도

골프장	규 모	주　소	전　화	홈 페 이 지
그랜드	27 홀	충북 청원군 오창면 화산리 40-1	(043)212-7111	http://www.grandgolf.co.kr
대둔산	18 홀	충남 금산군 진산면 행정리 산22-2	(041)750-0114	http://www.taedunsan.cc
도고	18 홀	충남 아산군 선장면 신성리 113-8	(041)542-4411	
떼제베(TGV)	27 홀	충북 청원군 옥산면 환희리 산102	(043)234-2880	http://www.tgvcc.co.kr
시그너스(남강)	18 홀	충북 충주시 앙성면 중전리 산11-1	(043)857-5001	http://www.ngcc.co.kr
실그리버	18 홀	충북 청원군 남이면 산막리 102	(043)277-5000	
우정 힐스	18 홀	충남 천안시 목천면 운전리 산29	(041)557-2902	http://www.kolon.co.kr
유성	18 홀	대전광역시 유성구 덕명동 215-7	(042)822-7103	
임페리얼 레이크	18 홀	충북 충주시 금가면 월상리 산95-1	(043)853-5555	
장호원	18 홀	충북 충주시 앙성면 지당리 산93	(043)854-3000	
중앙	18 홀	충북 진천군 백곡면 성대리 산103-1	(043)533-6666	
천룡	27 홀	충북 진천군 이월면 신계리 산77	(043)536-1001	http://www.chunryongcc.co.kr
프레야 충남	27 홀	충남 연기군 전의면 유천리 495-2	(041)862-4004	http://www.freyacc.co.kr

● 경 상 도

골프장	규 모	주　소	전　화	홈 페 이 지
가야	36 홀	경남 김해시 삼방동 산1	(055)337-0091	http://www.kayacc.co.kr
경주 신라	36 홀	경북 경주시 신평동 산5	(054)740-7114	http://www.sillacc.co.kr
대구	27 홀	경북 경산시 진량면 선화리 67-2	(053)854-0002	http://www.dgcc.co.kr

동래 베네스트	18 홀	부산광역시 금정구 선동 산128	(051)580-0300	
동부산	27 홀	경남 양산시 웅상읍 매곡리 131	(055)388-1315	http://www.dongpusancc.co.kr
마우나오션	18 홀	경북 경주시 양남면 신대리 425-1	(054)771-0900	http://www.mauna.co.kr
부곡	18 홀	경남 창녕군 부곡면 거문리 산263	(055)521-0707	
부산	18 홀	부산광역시 금정구 노포동 368	(051)508-0707	
선산	18 홀	경북 구미시 산동면 인덕리 산39-1	(054)473-6200	http://www.sunsancc.com
아시아드	27 홀	부산광역시 일광면 이천리 산34-29	(051)720-6000	http://www.asiadcc.co.kr
에이원	27 홀	경남 양산시 웅상읍 매곡리 산1	(055)371-3500	
용원	27 홀	경남 진해시 용원동 산39	(055)552-0080	
울산	27 홀	울산시 울주군 웅촌면 대대리 산105	(052)225-0707	
진주	18 홀	경남 진주시 진성면 상촌리 산1	(055)758-0400	
창원	18 홀	경남 창원시 봉림동 산50	(055)288-4112	
통도	36 홀	경남 양산시 하북면 답곡리 233	(055)382-9111	http://www.tongdocc.co.kr
파미힐스	18 홀	경북 칠곡군 왜관읍 매원리 295-1	(054)971-9900	
팔공	18 홀	대구광역시 동구 도학동 산1	(053)982-8080	

● 전 라 도

골프장	규 모	주　　소	전　　화	홈 페 이 지
광주	27 홀	전남 곡성군 옥과면 합강리 410	(061)362-5533	
남광주	18 홀	전남 화순군 춘양면 양곡리 산67	(061)373-5511	
무주	18 홀	전북 무주군 설천면 심곡리 산43-15	(063)320-7500	http://www.mujuresort.com
승주	27 홀	전남 순천시 상사면 오곡리 산177	(061)740-8000	http://www.sjcc.co.kr
익산	18 홀	전북 익산시 덕기동 산226-1	(063)835-2521	
클럽 900	27 홀	전남 화순군 도곡면 쌍옥리 산15-1	(061)371-0900	
태인	18 홀	전북 정읍시 태인면 증산리 산3	(063)532-7200	

● 제 주 도

골프장	규 모	주　　소	전　　화	홈 페 이 지
나인 브릿지	18 홀	남제주군 안덕면 광평리 산15	(064)793-9999	http://www.ninebridge.co.kr
오라	36 홀	제주도 제주시 오라동 289	(064)747-5100	http://www.oracc.com
제주	18 홀	제주도 제주시 영평동 2238-2	(064)702-0451	http://www.cheju-cc.co.kr
제주 다이너스티	27 홀	제주도 남제주군 남원읍 신흥리 산30	(064)766-6200	http://www.dynastycc.jeju.kr
크라운	18 홀	제주도 북제주군 조천읍 북촌리 산65	(064)784-4811	
파라다이스	27 홀	제주도 남제주군 안덕면 광평리 산125	(064)792-6688	http://www.paradise-gc.co.kr
핀크스	18 홀	제주도 남제주군 안덕면 상천리 산62-3	(064)792-5200	http://www.pinxgc.co.kr

가림출판사 · 가림M&B · 가림Let's에서 나온 책들

문 학

바늘구멍 켄 폴리트 지음 / 홍영의 옮김 / 신국판 / 342쪽 / 5,300원

레베카의 열쇠 켄 폴리트 지음 / 손연숙 옮김 / 신국판 / 492쪽 / 6,800원

암병선 니시무라 쥬코 지음 / 홍영의 옮김 / 신국판 / 300쪽 / 4,800원

첫키스한 얘기 말해도 될까
김정미 외 7명 지음 / 신국판 / 228쪽 / 4,000원

사미인곡 上·中·下 김충호 지음 / 신국판 / 각 권 5,000원

이내의 끝자리 박수완 스님 지음 / 국판변형 / 132쪽 / 3,000원

너는 왜 나에게 다가서야 했는지
김충호 지음 / 국판변형 / 124쪽 / 3,000원

세계의 명언 편집부 엮음 / 신국판 / 322쪽 / 5,000원

여자가 알아야 할 101가지 지혜
제인 아서 엮음 / 지창국 옮김 / 4×6판 / 132쪽 / 5,000원

현명한 사람이 읽는 지혜로운 이야기
이정민 엮음 / 신국판 / 236쪽 / 6,500원

성공적인 표정이 당신을 바꾼다
마츠오 도오루 지음 / 홍영의 옮김 / 신국판 / 240쪽 / 7,500원

태양의 법
오오카와 류우호오 지음 / 민병수 옮김 / 신국판 / 246쪽 / 8,500원

영원의 법
오오카와 류우호오 지음 / 민병수 옮김 / 신국판 / 240쪽 / 8,000원

석가의 본심
오오카와 류우호오 지음 / 민병수 옮김 / 신국판 / 246쪽 / 10,000원

옛 사람들의 재치와 웃음
강형중 · 김경익 편저 / 신국판 / 316쪽 / 8,000원

지혜의 쉼터
쇼펜하우어 지음 / 김충호 엮음 / 4×6판 양장본 / 160쪽 / 4,300원

헤세가 너에게
헤르만 헤세 지음 / 홍영의 엮음 / 4×6판 양장본 / 144쪽 / 4,500원

사랑보다 소중한 삶의 의미
크리슈나무르티 지음 / 최윤영 엮음 / 신국판 / 180쪽 / 4,000원

장자-어찌하여 알 속에 털이 있다 하는가
홍영의 엮음 / 4×6판 / 180쪽 / 4,000원

논어-배우고 때로 익히면 즐겁지 아니한가
신도희 엮음 / 4×6판 / 180쪽 / 4,000원

맹자-가까이 있는데 어찌 먼 데서 구하려 하는가
홍영의 엮음 / 4×6판 / 180쪽 / 4,000원

아름다운 세상을 만드는 **사랑의 메시지 365**
DuMont monte Verlag 엮음 / 정성호 옮김
4×6판 변형 양장본 / 240쪽 / 8,000원

황금의 법
오오카와 류우호오 지음 / 민병수 옮김 / 신국판 / 320쪽 / 12,000원

왜 여자는 바람을 피우는가?
기젤라 룬테 지음 / 김현성 · 진정미 옮김 / 국판 / 200쪽 / 7,000원

세상에서 가장 아름다운 선물 김인자 지음
엄마가 두 딸에게 주는 인생의 지침서. 같은 여성으로서의 엄마, 친구로서의 엄마, 삶의 등대로서의 엄마가 딸들에게 바라는 점, 두 딸을 키우면서 세운 교육관 등이 솔직하게 담겨 있다. 또한 딸들과 주고받은 편지, 메모는 서로 교감하는 부모와 자녀의 사이를 말해주는 일종의 답안으로 제시되고 있다.
국판변형 / 292쪽 / 9,000원

건 강

식초건강요법 건강식품연구회 엮음 / 신재용(해성한의원 원장) 감수
가장 쉽게 구할 수 있고 경제적인 식품이면서 상상할 수 없을 정도로 뛰어난 약효를 지닌 식초의 모든 것을 담은 건강지침서!
신국판 / 224쪽 / 6,000원

아름다운 피부미용법 이순희(한독피부미용학원 원장) 지음
피부조직에 대한 기초 이론과 우리 몸의 생리를 알려줌으로써 아름다운 피부, 젊은 피부를 오래 유지할 수 있는 비결 제시!   신국판 / 296쪽 / 6,000원

버섯건강요법 김병각 외 6명 지음
종양 억제율 100%에 가까운 96.7%를 나타내는 기적의 약용버섯 등 신비의 버섯을 통하여 암을 치료하고 비만, 당뇨, 고혈압, 동맥경화 등 각종 성인병 예방을 위한 생활 건강 지침서!   신국판 / 286쪽 / 8,000원

성인병과 암을 정복하는 유기게르마늄 이상현 편저 / 캬오 샤오이 감수
최근 들어 각광을 받고 있는 새로운 치료제인 유기게르마늄을 통한 성인병, 각종 암의 치료에 대해 상세히 소개.   신국판 / 312쪽 / 9,000원

난치성 피부병 생약효소연구원 지음
현대의학으로도 치유불가능했던 난치성 피부병인 건선 · 아토피(태열)의 완치요법이 수록된 건강 지침서.   신국판 / 232쪽 / 7,500원

新 **방약합편** 정도명 편역
자신의 병을 알고 증세에 맞춰 스스로 처방을 할 수 있고 조제할 수 있는 보약 506가지 수록.   신국판 / 416쪽 / 15,000원

자연치료의학 오홍근(신경정신과 의학박사 · 자연의학박사) 지음
대한민국 최초의 자연의학박사가 밝힌 신비의 자연치료의학으로 자연산물을 이용하여 부작용 없이 치료하는 건강 생활 비법 공개!!
신국판 / 472쪽 / 15,000원

약초의 활용과 가정한방 이인성 지음
주변의 흔한 식물과 약초를 활용하여 각종 질병을 간편하게 예방 · 치료할 수 있는 비법제시.   신국판 / 384쪽 / 8,500원

역전의학 이시하라 유미 지음 / 유태종 감수
일반상식으로 알고 있는 건강상식에 대해 전혀 새로운 관점에서 비판하고 아울러 새로운 방법들을 제시한 건강 혁명 서적!!   신국판 / 286쪽 / 8,500원

이순희식 순수피부미용법 이순희(한독피부미용학원 원장) 지음
자신의 피부에 맞는 관리법으로 스스로 피부관리를 할 수 있는 방법을 제시하고 책 속 부록으로 천연팩 재료 사전과 피부 타입별 팩 고르기.
신국판 / 304쪽 / 7,000원

21세기 **당뇨병 예방과 치료법** 이현철(연세대 의대 내과 교수) 지음
세계 최초 유전자 치료법을 개발한 저자가 당뇨병과 대항하여 가장 확실하게 이길 수 있는 당뇨병에 대한 올바른 이론과 발병시 대처 방법을 상세히 수록!   신국판 / 360쪽 / 9,500원

신재용의 민의학 동의보감 신재용(해성한의원 원장) 지음
주변의 흔한 먹거리를 이용해 신비의 명약이나 보약으로 활용할 수 있는 건강 지침서로서 저자가 TV나 라디오에서 다 밝히지 못한 한방 및 민간요법까

지 상세히 수록!! 신국판 / 476쪽 / 10,000원

치매 알면 치매 이긴다 배오성(백상한방병원 원장) 지음

B.O.S.요법으로 뇌세포의 기능을 활성화시키고 엔돌핀의 분비효과를 극대화시켜 증상에 맞는 한약 처방을 병행하여 치매를 치유하는 획기적인 치유법 제시. 신국판 / 312쪽 / 10,000원

21세기 건강혁명 밥상 위의 보약 생식 최경순 지음

항암식품으로, 다이어트식으로, 젊고 탄력적인 피부를 유지할 수 있게 해주는 자연식으로의 생식을 소개하여 현대인들의 건강 길라잡이가 되도록 하였다. 신국판 / 348쪽 / 9,800원

기치유와 기공수련 윤한홍(기치유 연구회 회장) 지음

누구나 노력만 하면 개발할 수 있고 활용할 수 있는 기 수련 방법과 기치유 개발 방법 소개. 신국판 / 340쪽 / 12,000원

만병의 근원 스트레스 원인과 퇴치 김지혁(김지혁한의원 원장) 지음

만병의 근원인 스트레스를 속속들이 파헤치고 예방법까지 속시원하게 제시!! 신국판 / 324쪽 / 9,500원

김종성 박사의 뇌졸중 119 김종성 지음

우리나라 사망원인 1위. 뇌졸중 분야의 최고 권위자인 저자가 일상생활에서의 건강관리부터 환자간호에 이르기까지 뇌졸중의 예방, 치료법 등 모든 것 수록. 신국판 / 356쪽 / 12,000원

탈모 예방과 모발 클리닉 장정훈 · 전재홍 지음

미용적인 측면과 우리가 일상적으로 고민하고 궁금해 하는 털에 관한 내용들을 다양하고 재미있게 예들을 들어가면서 흥미롭게 풀어간 것이 이 책의 특징. 신국판 / 252쪽 / 8,000원

구태규의 100% 성공 다이어트 구태규 지음

하이틴 영화배우의 다이어트 체험서. 저자만의 다이어트법을 제시하면서 바람직한 다이어트에 대해서도 알려준다. 건강하게 날씬해지고 싶은 사람들을 위한 필독서! 4×6배판 변형 / 240쪽 / 9,900원

암 예방과 치료법 이춘기 지음

암환자와 가족들을 위해서 암의 치료방법에서부터 합병증의 예방 및 암이 생기기 전에 알 수 있는 방법에 이르기까지 상세하게 해설해 놓은 책. 신국판 / 296쪽 / 11,000원

알기 쉬운 위장병 예방과 치료법 민영일 지음

소화기관인 위와 관련 기관들의 여러 질환을 발병 원인, 증상, 치료법을 중심으로 알기 쉽게 해설해 놓은 건강서. 신국판 / 328쪽 / 9,900원

이온 체내혁명 노보루 야마노이 지음 / 김병관 옮김

새로운 건강관리 이론으로 주목을 받고 있는 음이온을 통해 건강을 돌볼 수 있는 방법 제시. 신국판 / 272쪽 / 9,500원

어혈과 사혈요법 정지천 지음

침과 부항요법 등을 사용하여 모든 질병을 다스릴 수 방법과 우리 주변에서 흔하게 접할 수 있는 각 질병의 상황별 처치를 혈자리 그림과 함께 해설. 신국판 / 308쪽 / 12,000원

약손 경락마사지로 건강미인 만들기 고정환 지음

경락과 민족 고유의 정신 약손을 결합시킨 약손 성형경락 마사지로 수술하지 않고도 자신이 원하는 부위를 고치는 방법을 제시하는 건강 미용서. 4×6배판 변형 / 284쪽 / 15,000원

정유정의 LOVE DIET 정유정 지음

널리 알려진 온갖 다이어트 방법으로 살을 빼려고 노력했던 저자의 고통스러웠던 다이어트 체험담이 실려 있어 지금 살 때문에 고민하는 사람들이 가슴에 와 닿는 나만의 다이어트 계획을 나름대로 세울 수 있을 것이다. 4×6배판 변형 / 196쪽 / 10,500원

머리에서 발끝까지 예뻐지는 부분다이어트 신상만 · 김선민 지음

한약을 먹거나 침을 맞아 살을 빼는 방법, 아로마요법을 이용한 다이어트법, 운동을 이용한 부분만 해소법 등이 실려 있으므로 나에게 맞는 방법을 선택해 날씬하고 예쁜 몸매를 만들 수 있을 것이다. 4×6배판 변형 / 196쪽 / 11,000원

알기 쉬운 심장병 119 박승정 지음

심장병에 관해 심장질환이 생기는 원인, 증상, 치료법을 중심으로 내용을 상세하게 해설해 놓은 건강서. 신국판 / 248쪽 / 9,000원

알기 쉬운 고혈압 119 이정균 지음

생활 속의 고혈압에 관해 일반인들이 관심을 가지고 예방할 수 있도록 고혈압의 원인, 증상, 합병증 등을 상세하게 해설해 놓은 건강서. 신국판 / 304쪽 / 10,000원

여성을 위한 부인과질환의 예방과 치료 차선희 지음

남들에게는 말할 수 없는 증상들로 고민하고 있는 여성들을 위해 부인암, 골다공증, 빈혈 등 부인과질환을 원인 및 치료방법을 중심으로 설명한 여성건강 정보서. 신국판 / 304쪽 / 10,000원

알기 쉬운 아토피 119 이승규 · 임승엽 · 김문호 · 안유일 지음

감기처럼 흔하지만 암만큼 무서운 아토피 피부염의 원인에서부터 증상, 치료방법, 임상사례, 민간요법을 적용한 환자들의 경험담 등 수록. 신국판 / 232쪽 / 9,500원

120세에 도전한다 이권행 지음

아프지 않고 건강하게 오래 살기를 바라는 현대인들에게 우리 체질에 맞는 식생활습관, 심신 활동, 생활습관, 체질별 · 나이별 양생법을 소개. 장수하고픈 독자들의 궁금증을 풀어줄 것이다. 신국판 / 308쪽 / 11,000원

건강과 아름다움을 만드는 요가 정판식 지음

책을 보고서 집에서 혼자서도 할 수 있는 요가법 수록. 각종 질병에 따른 요가 수정체조법도 담았으며, 별책 부록으로 한눈에 보는 요가 차트 수록. 4×6배판 변형 / 224쪽 / 14,000원

우리 아이 건강하고 아름다운 롱다리 만들기 김성훈 지음

키 작은 우리 아이를 롱다리로 만드는 비법공개. 식사습관과 생활습관만의 변화로도 키를 크게 할 수 있으므로 키 작은 자녀를 둔 부모의 고민을 해결해 준다. 대국전판 / 236쪽 / 10,500원

알기 쉬운 허리디스크 예방과 치료 이종서 지음

전문가들의 의견, 허리병의 치료에서 가장 중요한 운동치료, 허리디스크와 요통에 관해 언론에서 잘못 소개한 기사나 과장 보도한 기사, 대상이 광범위함으로써 생기고 있는 사이비 의술 및 상업적인 의술을 시행하는 상업적인 병원 등을 소개함으로써 허리병을 앓고 있는 사람들에게 정확하고 올바른 지식을 전달하고자 하는 길라잡이서. 대국전판 / 336쪽 / 12,000원

소아과 전문의에게 듣는 알기 쉬운 소아과 119

신영규 · 이강우 · 최성항 지음

새내기 엄마, 아빠를 위해 올바른 육아법을 제시하고 각종 질병에 대한 치료법 및 예방법, 응급처치법을 소개. 4×6배판 변형 / 280쪽 / 14,000원

피가 맑아야 건강하게 오래 살 수 있다 김영찬 지음

현대인이 앓고 있는 고혈압, 당뇨병, 심장병 등은 피가 끈적거리고 혈관이 너덜거려서 생기는 질병이다. 이러한 성인병을 치료하려면 식이요법, 생활습관 개선 등을 통해 피를 맑게 해야 한다. 이 책에서는 피를 맑게 하기 위해 필요한 처방, 생활습관 개선법을 한의학적 관점에서 상세하게 설명하고 있다. 신국판 / 256쪽 / 10,000원

웰빙형 피부 미인을 만드는 나만의 셀프 피부건강 양해원 지음

모든 사람들이 관심 있어 하는 피부 관리를 집에서 할 수 있게 해주는 실용서. 집에서 간단하게 만들 수 있는 화장수, 팩 등을 소개하여 손안의 미용서 역할을 하고 있다. 대국전판 / 144쪽 / 10,000원

내 몸을 살리는 생활 속의 웰빙 항암 식품 이승남 지음

암=사형 선고라는 고정 관념을 깨자는 전제 아래 우리 밥상에서 흔히 볼 수 있는 먹거리로 암을 예방하며 치료하는 방법 소개. 암환자와 그 가족들에게 희망을 안겨 줄 것이다. 대국전판 / 248쪽 / 9,800원

마음한글, 느낌한글 박완식 지음

훈민정음의 창제원리를 이용한 한글명상, 한글요가, 한글체조로 지금까지의 요가나 명상과는 차원이 다른 더욱 더 효과적인 수련으로 이제 당신 앞에 새로운 세계가 펼쳐진다. 4×6배판 / 300쪽 / 15,000원

웰빙 동의보감식 발마사지 10분 최미희 지음, 신재용 감수

발이 병나면 몸에도 병이 생긴다. 우리 몸 중에서 가장 천대받으면서도 가장

많은 일을 하는 발을 새롭게 인식하는 추세에 맞추어 발을 가꾸어 건강을 지키는 방법 제시. 각 질병별 발마사지 방법, 부위를 구체적으로 설명하고 있다. 텔레비전을 보면서 하는 15분의 발마사지가 피로를 풀어주고 건강을 지켜줄 것이다.   4×6배판 변형 / 204쪽 / 13,000원

아름다운 몸, 건강한 몸을 위한 목욕 건강 30분   임하성 지음
우리가 흔히 대수롭지 않게 여기고 하는 습관 중에 하나가 목욕일 것이다. 그러나 이제 목욕도 건강과 관련시켜 올바른 방법으로 해야 한다. 웰빙 시대, 웰빙 라이프에 맞는 올바른 목욕법을 피부 관리 및 우리들의 생활 패턴에 맞추어 제시해 본다.   대국전판 / 176쪽 / 9,500원

내가 만드는 한방생주스 60   김영섭 지음
일반적인 과일 · 야채 주스에 21가지 한약재로 기본 음료를 만들어 맛과 영양을 고루 갖춘 최초의 웰빙 한방 건강음료 만드는 법 60가지 수록!! 각 음료마다 만드는 법과 효능을 실어 우리 가족 건강을 지키는 건강지침서의 역할을 한다.   국판 / 112쪽 / 7,000원

몸을 살리는 건강식품   백은희 · 조창호 · 최양진 지음
스트레스에 시달리는 현대인들에게 자연 영양소를 공급해 주는 건강기능식품에 관한 상세한 정보를 담고 있다. 나에게 필요한 영양소는 어떤 것이 있으며, 어떻게 섭취했을 때 가장 큰 효과를 얻을 수 있는 지 등을 조목조목 설명해 놓은 것이 눈에 띈다.   신국판 / 384쪽 / 11,000원

건강도 키우고 성적도 올리는 자녀 건강   김진돈 지음
자녀를 둔 부모라면 가장 먼저 생각하는 것이 자녀의 건강일 것이다. 특히 수험생을 둔 부모라면 그 관심은 말로 단정지을 수 없다. 수험생 자신이나 부모가 알아야 할 평소 건강 관리법, 제일 이겨내기 힘든 계절인 여름철 건강 관리법, 조심해야 할 질병들에 대해 예방법, 치료법을 상세하게 소개하고 있다.   신국판 / 304쪽 / 12,000원

알기 쉬운 간질환 119   이관식 지음
간염이 있는 사람이 술잔을 돌릴 경우 간염이 전염될까? 우리는 간이 소중한 존재임을 알면서도 혹사시키는 일이 많다. 간염 전염 및 간경화, 간암 등에 대한 잘못된 지식을 제대로 잡아주고 간과 관련된 병을 예방하는 법, 병에 걸렸을 때 치료하고 관리하는 법 등을 상세히 수록하여 간을 건강하게 지킬 수 있도록 해준다.   신국판 / 264쪽 / 11,000원

밥으로 병을 고친다   허봉수 지음
우리가 하루 세 끼 식사에서 대하는 밥상이 우리의 건강을 지켜주는 최고의 건강지킴이다. 이 간단 명료한 진리를 알면서도 우리는 다른 방법으로 건강을 지키려고 한다. 건강을 지키는 일은 어렵고 특별한 일이 아니라 보통의 밥상에서 지킬 수 있는 일임을 강조하고 거기에 맞는 실제 사례를 제시하여 비슷한 사례에서 응용할 수 있게 내용을 구성하고 있다.
대국전판 / 352쪽 / 13,500원

알기 쉬운 신장병 119   김형규 지음
신장병은 특별한 증상이 없어 조기진단이 힘들다고 한다. 그러나 진단과 치료의 혜택으로 완치를 할 수 있는 병이라고도 한다. 일상생활 속에서 신장병을 파악할 수 있는 자가진단법, 신장병을 검사하고 치료하는 방법, 신장병과 관련 있는 질병들을 일반인들이 이해하기 수준에서 설명하고 있다. 또한 신장병과 관련 있는 생활 속의 정보를 부록으로 수록하여 내용의 깊이를 더해주고 있다.   신국판 / 240쪽 / 10,000원

교 육

우리 교육의 창조적 백색혁명   원상기 지음 / 신국판 / 206쪽 / 6,000원

현대생활과 체육   조창남 외 5명 공저 / 신국판 / 340쪽 / 10,000원

퍼펙트 MBA   IAE유학네트 지음 / 신국판 / 400쪽 / 12,000원

유학길라잡이 Ⅰ - 미국편
IAE유학네트 지음 / 4×6배판 / 372쪽 / 13,900원

유학길라잡이 Ⅱ - 4개국편
IAE유학네트 지음 / 4×6배판 / 348쪽 / 13,900원

조기유학길라잡이.com

IAE유학네트 지음 / 4×6배판 / 428쪽 / 15,000원

현대인의 건강생활   박상호 외 5명 공저 / 4×6배판 / 268쪽 / 15,000원

천재아이로 키우는 두뇌훈련   나카마츠 요시로 지음 / 민병수 옮김
머리가 좋은 아이로 키우기 위한 환경 만들기, 식사, 운동 등 연령별 두뇌 훈련법 소개.   국판 / 288쪽 / 9,500원

두뇌혁명   나카마츠 요시로 지음 / 민병수 옮김
『뇌내혁명』 하루야마 시게오의 추천작!! 어른들을 위한 두뇌 개발서로, 풍요로운 인생을 만들기 위한 '뇌' 와 '몸' 자극법 제시.
4×6판 양장본 / 288쪽 / 12,000원

테마별 고사성어로 익히는 한자
김경익 지음 / 4×6배판 변형 / 248쪽 / 9,800원

生생 공부비법   이은승 지음
국내 최초 수학과외 수출의 주인공 이은승이 개발한 자기만의 맞춤식 공부 학습법 소개. 공부도 하는 법을 알면 목표를 달성할 수 있다고 용기를 북돋우어 주는 실전 공부 비법서.   대국전판 / 272쪽 / 9,500원

자녀를 성공시키는 습관만들기   배은경 지음
성공하는 자녀를 꿈꾸는 부모들이 알아야 할 자녀 교육법 소개. 부모는 자녀 인생의 주연이 아님을 알아야 하며 부모의 좋은 습관, 건전한 생각이 자녀의 성공 인생을 가져온다는 내용을 담은 부모 및 자녀 모두를 위한 자기 계발서.   대국전판 / 232쪽 / 9,500원

한자능력검정시험 2급   한자능력검정시험연구위원회 편저
국어사전식 단어 배열, 내용을 쉽게 이해할 수 있도록 도와 주는 일러스트, 기출 문제의 완전 분석을 바탕으로 한 예상 문제 수록 등 한자능력검정시험 2급을 준비하는 사람들을 위한 완벽 대비서.   4×6배판 / 472쪽 / 18,000원

한자능력검정시험 3급(3급Ⅱ)   한자능력검정시험연구위원회 편저
4급 한자를 포함한 3급 · 3급Ⅱ 배정한자 1817자 각 한자에 대한 어원 및 실용 사례를 수록하였다. 각 한자의 배열은 가, 나, 다…의 국어사전식 배열을 채택하여 음만 알아도 한자를 쉽게 찾을 수 있게 하였다. 또한 한자의 이해를 돕는 일러스트, 3급 · 3급Ⅱ 한자를 포함한 실생활에 응용할 수 있는 생활 한자 코너를 배정하여 학습의 깊이를 더해주고 있다. 끝으로 기출문제 분석에 맞춘 예상문제와 쓰기 배정 한자를 실어 3급 · 3급Ⅱ 한자 학습을 완전하게 익힐 수 있게 하였다.   4×6배판 / 440쪽 / 17,000원

한자능력검정시험 4급(4급Ⅱ)   한자능력검정시험연구위원회 편저
국어사전식 단어 배열, 4급 한자 1000자 필순 수록, 생활에서 활용할 수 있는 활용 한자 요점정리, 생활 속에서 자주 쓰이는 약자, 한자의 이해를 돕기 위한 일러스트와 유래 설명, 4급 한자 1000자를 응용한 한자 심화 학습, 기출 문제를 완전 분석한 후 그에 따라 엄선한 예상문제 수록 등 4급 한자 익히기와 시험에 대비하는 모든 사람들을 위한 완벽 대비서.
4×6배판 / 352쪽 / 15,000원

한자능력검정시험 5급   한자능력검정시험연구위원회 편저
국어사전식 단어 배열, 5급 한자 500자 따라 쓰기, 생활에서 활용할 수 있는 활용 한자 요점정리, 생활 속에서 자주 쓰이는 약자, 한자의 이해를 돕기 위한 일러스트와 유래 설명, 기출 문제를 완전 분석한 후 그에 따라 엄선한 예상문제 수록 등 5급 한자 익히기와 시험에 대비하는 모든 사람들을 위한 완벽 대비서.   4×6배판 / 264쪽 / 11,000원

한자능력검정시험 6급   한자능력검정시험연구위원회 편저
국어사전식 단어 배열, 6급 한자 300자 따라 쓰기, 생활에서 활용할 수 있는 활용 한자 요점정리, 한자의 이해를 돕기 위한 일러스트와 유래 설명, 기출 문제를 완전 분석한 후 그에 따라 엄선한 예상문제 수록 등 6급 한자 익히기와 시험에 대비하는 모든 사람들을 위한 완벽 대비서.
4×6배판 / 168쪽 / 8,500원

한자능력검정시험 7급   한자능력검정시험연구위원회 편저
국어사전식 단어 배열, 각 한자 배우기에 도움이 되는 일러스트를 곁들이고 한자의 구성 원리를 설명해 놓아 한자 배우기가 재미있고 쉽다. 또한 따라쓰기를 통해 한자 익히기를 완전하게 끝낼 수 있도록 하였으며 활용 예문을 다양하게 예시해 놓았다.   4×6배판 / 152쪽 / 7,000원

한자능력검정시험 8급 한자능력검정시험연구위원회 편저
8급 한자 50자에 대해 각 한자 배우기에 도움이 되는 일러스트를 곁들이고 한자의 구성 원리를 설명해 놓아 한자 배우기가 재미있고 쉽다. 또한 따라쓰기를 통해 기본 한자 익히기를 완전하게 끝낼 수 있도록 하였으며 기본 50개의 한자를 활용한 예문을 다양하게 예시해 놓았다.
4×6배판 / 112쪽 / 6,000원

취미 · 실용

김진국과 같이 배우는 와인의 세계 김진국 지음
포도주 역사에서 분류, 원료 포도의 종류와 재배, 양조 · 숙성 · 저장, 시음법, 어울리는 요리와 와인의 유통과 소비, 와인 시장의 현황과 전망, 와인 판매 요령, 와인의 보관과 재고의 회전, '와인 양조 비밀의 모든 것'을 동영상으로 담은 CD까지, 와인의 모든 것이 담긴 종합학습서.
국배판 변형양장본(올 컬러판) / 208쪽 / 30,000원

경제 · 경영

CEO가 될 수 있는 성공법칙 101가지
김승룡 편역 / 신국판 / 320쪽 / 9,500원

정보소프트 김승룡 지음 / 신국판 / 324쪽 / 6,000원

기획대사전 다카하시 겐코 지음 / 홍영의 옮김
기획에 관련된 모든 사항을 실례와 도표를 통하여 초보자에서 프로기획맨에 이르기까지 효율적으로 활용할 수 있도록 체계적으로 총망라하였다.
신국판 / 552쪽 / 19,500원

맨손창업 · 맞춤창업 BEST 74 양혜숙 지음
창업대행 현장 전문가가 추천하는 유망업종을 7가지 주제별로 나누어 수록한 맞춤창업서로 창업예비자들에게 창업의 길을 밝혀줄 발로 뛰면서 만든 실무 지침서!! 신국판 / 416쪽 / 12,000원

무자본, 무점포 창업! FAX 한 대면 성공한다
다카시로 고시 지음 / 홍영의 옮김 / 신국판 / 226쪽 / 7,500원

성공하는 기업의 인간경영 중소기업 노무 연구회 편저 / 홍영의 옮김
무한경쟁시대에서 각 기업들의 다양한 경영 실태 속에서 인사 · 노무 관리 개선에 있어서 기업의 효율을 높이고 발전을 이룰 수 있는 원칙을 제시.
신국판 / 368쪽 / 11,000원

21세기 IT가 세계를 지배한다 김광희 지음
21세기 화두로 떠오른 IT혁명의 경쟁력에 대해서 전문가의 논리적이고 철저한 해설과 더불어 매장 끝까지 실제 사례를 곁들여 설명.
신국판 / 380쪽 / 12,000원

경제기사로 부자아빠 만들기 김기태 · 신현태 · 박근수 공저
날마다 배달되는 경제기사를 꼼꼼히 챙겨보는 사람만이 현대생활에서 부자가 될 수 있다. 언론인의 현장감각과 학자의 전문성을 접목시킨 것이 이 책의 특성! 누구나 이 책을 읽고 경제원리를 체득, 경제예측을 할 수 있게 준비된 생활경제서적. 신국판 / 388쪽 / 12,000원

포스트 PC의 주역 정보가전과 무선인터넷 김광희 지음
포스트 PC의 주역으로 급부상하고 있는 정보가전과 무선인터넷 그리고 이를 구현하기 위한 관련 테크놀러지를 체계적으로 소개.
신국판 / 356쪽 / 12,000원

성공하는 사람들의 마케팅 바이블 채수명 지음
최근의 이론을 보완하여 내놓은 마케팅 관련 실무서. 마케팅의 정보전략, 핵심요소, 컨설팅실무까지 저자의 노하우와 창의적인 이론이 결합된 마케팅서. 신국판 / 328쪽 / 12,000원

느린 비즈니스로 돌아가라 사카모토 게이이치 지음 / 정성호 옮김
미국식 스피드 경영에 익숙해져 현실의 오류를 간과하고 있는 사람들을 위한 어떻게 팔 것인가보다 무엇을 팔 것인가를 설명하는 마케팅 컨설턴트의 대안 제시서! 신국판 / 276쪽 / 9,000원

적은 돈으로 큰돈 벌 수 있는 부동산 재테크 이원재 지음
700만 원으로 부동산 재테크에 뛰어들어 100배 불린 저자가 부동산 재테크를 계획하고 있는 사람들이 반드시 알아두어야 할 내용을 경험담을 담아 해설해 놓은 경제서. 신국판 / 340쪽 / 12,000원

바이오혁명 이주영 지음
21세기 국가간 경쟁부문으로 새로이 떠오르고 있는 바이오혁명에 관한 기초지식을 언론사에 몸담고 있는 현직 기자가 아주 쉽게 해설해 놓은 바이오 가이드서. 바이오 관련 용어 해설 수록. 신국판 / 328쪽 / 12,000원

성공하는 사람들의 자기혁신 경영기술 채수명 지음
자기 계발을 통한 신지식 자기경영마인드를 갖추어야 한다는 전제 아래 그 방법을 자세하게 알려주는 자기계발 지침서. 신국판 / 344쪽 / 12,000원

CFO 교텐 토요오 · 타하라 오키시 지음 / 민병수 옮김
일반인들에게 생소한 용어인 CFO, 즉 최고 재무책임자의 역할이 지금까지와는 완전히 달라져야 한다. 기업을 이끌어가는 새로운 키잡이로서의 CFO의 역할, 위상 등을 일본의 기업을 중심으로 하여 알아보고 바람직한 방향을 제시한다. 신국판 / 312쪽 / 12,000원

네트워크시대 네트워크마케팅 임동학 지음
학력, 사회적 지위 등에 관계 없이 자신이 노력한 만큼 돈을 벌 수 있는 네트워크마케팅에 관해 알려주는 안내서. 신국판 / 376쪽 / 12,000원

성공리더의 7가지 조건
다이앤 트레이시 · 윌리엄 모건 지음 / 지창영 옮김
개인과 팀, 조직관계의 개선을 위한 방향제시 및 실천을 위한 안내자 역할을 해주는 책. 현장에서 활용할 수 있는 실용서. 신국판 / 360쪽 / 13,000원

김종결의 성공창업 김종결 지음
누구나 창업을 할 수는 있지만 아무나 돈을 버는 것은 아니다라는 전제 아래 중견 연기자로서, 음식점 사장님으로 성공한 탤런트 김종결의 성공비결을 통해 창업전략과 성공전략을 제시한다. 신국판 / 340쪽 / 12,000원

최적의 타이밍에 내 집 마련하는 기술 이원재 지음
부동산을 통한 재테크의 첫걸음 '내 집 마련'의 결정판. 체계적이고 한눈에 쏙 들어 오는 '내 집 장만 과정'을 쉽게 풀어놓은 부동산재테크서.
신국판 / 248쪽 / 10,500원

컨설팅 세일즈 *Consulting sales* 임동학 지음
발로 뛰는 영업이 아니라 머리로 하는 영업이 절실히 요구되는 시대 상황에 맞추어 고객지향의 세일즈, 과제해결 세일즈, 구매자와 공급자 간에 서로 만족하는 세일즈법 제시. 대국전판 / 336쪽 / 13,000원

연봉 10억 만들기 김농주 지음
연봉으로 말해지는 임금을 재테크 하여 부자가 될 수 있는 방법 제시. 고액의 연봉을 받기 위해서 개인이 갖추어야 할 실무적 능력, 태도, 마음가짐, 재테크 수단 등을 각 주제에 따라 구체적으로 제시함으로써 부자를 꿈꾸는 사람들이 그 희망을 이룰 수 있게 해준다. 국판 / 216쪽 / 10,000원

주5일제 근무에 따른 한국형 주말창업 최효진 지음
우리나라 실정에 맞는 주말창업 아이템의 제시 및 창업시 필요한 정보를 얻을 수 있는 곳, 주의해야 할 점, 실전 인터넷 쇼핑몰 창업, 표준사업계획서 등을 수록하여 지금 당장이라도 내 사업을 할 수 있게 해주는 창업 길라잡이서. 신국판 변형 양장본 / 216쪽 / 10,000원

돈 되는 땅 돈 안되는 땅 김영준 지음
부동산 틈새시장에서 성공하는 투자 노하우를 신행정수도 예정지 및 고속철도 역세권 등 투자 유망지역을 중심으로 완벽하게 수록해 놓은 부동산 재테크서. 신국판 / 320쪽 / 13,000원

돈 버는 회사로 만들 수 있는 109가지
다카하시 도시노리 지음 / 민병수 옮김
회사경영에서 경영자가 꼭 알아야 할 기본 사항 수록. 내용이 항목별로 정리되어 있어 원하는 자료를 바로 찾아 볼 수 있는 것이 최대의 장점. 이 책을

통해서 불필요한 군살을 빼고 강한 근육질을 가진 돈 버는 회사를 만들어 보자. 신국판 / 344쪽 / 13,000원

프로는 디테일에 강하다 김미현 지음
탄탄하게 자리를 잡은 15군데 중소기업의 여성 CEO들이 회사를 운영하면서 겪은 어려움, 기쁨 등을 자서전 형식을 빌어 솔직 담백하게 얘기했다. 예비 창업자들을 위한 조언, 경영 철학, 성공 요인도 담고 있어 창업을 준비하는 사람들에게 도움이 될 것이다. 신국판 / 248쪽 / 9,000원

머니투데이 송복규 기자의 부동산으로 주머니돈 100배 만들기 송복규 지음
재테크 수단으로 새롭게 각광 받고 있는 부동산을 이용한 재산 증식 방법 수록. 부동산 재료별 특성에 따른 맞춤 투자전략을 제시하고 알아두면 편리한 부동산 상식도 알려준다. 현직 전문 기자의 예리한 분석과 최신 정보가 담겨 있는 부동산재테크 가이드서. 신국판 / 328쪽 / 13,000원

성공하는 슈퍼마켓&편의점 창업 나명환 지음
슈퍼마켓이나 편의점을 창업하려고 하는 사람들을 위한 창업 가이드서. 어느 위치에 얼마만한 크기로, 어떤 상품을 갖추고 어떤 마인드로 창업하고 영업해야 대형할인점과의 경쟁에서 살아남을 수 있는지 등을 저자의 실제 경험과 통계, 전문가들의 의견을 바탕으로 상세하게 소개.
4×6배판 변형 / 500쪽 / 28,000원

대한민국 성공 재테크 부동산 펀드와 리츠로 승부하라 김영준 지음
새로운 재테크 수단으로 세간의 관심을 모으고 있는 부동산 펀드와 리츠에 관한 투자 안내서. 리스크 없이 투자에 성공하기 위해서 알아두어야 할 주의사항, 펀드 및 리츠 관련 상품 설명, 실제로 투자되고 있는 물건을 수록하여 책을 통해서 실전 투자감각을 익힐 수 있게 하였다.
신국판 / 256쪽 / 12,000원

주 식

개미군단 대박맞이 주식투자 홍성걸(한양증권 투자분석팀 팀장) 지음
초보에서 인터넷을 활용한 주식투자까지 필자의 현장에서의 경험을 바탕으로 한 주식 성공전략의 모든 정보 수록. 신국판 / 310쪽 / 9,500원

알고 하자! 돈 되는 주식투자 이길영 외 2명 공저
일본과 미국의 주식시장을 철저한 분석과 데이터화를 통해 한국 주식시장의 투자의 흐름을 파악함으로써 한국 주식시장에서의 확실한 성공전략 제시!!
신국판 / 388쪽 / 12,500원

항상 당하기만 하는 개미들의 매도 · 매수타이밍 999% 적중 노하우 강경무 지음
승부사를 꿈꾸며 와신상담하는 모든 이들에게 희망의 등불이 될 것을 확신하는 Jusicman이 주식시장에서 돈벌고 성공할 수 있는 비결 전격공개!!
신국판 / 336쪽 / 12,000원

부자 만들기 주식성공클리닉 이창희 지음
저자의 경험담을 섞어서 주식이란 무엇인가를 풀어서 써놓은 주식입문서. 초보자와 자신을 성찰해볼 기회를 가지려는 기존의 투자자를 위해 태어났다. 신국판 / 372쪽 / 11,500원

선물 · 옵션 이론과 실전매매 이창희 지음
선물과 옵션시장에서 일반인들이 실패하는 원인을 분석하고, 반드시 지켜야 할 투자원칙에 따라 유형별로 실전 매매 테크닉을 터득함으로써 투자를 성공적으로 할 수 있게 한 지침서!! 신국판 / 372쪽 / 12,000원

너무나 쉬워 재미있는 주가차트 홍성무 지음
주식시장에서는 차트 분석을 통해 주가를 예측하는 투자자만이 주식투자에서 성공하므로 차트에서 급소를 신속, 정확하게 뽑아내 매매타이밍을 잡는 방법을 알려주는 주식투자 지침서. 4×6배판 / 216쪽 / 15,000원

역 학

역리종합 만세력 정도명 편저 / 신국판 / 532쪽 / 10,500원

작명대전 정보국 지음 / 신국판 / 460쪽 / 12,000원

하락이수 해설 이천교 편저 / 신국판 / 620쪽 / 27,000원

현대인의 창조적 관상과 수상 백운산 지음 / 신국판 / 344쪽 / 9,000원

대운용신영부적 정재원 지음 / 신국판 양장본 / 750쪽 / 39,000원

사주비결활용법 이세진 지음 / 신국판 / 392쪽 / 12,000원

컴퓨터세대를 위한 新 성명학대전 박용찬 지음 / 신국판 / 388쪽 / 11,000원

길흉화복 꿈풀이 비법 백운산 지음 / 신국판 / 410쪽 / 12,000원

새천년 작명컨설팅 정재원 지음 / 신국판 / 492쪽 / 13,900원

백운산의 신세대 궁합 백운산 지음 / 신국판 / 304쪽 / 9,500원

동자삼 작명학 남시모 지음 / 신국판 / 496쪽 / 15,000원

구성학의 기초 문길여 지음 / 신국판 / 412쪽 / 12,000원

법률 일반

여성을 위한 성범죄 법률상식 조명원(변호사) 지음
성희롱에서 성폭력범죄까지 여성이었기 때문에 특히 말 못하고 당해야만 했던 이 땅의 여성들을 위한 성범죄 법률상식서. 사례별 법적 대응방법 제시.
신국판 / 248쪽 / 8,000원

아파트 난방비 75% 절감방법 고영근 지음
예비역 공군소장이 잘못 부과된 아파트 난방비를 최고 75%까지 줄일 수 있는 방법을 구체적인 법적 근거를 토대로 작성한 아파트 난방비 절감방법 제시. 신국판 / 238쪽 / 8,000원

일반인이 꼭 알아야 할 절세전략 173선 최성호(공인회계사) 지음
세법을 제대로 알면 돈이 보인다. 현직 공인중계사가 알려주는 합법적으로 세금을 덜 내고 돈을 버는 절세전략의 모든 것! 신국판 / 392쪽 / 12,000원

변호사와 함께하는 부동산 경매 최환주(변호사) 지음
새 상가건물임대차보호법에 따른 권리분석과 채무자나 세입자의 권리방어 기법은 제시한다. 또한 새 민사집행법에 따른 각 사례별 해설도 수록.
신국판 / 404쪽 / 13,000원

혼자서 쉽고 빠르게 할 수 있는 소액재판 김재용 · 김종철 공저
나홀로 소액재판을 할 수 있도록 소장작성에서 판결까지의 실제 재판과정을 상세하게 수록하여 이 책 한 권이면 모든 것을 완벽하게 해결할 수 있다.
신국판 / 312쪽 / 9,500원

"술 한 잔 사겠다"는 말에서 찾아보는 채권 · 채무 변환철(변호사) 지음
일반인들이 꼭 알아야 할 채권 · 채무에 관한 법률 사항을 빠짐없이 수록.
신국판 / 408쪽 / 13,000원

알기쉬운 부동산 세무 길라잡이 이건우(세무서 재산계장) 지음
부동산에 관련된 모든 세금을 알기 쉽게 단계별로 해설. 합리적이고 탈세가 아닌 적법한 절세법 제시. 신국판 / 400쪽 / 13,000원

알기쉬운 어음, 수표 길라잡이 변환철(변호사) 지음
어음, 수표의 발행에서부터 도난 또는 분실한 경우의 공시최고와 제권판결에 이르기까지 어음, 수표 관련 법률사항을 쉽고도 상세하게 압축해 놓은 생활법률서. 신국판 / 328쪽 / 11,000원

제조물책임법 강동근(변호사) · 윤종성(검사) 공저
제품의 설계, 제조, 표시상의 결함으로 소비자가 피해를 입었을 때 제조업자가 배상책임을 져야 하는 제조물책임 시대를 맞아 제조업자가 갖춰야 할 법률적 지식을 조목조목 설명해 놓은 법률서. 신국판 / 368쪽 / 13,000원

알기 쉬운 주5일근무에 따른 임금 · 연봉제 실무 문강분(공인노무사) 지음
최근의 행정해석과 판례를 중심으로 임금관련 문제를 정리하고 기업에서 관심이 많은 연봉제 및 성과배분제, 비정규직문제, 여성근로자문제 등의 이슈들과 주40시간제 법개정, 퇴직연금제 도입 등 최근의 법 · 시행령 개정사항을 모두 수록한 임금 · 연봉제실무 지침서.

4×6배판 변형 / 544쪽 / 35,000원

변호사 없이 당당히 이길 수 있는 형사소송 김대환 지음
우리 생활과 함께 숨쉬는 형사법 서식을 구체적인 사례와 함께 소개. 내 손
으로 간결하고 명확한 고소장 · 항소장 · 상고장 등 형사소송서식을 작성할
수 있다. 형사소송 관련 서식 CD 수록. 신국판 / 304쪽 / 13,000원

변호사 없이 당당히 이길 수 있는 민사소송 김대환 지음
민사, 호적과 가사를 포함한 생활과 밀접한 관련이 있는 생활법률 전반을 보
통 사람들이 가장 궁금해하는 내용을 위주로 하여 사례를 들어가며 아주 쉽
게 풀어놓은 민사 실무서. 신국판 / 412쪽 / 14,500원

혼자서 해결할 수 있는 교통사고 Q&A 조명원(변호사) 지음
현실에서 본인이 아무리 원하지 않더라도 운명처럼 누구에게나 닥칠 수 있
는 교통사고 문제를 사례, 각급 법원의 주요 판례와 함께 정리하여 일반인들
도 쉽게 이해할 수 있도록 내용 구성. 신국판 / 336쪽 / 12,000원

생활법률

부동산 생활법률의 기본지식
대한법률연구회 지음 / 김원중(변호사) 감수 / 신국판 / 480쪽 / 12,000원

고소장 · 내용증명 생활법률의 기본지식
하태웅(변호사) 지음 / 신국판 / 440쪽 / 12,000원

노동 관련 생활법률의 기본지식
남동희(공인노무사) 지음 / 신국판 / 528쪽 / 14,000원

외국인 근로자 생활법률의 기본지식
남동희(공인노무사) 지음 / 신국판 / 400쪽 / 12,000원

계약작성 생활법률의 기본지식
이상도(변호사) 지음 / 신국판 / 560쪽 / 14,500원

지적재산 생활법률의 기본지식
이상도(변호사) · 조의제(변리사) 공저 / 신국판 / 496쪽 / 14,000원

부당노동행위와 부당해고 생활법률의 기본지식
박영수(공인노무사) 지음 / 신국판 / 432쪽 / 14,000원

주택 · 상가임대차 생활법률의 기본지식
김운용(변호사) 지음 / 신국판 / 480쪽 / 14,000원

하도급거래 생활법률의 기본지식
김진흥(변호사) 지음 / 신국판 / 440쪽 / 14,000원

이혼소송과 재산분할 생활법률의 기본지식
박동섭(변호사) 지음 / 신국판 / 460쪽 / 14,000원

부동산등기 생활법률의 기본지식
정상태(법무사) 지음 / 신국판 / 456쪽 / 14,000원

기업경영 생활법률의 기본지식
안동섭(단국대 교수) 지음 / 신국판 / 466쪽 / 14,000원

교통사고 생활법률의 기본지식
박정무(변호사) · 전병찬 공저 / 신국판 / 480쪽 / 14,000원

소송서식 생활법률의 기본지식
김대환 지음 / 신국판 / 480쪽 / 14,000원

호적 · 가사소송 생활법률의 기본지식
정주수(법무사) 지음 / 신국판 / 516쪽 / 14,000원

상속과 세금 생활법률의 기본지식
박동섭(변호사) 지음 / 신국판 / 480쪽 / 14,000원

담보 · 보증 생활법률의 기본지식
류창호(법학박사) 지음 / 신국판 / 436쪽 / 14,000원

소비자보호 생활법률의 기본지식

김성천(법학박사) 지음 / 신국판 / 504쪽 / 15,000원

판결 · 공정증서 생활법률의 기본지식
정상태(법무사) 지음 / 신국판 / 312쪽 / 13,000원

처 세

성공적인 삶을 추구하는 여성들에게 우먼파워
조안 커너 · 모이라 레이너 공저 / 지창영 옮김
사회의 여성을 향한 냉대와 편견의 벽을 깨뜨리고 성공적인 삶을 이루려는
여성들이 갖추어야 할 자세 및 삶의 이정표 제시!! 신국판 / 352쪽 / 8,800원

聽 이익이 되는 말 話 손해가 되는 말 우메시마 미요 지음 / 정성호 옮김
직장이나 집안에서 언제나 주고받는 일상의 화제를 모아 실음으로써 대화의
참의미를 깨닫고 비즈니스를 성공적으로 이끌기 위한 대화술을 키우는 방법
제시!! 신국판 / 304쪽 / 9,000원

성공하는 사람들의 화술테크닉 민영욱 지음
개인간의 사적인 대화에서부터 대중을 위한 공적인 강연에 이르기까지 어떻
게 말하고 어떻게 스피치를 할 것인가에 관한 지침서.
신국판 / 320쪽 / 9,500원

부자들의 생활습관 가난한 사람들의 생활습관
다케우치 야스오 지음 / 홍영의 옮김
경제학의 발상을 기본으로 하여 사람들이 살아가면서 생활에서 생각해 볼
수 있는 이익을 보는 생활습관과 손해를 보는 생활습관을 수록, 독자 자신에
게 맞는 생활습관의 기본 전략을 설계할 수 있도록 제시.
신국판 / 320쪽 / 9,800원

코끼리 귀를 당긴 원숭이-히딩크식 창의력을 배우자 강충인 지음
코끼리와 원숭이의 우화를 히딩크의 창조적 경영기법과 리더십에 대비하여
자기혁신, 기업혁신을 꾀하는 창의력 개발법을 제시.
신국판 / 208쪽 / 8,500원

성공하려면 유머와 위트로 무장하라 민영욱 지음
21세기에 들어 새로운 추세를 형성하고 있는 말 잘하기. 이러한 추세에 맞추
어 현재 스피치 강사로 활약하고 있는 저자가 말을 잘하는 방법과 유머와 위
트를 만들고 즐기는 방법을 제시한다. 신국판 / 292쪽 / 9,500원

등소평의 오뚝이전략 조창남 편저
중국 역사상 정치 · 경제 · 학문 등의 분야에서 최고 위치에 오른 리더들의
인재활용, 상황 극복법 등 처세 전략 · 전술을 통해 이 시대의 성공인으로 자
리매김하는 해법 제시. 신국판 / 304쪽 / 9,500원

노무현 화술과 화법을 통한 이미지 변화 이현정 지음
현재 불교방송에서 활동하고 있는 이현정 아나운서의 화술 길라잡이서. 노
무현 대통령의 독특한 화술과 화법을 통해 리더로서, 성공인으로서 갖추어
야 할 화술 화법을 배우는 화술 실용서. 신국판 / 320쪽 / 10,000원

성공하는 사람들의 토론의 법칙 민영욱 지음
다양한 사람들의 다양한 욕구를 하나로 응집시키는 수단으로 등장하고 있는
토론에 관해 간단하고 쉽게 제시한 토론 길라잡이서.
신국판 / 280쪽 / 9,500원

사람은 칭찬을 먹고산다 민영욱 지음
현대에서 성공하는 사람으로 남기 위해서는 남을 칭찬할 줄도 알아야 한다.
성공하는 사람이 되기 위해서 알아야 할 칭찬 스피치의 기법, 특징 등을 실
생활에 적용해 설명해놓은 성공처세 지침서.
신국판 / 268쪽 / 9,500원

사과의 기술 김농주 지음
미안하다는 말에 인색한 한국인들에게 'I' sorry.'가 성공을 위한 처세 기법
으로 다가온다. 직장, 가정 등 다양한 환경에서 사과 한마디의 의미, 기능을
알아보고 효율성을 가진 사과가 되기 위해 갖추어야 할 조건을 제시한다.
신국판 변형 양장본 / 200쪽 / 10,000원

취업 경쟁력을 높여라 김농주 지음

각 기업별 특성 및 취업 정보 분석과 예비 취업자의 능력 개발, 자신의 적성에 맞는 직종과 직장을 잡는 법을 상세하게 수록. 신국판 / 280쪽 / 12,000원

명 상

명상으로 얻는 깨달음 달라이 라마 지음 / 지창영 옮김

티베트의 정신적 지도자이자 실질적 지도자인 달라이 라마의 수많은 가르침 가운데 현대인에게 필요해지고 있는 인내에 대한 이야기.
국판 / 320쪽 / 9,000원

어 학

2진법 영어 이상도 지음

2진법 영어의 비결을 통해서 기존 영어학습 방법의 단점을 말끔히 해소시켜 주는 최초로 공개되는 고효율 영어학습 방법. 적은 시간을 투자하여 영어의 모든 것을 획기적으로 향상시킬 수 있는 비법을 제시한다.
4×6배판 변형 / 328쪽 / 13,000원

한 방으로 끝내는 영어 고제윤 지음

일상생활에서의 이야기를 바탕으로 하는 영어강의로 영어문법은 재미없고 지루하다고 생각하는 이 땅의 모든 사람들의 상식을 깨면서 학습 효과를 높이기 위한 공부방법을 제시하는 새로운 영어학습서.
신국판 / 316쪽 / 9,800원

한 방으로 끝내는 영단어 김승엽 지음 / 김수경 · 카렌다 감수

일상생활에서 우리가 무심코 던지는 영어 한마디가 당신의 영어수준을 드러 낸다는 사실을 깨닫게 하는 영어 실용서. 풍부한 예문을 통해 참영어를 배우 겠다는 사람, 무역업이나 관광 안내업에 종사하는 사람, 영어권 나라로 이민을 가려는 사람들에게 많은 도움을 줄 것이다.
4×6배판 변형 / 236쪽 / 9,800원

해도해도 안 되던 영어회화 하루에 30분씩 90일이면 끝낸다

Carrot Korea 편집부 지음

온라인과 오프라인을 넘나들면서 영어학습자들의 각광을 받고 있는 린다의 현지 생활 영어 수록. 교과서에서 배울 수 없었던 생생한 실생활 영어를 90일 학습으로 모두 끝낼 수 있다. 4×6배판 변형 / 260쪽 / 11,000원

바로 활용할 수 있는 기초생활영어 김수경 지음

다양한 상황에 대처할 수 있도록 인사나 감정 표현, 전화나 교통, 장소 및 기타 여러 사항에 관한 기초생활영어를 총망라. 신국판 / 240쪽 / 10,000원

바로 활용할 수 있는 비즈니스영어 김수경 지음

해외 출장시, 외국의 바이어 접견시 기본적으로 사용할 수 있는 상황별 센텐 스를 수록하여 해외 출장 준비 및 외국 바이어 접견을 완벽하게 끝낼 수 있게 했다. 신국판 / 252쪽 / 10,000원

생존영어55 홍일록 지음

살아 있는 영어를 익힐 수 있는 기회 제공. 반드시 알아야 할 핵심 센텐스를 저자가 미국 현지에서 겪었던 황당한 사건들과 함께 수록, 재미도 느낄 수 있다. 신국판 / 224쪽 / 8,500원

필수 여행영어회화 한현숙 지음

해외로 여행을 갔을 때 원어민에게 바로 통할 수 있는 발음 수록. 자신 있고 당당한 자기 표현으로 즐거운 여행을 할 수 있도록 손안의 가이드 역할을 해 줄 것이다. 4×6판 변형 / 328쪽 / 7,000원

필수 여행일어회화 윤영자 지음

가깝고도 먼 나라라고 흔히 말해지는 일본을 제대로 알기 위해 노력하는 사람들에게 손안의 가이드 역할을 하는 실전 일어회화집. 일어 초보자들을 위한 한글 발음 표기 및 필수 단어 수록. 4×6판 변형 / 264쪽 / 6,500원

필수 여행중국어회화 이은진 지음

중국에서의 생활이나 여행에 꼭 필요한 상황별 회화, 반드시 알아야 할 1500여 개의 단어에 한자병음과 우리말 표기를 원음에 가깝게 달아 놓았으므로 든든한 도우미가 되어 줄 것이다. 4×6판 변형 / 256쪽 / 7,000원

영어로 배우는 중국어 김승엽 지음

중국으로 여행을 가거나 출장을 가는 사람들이 알아두어야 할 기초 생활 회화와 여행 회화를 영어, 중국어 동시에 익힐 수 있게 내용을 구성.
신국판 / 216쪽 / 9,000원

필수 여행스페인어회화 유연창 지음

은행, 병원, 교통 수단 이용하기 등 외국에서 직접적으로 맞닥뜨리게 되는 상황을 설정하여 바로바로 도움을 받을 수 있게 간단한 회화를 한글 발음 표기와 같이 수록하여 손안의 도우미 역할을 해줄 것이다.
4×6판 변형 / 288쪽 / 7,000원

바로 활용할 수 있는 홈스테이 영어 김형주 지음

일반 가정생활, 학교생활에서 꼭 알아야 할 상황별 회화 · 문법 · 단어를 수록, 유학생활 동안 원어민 가족과 살면서 영어를 좀더 쉽게 배울 수 있도록 알려주는 안내서. 신국판 / 184쪽 / 9,000원

스포츠
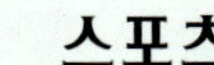

수열이의 브라질 축구 탐방 삼바 축구, 그들은 강하다 이수열 지음

축구에 대한 관심만으로 각 나라의 축구팀, 특히 브라질 축구팀에 애정을 가지고 브라질 축구팀의 전력 및 각 선수들의 장단점을 나름대로 분석하고 연구하여 자신의 의견을 피력하고 있는 축구 길라잡이서.
신국판 / 280쪽 / 8,500원

마라톤, 그 아름다운 도전을 향하여

빌 로저스 · 프리실라 웰치 · 조 헨더슨 공저 / 오인환 감수 / 지창영 옮김
마라톤에 입문하고자 하는 초보 주자들을 위한 마라톤 가이드서. 올바르게 달리는 법, 음식 조절법, 달리기 전 준비운동, 주자에게 맞는 프로그램 짜기, 부상 예방법을 상세하게 설명하고 있다. 4×6배판 / 320쪽 / 15,000원

퍼팅 메커닉 이근택 지음

감각에 의존하는 기존 방식의 퍼팅은 이제 그만!!
저자 특유의 과학적 이론을 신체근육 운동학에 접목시켜 몸의 무리를 최소한으로 덜고 최대한의 정확성과 거리감을 갖게 하는 새로운 퍼팅 메커닉 북.
4×6배판 변형 / 192쪽 / 18,000원

아마골프 가이드 정영호 지음

골프를 처음 시작하는 모든 아마추어 골퍼를 위해 보다 쉽고 빠르게 이해할 수 있도록 내용이 구성된 아마골프 레슨 프로그램서.
4×6배판 변형 / 216쪽 / 12,000원

인라인스케이팅 100%즐기기 임미숙 지음

레저 문화에 새로운 강자로 자리매김하고 있는 인라인 스케이팅을 안전하고 재미있게 즐길 수 있도록 알려주는 인라인 스케이팅 지침서. 각단계별 동작을 한눈에 알아볼 수 있도록 세부 동작별 일러스트 수록.
4×6배판 변형 / 172쪽 / 11,000원

배스낚시 테크닉 이종건 지음

현재 한국배스스쿨에서 강사로 활약하고 있는 아마추어 배스 낚시꾼이 중급 수준의 배스 낚시꾼들이 자신의 실력을 한 단계 업그레이드 시킬 수 있도록 루어의 활용, 응용법 등을 상세하게 해설.
4×6배판 / 440쪽 / 20,000원

나도 디지털 전문가 될 수 있다!!! 이승훈 지음

깜찍한 디자인과 간편하게 휴대할 수 있다는 장점 때문에 새로운 생활필수품으로 자리를 잡아가고 있는 디카 · 디캠을 짧은 시간 안에 쉽게 배울 수 있도록 해놓은 초보자를 위한 디카 · 디캠길라잡이서.
4×6배판 / 320쪽 / 19,200원

스키 100% 즐기기 김동환 지음.

스키 인구의 확산 추세에 따라 스키의 기초 이론 및 기본 동작부터 상급의

기술까지 단계별 동작을 전문가의 동작사진을 곁들여 내용 구성.
4×6배판 변형 / 184쪽 / 12,000원

태권도 총론 하웅의 지음
우리의 국기 태권도에 관한 실용 이론서. 지도자가 알아야 할 사항, 태권도
장 운영이론, 응급처치법 및 태권도 경기규칙 등 필수 내용만 수록.
4×6배판 / 288쪽 / 15,000원

건강하고 아름다운 동양란 기르기 난마을 지음
동양란 재배의 첫걸음부터 전시회 출품까지 동양란의 모든 것 수록. 동양란
의 구조 · 특징 · 종류 · 감상법, 꽃대 관리 · 꽃 피우기 · 발색 요령 등 건강하
고 아름다운 동양란 만들기로 구성. 4×6배판 변형 / 184쪽 / 12,000원

수영 100% 즐기기 김종만 지음
물 적응하기부터 수영용품, 수영과 건강, 응용수영 및 고급 수영기술에 이르
기까지 주옥 같은 수중촬영 연속사진으로 자세히 설명해 주는 수영기법
Q&A. 4×6배판 변형 / 248쪽 / 13,000원

애완견 114 황양원 엮음
애완견 길들이기, 애완견의 먹거리, 멋진 애완견 만들기, 애완견의 질병 예
방과 건강, 애완견의 임신과 출산, 애완견에 대한 기타 관리 등 애완견을 기
를 때 반드시 알아야 할 내용 수록. 4×6배판 변형 / 228쪽 / 13,000원

건강을 위한 웰빙 걷기 이강옥 지음
건강 운동으로서 많은 사람들의 관심을 모으고 있는 걷기운동을 상세하게
설명. 걷기시 필요한 장비, 올바른 걷기 자세를 설명하고 고혈압 · 당뇨병 ·
비만증 · 골다공증 등 성인병과 관련해 걷기운동을 했을 때 얻을 수 있는 효
과를 수록하여 성인병을 예방하고 치료할 수 있도록 하였다.
대국전판 / 280쪽 / 10,000원

우리 땅 우리 문화가 살아 숨쉬는 옛터 이형권 지음
우리나라에서 가장 가보고 싶은 역사의 현장 19곳을 선정, 그 터에 어린 조
상의 숨결과 역사적 증언을 만날 수 있는 시간 제공. 맛있는 집, 찾아가는
길, 꼭 가봐야 할 유적지 등 핵심 내용 선별 수록.
대국전판 올컬러 / 208쪽 / 9,500원

아름다운 산사 이형권 지음
우리나라의 대표적인 산사를 찾아 계절 따라 산사가 주는 이미지, 산사가 안
고 있는 역사적 의미를 되새겨 본다. 동시에 산사를 찾음으로써 생활에 찌든
현대인들이 삶의 활력을 되찾는 시간을 갖게 한다.
대국전판 올컬러 / 208쪽 / 9,500원

골프 100타 깨기 김준모 지음
읽고 따라 하기만 해도 100타를 깰 수 있는 골프의 전략 · 전술의 비법 공개.
뛰어난 골프 실력은 올바른 그립과 어드레스에서 비롯됨을 강조한 초보자를
위한 실전 골프 지침서. 4×6배판 변형 / 136쪽 / 10,000원

쉽고 즐겁게! 신나게! 배우는 재즈댄스 최재선 지음
몸치인 사람도 쉽게 따라 하고 배우는 재즈댄스 안내서. 이 책에 실려 있는
기본 동작을 익혀 재즈댄스를 하면 생활 속의 긴장과 스트레스를 털어버리
고 활력을 되찾을 수 있으며, 다이어트 효과도 얻을 수 있다.
4×6배판 변형 / 200쪽 / 12,000원

맛과 멋이 있는 낭만의 카페 박성찬 지음
가족끼리, 연인끼리 추억을 만들고 행복한 시간을 보낼 수 있는 서울 근교의
카페를 엄선하여 소개. 카페에 대한 인상 및 기본 정보, 인근 볼거리 등도 함
께 수록하여 손안의 인터넷 정보서가 될 수 있게 했다.
대국전판 올컬러 / 168쪽 / 9,900원

한국의 숨어 있는 아름다운 풍경 이종원 지음
우리 나라의 숨어 있는 아름다운 풍경을 찾아 소개하는 여행서. 저자의 여행
감상과 먹거리, 볼거리, 사람 사는 이야기가 담겨 있어 안내서라기보다는 답
사기라고 할 수 있다. 서정과 사진이 풍부하게 담겨 있는 그곳에 가고 싶다
시리즈 4번째 책. 대국전판 올컬러 / 208쪽 / 9,900원

사람이 있고 자연이 있는 아름다운 명산 박기성 지음
산을 좋아하는 사람들을 위한 산 안내서. 한번쯤 가보면 좋은 산을 엄선하
여 그 산이 갖는 매력을 서정성 짙은 글로 풀어 놓았다. 가는 방법과 둘러

보아야 할 곳도 덤으로 설명. 대국전판 올컬러 / 176쪽 / 12,000원

마음의 고향을 찾아가는 여행 포구 김인자 지음
일상 생활에서 벗어나고 싶다면 우리 국토의 진정한 아름다움을 느끼게 해
주는 포구로 가보자. 그 곳에서 사람냄새, 자연이 어우러진 역동성에 삶의
의욕을 되찾을 수 있을 것이다. 시인이자 여행가인 김인자 님이 소개하는 가
볼 만한 대표적인 포구 20곳 수록. 볼거리, 먹거리와 함께 서정성 넘치는 글
로 포구의 낭만, 삶의 현장을 소개. 대국전판 올컬러 / 224쪽 / 14,000원

골프 90타 깨기 김광섭 지음
90타를 깨고 싱글로 진입할 수 있게 해주는 실전 골프 테크닉서. 스트레칭,
세트 업, 드라이버 스윙, 샷, 어프로치, 퍼팅, 벙커 샷 등의 스윙 원리를 요점
을 짚어 정리해 놓았으므로 골퍼 자신의 잘못된 스윙을 바로잡는데 많은 도
움이 될 것이다. 또한 연습장에서 스윙 연습을 하는 방법도 수록해 골프의
재미를 한층 더 배가시켜 즐길 수 있게 하였다.
4×6배판 변형 / 148쪽 / 11,000원

생명이 살아 숨쉬는 한국의 아름다운 강 민병준 지음
물놀이를 하는 아이들, 재첩을 잡는 사람들, 두물머리에 서 있는 연인들. 이
모습은 우리 나라의 강변에서 볼 수 있는 정겨운 장면이다. 우리 나라의 대
표적인 강 15곳을 엄선하여 찾아가는 법, 먹거리, 잘 곳 등을 함께 수록. 또
한 강과 연관 있는 인근의 볼거리를 수록하여 가족이나 연인 사이에는 추억
을 만들고, 자녀와는 역사공부도 할 수 있게 내용을 아기자기 하게 꾸민 강
여행서. 대국전판 올컬러 / 168쪽 / 12,000원

아마골프 가이드

2003년 3월 10일 제1판 1쇄 발행
2007년 2월 28일 제1판 15쇄 발행

지은이/정영호
펴낸이/강선희
펴낸곳/가림출판사

등록/1992. 10. 6. 제4-191호
주소/서울시 광진구 구의동 57-71 부원빌딩 4층
대표전화/458-6451   팩스/458-6450
홈페이지 http://www.galim.co.kr
e-mail   galim@galim.co.kr

값 12,000원

ⓒ 정영호, 2003

저자와의 협의하에 인지를 생략합니다.

불법복사는 지적재산을 훔치는 범죄행위입니다.
저작권법 제97조의 5(권리의 침해죄)에 따라 위반자는 5년 이하의 징역
또는 5천만 원 이하의 벌금에 처하거나 이를 병과할 수 있습니다.

ISBN 978-89-7895-132-6 13690

가림출판사 · 가림M&B · 가림Let's의 홈페이지(http://www.galim.co.kr)에 들
어오시면 가림출판사 · 가림M&B · 가림Let's의 신간도서 및 출간 예정 도서를
포함한 모든 책들을 만나실 수 있습니다.
온라인 서점을 통하여 직접 도서 구입도 하실 수 있으며 가림 홈페이지 내에서
전국 대형 서점들의 사이트에 링크하시어 종합 신간 안내 및 각종 도서 정보,
책과 관련된 문화 정보를 받아보실 수 있습니다.
또한 홈페이지 방문시 회원으로 가입하시면 신간 안내 자료를 보내드립니다.

어드레스
테이크 백
하프 스윙
스윙 톱

amaGOLF
www.amagolf.co.kr

다운 스윙
임팩트
폴로스루
피니시